Chefsache

Reihe herausgegeben von

Peter Buchenau, The Right Way GmbH, Oberterzen, Schweiz

Die Management-Reihe „Chefsache" beschäftigt sich mit Führungsthemen und Aufgabengebieten, die für die Führungskräfte von Morgen wichtig sind. Neben klassischen Themen wie Organisation, Führung, Human Ressource Management oder Vertrieb nehmen Gender-, Diversity- und Gesundheitsthemen oder Soft Skills eine besondere Stellung ein – laut dem Institut für Führungskultur im digitalen Zeitalter sind dies jene wichtige Faktoren für ein erfolgreiches Agieren am Markt. Das Führungsverhalten wird sich demnach in den nächsten Jahren massiv verändern. Künftige Chefs, die sich deren Relevanz bewusst sind, sie verstehen und berücksichtigen, werden zu den Gewinnern von Morgen gehören. Die Chefsache-Reihe besteht aus Autoren- und Herausgeberwerken. Erfolgreiche Manager bringen ihre Erfahrungen ein und bieten den Leserinnen und Lesern die Möglichkeit, sich Fachwissen anzueignen und im eigenen beruflichen Kontext umzusetzen. Peter Buchenau als Initiator der Chefsache-Serie lädt regelmäßig Führungskräfte aus unterschiedlichsten Institutionen ein, ihre Expertise in der Buchreihe auf verständliche und anschauliche Weise umsetzungsorientiert einzubringen. Die Fachbücher sind Werke von Profis für Profis, aus der Praxis für die Praxis. Zur Zielgruppe zählen Führungskräfte der zweiten und dritten Führungsebene in Konzernen, Unternehmer im klein- und mittelständischen Bereich sowie Selbstständige.

Weitere Bände in der Reihe http://www.springer.com/series/16162

Peter Buchenau
(Hrsg.)

Chefsache Sichtbarkeit

12 Werkzeuge, damit Sie besser
wahrgenommen werden

Hrsg.
Peter Buchenau
The Right Way GmbH
Oberterzen, Schweiz

ISSN 2730-6887   ISSN 2730-6895   (electronic)
Chefsache
ISBN 978-3-658-30605-2   ISBN 978-3-658-30606-9   (eBook)
https://doi.org/10.1007/978-3-658-30606-9

Die Deutsche Nationalbibliothek verzeichnet diese Publikation in der Deutschen Nationalbibliografie; detaillierte bibliografische Daten sind im Internet über http://dnb.d-nb.de abrufbar.

Planung/Lektorat: Isabella Hanser
Springer Gabler ist ein Imprint der eingetragenen Gesellschaft Springer Fachmedien Wiesbaden GmbH und ist ein Teil von Springer Nature.
Die Anschrift der Gesellschaft ist: Abraham-Lincoln-Str. 46, 65189 Wiesbaden, Germany

Vorwort

Wer schreibt, ist und bleibt sichtbar!
(Peter Buchenau)

Liebe Leserinnen,
Liebe Leser,
in einer Studie der Universität Oxford im Jahr 2013 kommen die Ökonomen Carl Frey und Michael Osborne zu dem Schluss, dass bis 2030 rund 47 % aller Arbeitsplätze in den USA der Automatisierung zum Opfer fallen. Ganz oben auf der Liste stehen Beschäftigte in den Bereichen Finanzen, Verwaltung, Logistik, Spedition, Medizin und vor allem Produktion. Gemäß einer Studie der ING-DiBa sind 59 % aller Arbeitsplätze in Deutschland ebenfalls gefährdet und könnten von Robotern und Software ersetzt werden. Viele Millionen Menschen werden sich künftig umorientieren müssen, beruflich und privat.

Das Problem jeder Umorientierung sind eingefahrene Regeln, Richtlinien und Normen. Dabei wird jeder Mensch mit einer eigenen Persönlichkeit geboren, aber bereits am Tag nach der Geburt beginnt die Menschheit damit, die Persönlichkeit des Babys abzutrainieren. Ein Junge trägt blau, ein Mädchen rosa. Dieser Standard ist gesetzt und dieser Trend setzt sich in Kita, Schule und Hochschule fort. Überall wird das Gleiche gelehrt, somit hat jeder annähernd den gleichen Wissensstand, ist nahezu vergleichbar, ist somit austauschbar. Wer künftig in digitalen Zeitaltern überleben will, darf nicht vergleichbar sein und muss sich zur Marke Ich entwickeln. Und nur wer selbst authentisch eine Marke ist, ist sichtbar.

Wer schreibt, der bleibt! Dieses Zitat hat eine jahrtausendealte Tradition. Schon in der Antike war eine Vielzahl von Techniken, wie etwa das Einmeißeln in Stein, das Einritzen in Ton und das Schreiben mit Tinte auf Palmblätter oder Papyrus in Gebrauch. Bis zur Erfindung des Buchdrucks war das Schreiben die einzige Möglichkeit, Sprache auf einem Medium festzuhalten. In der Antike war die Fähigkeit zu schreiben so wertvoll, dass ein ganzer Berufsstand, die Schreiber, davon lebte. Auch heute in der digitalen Wissensgesellschaft ist das Schreiben nach wie vor die wichtigste Kulturtechnik zur Weitergabe und zur Schaffung neuen weiteren Wissens. Und seien wir mal ehrlich, hätte Moses damals die 10 Gebote nicht in Stein gemeißelt, wer weiß, was dann aus dem Glauben an Gott geworden wäre. Wer aber glaubt, dass Bücher als Medium künftig ausgedient haben, der sollte sich zu den Buchmessen nach Frankfurt und Leipzig bewegen. Dort finden jährlich die wohl größten Buchmessen Europas statt. Die Vielzahl der dort ausgestellten Bücher und das persönliche Kennenlernen berühmter Autoren macht schon was her. Es gibt wohl kein Thema, über das noch nicht geschrieben wurde. Sehen und gesehen werden, heißt es. Ein Muss für jeden Menschen, der an Sichtbarkeit interessiert ist.

Doch was hat Sichtbarkeit mit Büchern zu tun? Sehr viel. Wer künftig am digitalen Markt sichtbar sein möchte, muss sich mit dem Thema Buch bzw. Publikation beschäftigen. Genauso wie von jedem Unternehmen die ISO9000 gefordert wird, fordern immer mehr Kunden, dass Trainer, Berater und Coaches publizieren. Das ist vergleichbar mit einem Eiskunstlaufwettbewerb. Es gibt die Pflicht und die Kür. Die Weltmeisterschaft wird mit der Kür entschieden. Und das richtige Buch zu Ihrem Business ist die Kür. Mit einem Buch sind Sie nachhaltig sichtbar und erhöhen die Gewinnchancen beim Kunden. Ich nutze das gebundene Buch seit Jahren als Akquiseinstrument. Ein gebundenes Buch bringt neben dem Inhalt auch haptische Emotion mit. Im Gegensatz zum E-Book kann ich das Buch anfassen, fühlen, riechen und auch die nervende Fliege an der Wand damit erschlagen. Ich habe schon zu oft gesehen, dass die besten Hochglanzflyer gerade von Assistenten in den Papierkorb geworfen wurden, aber ein Buch nie. Das Buch, Ihr Buch steht oft jahrelang im Buchregal des Vorzimmers oder gar beim Chef selbst. Somit wird dieser Kunde täglich im Unterbewusstsein über das Buch an Sie erinnert. Nutzen Sie Ihr Buch als Vertriebsvorteil. Wer schreibt, der bleibt im Gedächtnis seiner Kunden und das erst recht im Zeitalter der digitalen Austauschbarkeit. Werden Sie sichtbar.

Das Publizieren von Büchern ist nur ein Faktor, um sichtbar zu werden. Nachfolgend zeigen Ihnen 12 Experten und Autoren, jeweils bezogen auf ihr jeweiliges Fachgebiet, in diesem Buch weitere Möglichkeiten auf, Ihre Sichtbarkeit zu erhöhen. Das Schöne daran, Sie brauchen das Buch nicht von Beginn bis zum Ende durchzulesen, sondern schauen Sie einfach in die Inhaltsangabe und wählen Sie den Beitrag, der Sie am meisten interessiert. Lassen Sie sich inspirieren, wie viele unterschiedliche Möglichkeiten es gibt, sichtbar zu werden. Viel Spaß Ihnen, verehrte Leserinnen und Ihnen, verehrte Leser beim Stöbern und viel Erfolg allen Autoren.

www.peterbuchenau.de

Waldbrunn   Peter Buchenau
im Juni 2020

Inhaltsverzeichnis

Autorenverzeichnis

Anke Ames Würzburg, Deutschland

Carmen Brablec Düsseldorf, Deutschland

Nicole-Kristina David-Ulbrich Berlin, Deutschland

Sylvi Egert Hamburg, Deutschland

Elmar Gorich Menden, Deutschland

Gabriele Janetz Garmisch-Partenkirschen, Deutschland

Angèle Lange Berlin, Deutschland

Monika Schubert Berlin, Deutschland

Claus Walter Hinwil, Schweiz

Thomas Wieler Köln, Deutschland

Karin Wittenstein Nürnberg, Deutschland

Gabriele Würzburg Veitshöchheim, Deutschland

Die persönliche USP

Wecke den zündenden Funken in Dir!

Anke Ames

Inhaltsverzeichnis

Zusammenfassung

Persönlichkeit gewinnt! Die Quelle jeder Sichtbarkeit ist, sich der eigenen Qualitäten und Besonderheiten bewusst zu sein. Erst dann werden Online-Profil, Websites oder die persönlichen Auftritte wahrgenommen. Ob Sie in der Masse austauschbarer Auftritte in den Social-Media-Kanälen, beim Kunden oder bei Veranstaltungen untergehen oder ob Sie zur „Legende" werden, weil sich die Leute nachhaltig an Sie erinnern, hängt wesentlich davon ab, ob Sie wissen, was Sie wirklich einzigartig macht. Machen Sie sich Ihr ganz persönliches Alleinstellungsmerkmal bewusst und Sie leuchten auf einmal von innen nach außen.

A. Ames (✉)
Würzburg, Deutschland

© Springer Fachmedien Wiesbaden GmbH, ein Teil von Springer Nature 2020
P. Buchenau (Hrsg.), *Chefsache Sichtbarkeit*, Chefsache,
https://doi.org/10.1007/978-3-658-30606-9_1

1.1   Der zündende Funke

Ursprünglich komme ich aus der Profi-Musik. Sich von der Masse abzuheben, war von Beginn an schwer. Auf einen Studienplatz bewarben sich schon vor 30 Jahren rund 100 Bewerber. 30 wurden zum Vorspiel zugelassen und nur einer oder eine erhielt die Möglichkeit eines begehrten Studienplatzes. Sah sich der (männliche oder weibliche) Student am Ziel seiner Träume angelangt, wurde er alsbald eines Besseren belehrt. Unter all den Talenten war er nur einer von vielen. Leistungsoptimierung stand für uns Studenten daher an erster Stelle. Doch wo war die Grenze? Wann hörte ein Zuhörer überhaupt noch Unterschiede? War der Zuhörer tatsächlich so qualifiziert, dass er ab einem gewissen Leistungsniveau Schwächen oder Defizite feststellen konnte?

Der Schlüsselmoment kam mir bei einem der vielen Konzerte, die wir Studenten zu absolvieren hatten. Auf dem Programm standen zwei Besetzungen mit jeweils acht Musikern. Die erste Gruppe erschien typisch studentisch gekleidet in Jeans und Sweatshirt. Die zweite hatte sich auf Konzertkleidung verständigt. Schwarzer Anzug für die Herren und schwarzes Kleid für die Damen, jeweils mit bordeauxroten Accessoires. Die Stimmen im Publikum waren eindeutig. Gruppe eins waren die Amateure, Gruppe zwei die Profis.

Es wurde eigentlich nur noch über die Glanzleistung der angeblichen Profis gesprochen, die vermeintlichen Amateure gerieten außer Acht.

Den studentischen Mitstreitern beider Gruppen war allerdings klar – die Unterschiede im Leistungsgefälle gab es in der Realität gar nicht. Die Gruppen wurden also ausschließlich nach optischen Kriterien wahrgenommen und bewertet. Gruppe zwei war für das Publikum sichtbar – Gruppe eins nicht.

Nun leben wir in einer digitalisierten Welt. Fluch und Segen zugleich. Potenzielle Kunden und Auftraggeber haben Tausende Möglichkeiten, übers Netz fündig zu werden. Die Frage ist nur:

Wie will der Interessent bei der Flut an Angeboten den passenden Dienstleister, Fitness- oder Ernährungscoach oder den besten Trainer identifizieren?

Wem traue ich zu, mein Problem zu lösen?

Wer erweckt einen solchen Eindruck über die digitale Welt, ohne dass ich ihn zwangsläufig persönlich kenne, dass er in Erinnerung bleibt und ich ihn tatsächlich kontaktiere?

Die Zielgruppe kann ganz unterschiedlich geartete Fragestellungen haben, die sie zur Suche nach einem Experten motiviert. Wie zum Beispiel:

Ich möchte meinen Job wechseln und brauche dafür Unterstützung. Oder:

Ich leiste viel und gute Arbeit, aber der Geldfluss hinkt. Oder:

Ich möchte endlich meine Träume verwirklichen.

Die Frage ist darüber hinaus, wenn Sie selbst der Experte sind, also der passende Dienstleister, Trainer, Coach oder sonstige Selbstständige, wie werden Sie sichtbar?

Dass wir nicht mehr an Social Media, Websites, SEOs, YouTube oder Blogartikeln vorbeikommen, ist klar. Aber wann werden Sie überhaupt – oder als Experte – wahrgenommen?

Bei Sichtbarkeit geht es nicht nur um die Sichtbarkeit in der digitalen Welt. Es geht genauso um die analoge Welt, um persönliches Auftreten. Warum bleibt ein Trainer mehr im Gedächtnis als der andere? Warum gewinnt ein Speaker sein Publikum für sich, während der andere zwar Wahrheiten benennt, aber keine Verbindung entsteht?

Es ist dieser zündende Funke.
Das innere Feuer, das sich nach außen überträgt und die Brücke zum Publikum bildet.

Die Instagram-Posts eines weiblichen Coachs, die sie auf einmal in ungewöhnlichen Yogaposen vor Traumkulissen zeigen. Ihre Wandlung, mithilfe von Yoga zu sich selbst zu finden, ist so inspirierend, dass der Funke überspringt.

Es ist das Selbstporträt einer Fotografin, das über Social Media Aufmerksamkeit bindet, weil es emotional berührt. Mystisch und ganz anders als die typischen „Studio-Business-alle-sind-gleich-Fotos".

Es ist eine Trainerin, deren Posts im Gegensatz zu früheren berühren. Wie eine Energie, die auf einmal sichtbar wird. Sie hat sich verändert, hat sich von toxischen Beziehungen gelöst und ist konsequent ihren Weg gegangen, auch wenn dieser nicht immer leicht war. Diese Authentizität leuchtet förmlich aus ihren Gesichtszügen und ihren YouTube-Videos.

Es ist der Speaker Peter Buchenau, der Herausgeber dieses Buchs, der rein äußerlich über sein Markenzeichen rote Schuhe bekannt ist. Sichtbar macht ihn sein Auftreten, das sich aus dem Mut speist, aus dem sicheren Netz großer Unternehmen auszusteigen, um seinen zwei Leidenschaften Bühne und Büchern nachzugehen.

Meine Wenigkeit ist rein optisch über ihre „Affenschaukeln" bekannt. Ich trage liebend gern auffallend große Ohrringe. Eigentlich undenkbar in der konservativen Branche Industrie und IT. Aber man nennt mich auch die „gefährliche Trainerin", weil ich ein untrügliches Gespür für Menschen habe. Ein Attribut, das ich mir im Lauf der Jahre an einer Weiterbildungsakademie eines großen deutschen Konzerns erarbeitet habe.

Menschen zum Teil tief in die Seele schauen zu können, verunsichert manchen Teilnehmer, der lieber an der Oberfläche bleiben möchte. Solche Teilnehmer wären auch nicht gut bei mir aufgehoben. Ich liebe es, hinter die Fassade zu blicken, um zu beleuchten, warum Techniken in der Kommunikation manchmal nicht ausreichen und was das mit Haltung und Persönlichkeit zu tun hat.

Im Zuge der Digitalisierung wird sich der Arbeitsmarkt vollkommen wandeln. Routinejobs fallen weg, die Automatisierung ersetzt Arbeitskräfte in den Produktionen. Filialnetze im Dienstleistungssektor und im Handel werden zunehmend geschlossen. Der Konsument bestellt online, er tätigt Bankgeschäfte selbst. Einfache Arbeitsschritte erledigen, wie Tickets oder Hotels buchen, Reisen organisieren oder Versicherungen wechseln, ist über Apps so einfach wie nie. Wissen ist jederzeit abrufbar.

Die Schlüsselkompetenz der Zukunft wird demnach nicht mehr die fachliche Qualifikation sein, vielmehr ist es die Persönlichkeit eines Menschen: Wie er auf andere wirkt,
wie er Menschen für sich einnehmen kann, Zugang zur eigenen Kreativität hat und sich
selbst reflektieren kann. Persönlichkeit besteht neben Fachkompetenz vorwiegend aus
soften Faktoren, wie Empathie und Sozialkompetenz sowie einer grundlegenden Ver-
änderungsbereitschaft, der Fähigkeit, sich permanent weiterzuentwickeln und der Sichtbarkeit. Werde ich von außen wahrgenommen, wenn es um den neuen Job, den Auftrag
oder die Kundengewinnung geht? Das ist die entscheidende Frage.

Der Mensch ist und bleibt Mensch. Trotz aller Digitalisierung. Unser Gehirn speichert
Dinge über Bilder und Emotionen ab. Menschen mit einem starken Auftreten prägen sich
ein. Sie sind automatisch sichtbar. Persönlichkeit gewinnt!

Doch was ist eigentlich Persönlichkeit?
Das Duden-Wörterbuch schreibt hierzu:

1. Gesamtheit der persönlichen (charakteristischen, individuellen) Eigenschaften eines
   Menschen
2. Mensch mit ausgeprägter individueller Eigenart

Die Frage ist, was ist die Quelle? Woraus speisen sich Persönlichkeit und Sichtbarkeit?

Die Antwort ist ganz einfach: Sie können das selbstverständlich mit äußeren Faktoren,
wie Ohrringen, Schuhen oder perfekten Bildern und schlauen Sprüchen generieren.
Wenn Sie allerdings unter starken Selbstzweifeln leiden oder gar keinen Bezug zu den
eigenen Stärken und Besonderheiten haben, sind die äußeren Merkmale nichts weiter als
leere Worthülsen.

Höchste Zeit also, sich mit den inneren Starkmachern zu beschäftigen und einen
zündenden Funken im Innern auszulösen.

1.2   Die persönliche USP – was ist das?

Mit der USP – ausgeschrieben Unique-Selling-Proposition oder auch Unique-Selling-Point
– wird im Marketing und der Verkaufspsychologie das Merkmal bezeichnet, das ein
Produkt oder eine Dienstleistung deutlich vom Markt und der Konkurrenz abhebt.

Ein gutes Beispiel ist Coca-Cola. Die geheime Rezeptur des Getränkes ist durch die
Werbung beim Konsumenten derart konditioniert, dass nur das Coca-Cola-Produkt des
namensgleichen Herstellers als Cola gilt, obwohl sich zahlreiche Alternativprodukte auf
dem Markt finden lassen. Die Strategie des Alleinstellungsmerkmals ist demnach vollends aufgegangen.

Der Amerikaner Rosser Reeves setzte das Alleinstellungsmerkmal erstmals
in den 1940er-Jahren ein und übertrug es schon bald auf Persönlichkeiten. Im
US-Präsidentschaftswahlkampf verhalf Reeves Eisenhower mit der USP 1952 zum Sieg.

Marketing in der modernen Arbeitswelt hat sich nicht zuletzt durch Social Media völlig verändert. Online-Strategien haben dem Einsatz klassischer Medien den Rang abgelaufen. Doch reicht es, allein und ausschließlich online für sich und sein Angebot zu werben? Das kommt darauf an, welche Dienstleitung Sie anbieten, welche Kunden Sie ansprechen und zu welchem Medium Sie einen Draht haben. Wenn Sie im direkten Kundenkontakt arbeiten, wird es eine Mischung aus den verschiedenen Marketingmöglichkeiten wie Onlinemarketing, Empfehlungen und Buchprojekten sein. Arbeiten Sie ausschließlich online, wird der Fokus automatisch auf diesem Medium liegen.

Die digitalisierte Welt hat das „Marke-Ich-Thema" nicht unbedingt einfacher gemacht. Zum einen hat der potenzielle Kunde durch die Online-Welt die nie gekannte Flut an Angeboten. Auf der anderen Seite herrscht akute Verzettelungsgefahr. Die persönliche Komponente scheint wegzufallen. Dabei spielt die Emotion bei Kaufentscheidungen aller Art, ob für ein Produkt oder eine Dienstleistung, die wesentliche Rolle. Wem vertraue ich, wer scheint der passende Ansprechpartner für die Lösung meines Problems zu sein, wer ist eine Inspiration?

Gerade bei Dienstleistungen ist der Bezug zum Ansprechpartner wesentlich. Der Ernährungsberater, Coach oder Marketingexperte wird nach wie vor gerne über Empfehlungen gebucht oder weil schon eine gute (persönliche) Erfahrung da ist. Wenn der Online-Auftritt über Website, ein regelmäßig gepflegtes und täglich genutztes Social-Media-Profil passen, ist der Anreiz zum Buchen hoch. Hier kann schon ein richtig gut gemachtes (von der Norm abweichendes) Foto mit besonderer Ausstrahlung entscheidend sein. Sind Sie ein Persönlichkeitscoach und werben dafür, die Wirkung und Ausstrahlung Ihrer Kunden zu verbessern, brauchen Sie ein Bild, das genau diese Attribute hervorhebt. Hier aus Sparzwang mit einem Nullachtfünfzehn-Bild online zu erscheinen, heißt so viel wie: „Ich habe das Mediencoaching selbst nötig."

Die Ausstrahlung stellt sich allerdings nicht von allein ein. Ihnen muss klar sein, was Sie vom anderen abhebt. Sich selbst neu (er-)finden heißt die Devise. Das geht wesentlich tiefer als der rein sachliche Vorgang, nach irgendwelchen Verkaufsargumenten für sich zu suchen. Die Entwicklung einer persönlichen USP muss dich „zum Leuchten bringe". Erst dann ist sie auch für den Betrachter sichtbar – ob persönlich oder digital.

Ein Online-Beispiel

Annette Weber ist acht Jahre lang Chefredakteurin des Modemagazins „Instyle", eine der größten Modezeitschriften Europas, als sie aussteigt und auf den neuen Trend Bloggerin und Influencerin aufspringt. Anders als viele Mädchen, begeistert Weber ihre Follower bei Instagram in einem Alter über 50. Sie selbst sagt in einem Interview:

„Es gibt große Unterschiede und ein Generationen-Gap. Ich habe bei den jüngeren Influencerinnen oft das Gefühl, dass sie auf Instagram alles feiern, anders als die erwachsenen Frauen. Die über 30-jährigen Follower lassen sich aber nicht locken mit

‚Hach dieses Produkt ist so toll und das ist alles so super'. Da muss man mehr bieten und besonders auf die Qualität achten."[1]

Ihre Fotos und Modebeiträge sind so inspirierend und voller USP, dass sie nicht wie erwartet innerhalb kurzer Zeit rund 10.000, sondern mehr als 150.000 Follower hat. ◀

1.3   Wofür ist die persönliche USP notwendig?

Es geht also nicht nur darum, einfach nur online zu gehen. Austauschbare langweilige Posts gibt es wie Sand am Meer. Das hundertste Versprechen eines Onlinemarketing-anbieters, den Schlüssel für alle Marketingprobleme gefunden zu haben, dient in den meisten Fällen nur dem einen Ziel: nämlich den Ertrag des Online-Anbieters zu steigern. Jeder noch so gute Anbieter von Websites kann nur so gut arbeiten wie der Content, also der gelieferte Inhalt, ist. Der Anbieter kümmert sich um Algorithmen und um eine gute Gestaltung. Den Content müssen Sie selbst liefern.

Die üblichen Kaufargumente sind immer gleich: Mit meiner Dienstleistung …

steigern Sie den Umsatz,
gewinnen Sie mehr Kunden,
erreichen Sie Ihre Ziele,
lösen Sie Ihre Probleme, sind Sie glücklich oder
nimmt Ihre Lebensqualität/Gesundheit zu.

Können Sie das auch nicht mehr hören? Wie will ich denn über eine Website einen Bezug zu Ihnen herstellen, wenn Sie auf Ihrer Landingpage nur unpersönliche Fotos aus bekannten Datenbanken haben? Oder wenn Sie auf der Argumentationsebene nur besagte Standards liefern, die der Kunde schon tausend Mal gehört hat. Wie möchten Sie sich damit von der Masse an Konkurrenz abheben?

Entscheidend ist, was das wirklich Besondere – nicht nur an Ihrer Dienstleistung oder Ihrem Angebot – ist. Gewonnen hat der, dessen Persönlichkeit besonders ist. Wenn Sie sichtbar sind, ist plötzlich auch Ihr Angebot sichtbar.

Den Mehrwert einer gewinnenden Persönlichkeit haben inzwischen auch viele Firmen erkannt. Mitarbeiterbindung betreibt die vielleicht bekannteste kleine Firma Happy Limited in Großbritannien anders als andere.

---

[1]Annette Weber in einem Interview bei www.orange.handelsblatt.com/artikel/51142 vom 08.03.2020.

Statt Zeugnisse lesen, will Firmeninhaber Henry Stewart ein Leuchten in den Augen des Kandidaten sehen. Die innere Haltung zählt. Was an Kenntnissen und Fähigkeiten noch fehlt, kann man lernen. Manchmal bekommen Quereinsteiger den Vorrang vor erfahrenen Fachleuten, weil in ihnen mehr Potenzial erkennbar ist.[2]

Auch der Hotelbetreiber und Buchautor Bodo Janssen hat mit seiner „stillen Revolution", wie der gleichnamige Kinofilm lautet, eine völlige Kehrtwende weg von der umsatzgetriebenen Zahlenfokussierung hin zur Wertschätzung betrieben und damit große Erfolge erzielt. Er stellt bei der Mitarbeitergewinnung die zentrale Frage auf:

> „Wie können wir uns so aufstellen, dass ein Mensch nicht nur aufgrund einer offenen Stelle oder Karrierechance zu uns kommen will, sondern weil er mit den Menschen, die das Unternehmen ausmachen, zusammenarbeiten will ... und dass Persönlichkeiten mit einer gemeinsamen Gesinnung zueinanderfinden?"[3]

Genau darum geht es doch auch für den Kunden. Der Kunde möchte wissen, ob er mit den Besonderheiten Ihrer Persönlichkeit und Ihrem entsprechenden Angebot matcht. Tut er das nicht, wird er Sie nicht buchen oder er wird, wenn er Sie doch gebucht haben sollte, mit Ihnen und Ihrer Dienstleistung unzufrieden sein. Damit ist keinem gedient.

Dabei ist beim ersten Auftritt entscheidend, ob Sie den potenziellen Kunden irgendwie emotional erreichen. Das gelingt Ihnen nur, wenn Sie eine Leidenschaft für sich selbst entwickeln. Ein Selbstbewusstsein. Ist Ihnen Ihre persönliche USP bewusst, lässt sie sich vielseitig einsetzen. Nicht nur in Profilen oder auf Websites, auch beim Elevator Pitch. Der Elevator Pitch ist eine Kurzpräsentation der eigenen Person, einer Idee oder einer Dienstleistung, die bei Netzwerkveranstaltungen, Kundenterminen oder auf Messen zum Einsatz kommt.

Die Idee des Elevator Pitches (oder Pitch wie er abgekürzt bezeichnet wird) stammt aus Amerika. In den 1920er-Jahren hatten Mitarbeiter nur Chancen auf eine Karriere, wenn es ihnen gelang, das Interesse des obersten Chefs für die eigene Person zu erzeugen. Der Fahrstuhl war oft die einzige Gelegenheit den Chef anzutreffen. Heute kennen wir die „Pitches" auch aus der Vox-Sendung „Die Höhle der Löwen", bei der Start-up-Unternehmer ihre Idee in einem Pitch vorstellen und im besten Fall die potenziellen Investoren von sich überzeugen. Auch hier ist es meist die Persönlichkeit, die den entscheidenden Unterschied darstellt.

Es geht also immer wieder um diese Einzigartigkeit, die nach außen sichtbar werden muss.

---

[2]Das Geheimnis der Champions, Jörg Knoblauch und Benjamin Kuttler, Campus Verlag (2016). Frankfurt

[3]Stark in stürmischen Zeiten, Bodo Janssen und Anselm Grün, Ariston Verlag (2017). München

Ein Kunde kommt mit einem besonderen Bedarf zu mir: Er möchte an seinem Elevator Pitch arbeiten. Bei Netzwerkveranstaltungen stellt er fest, dass er mit seinem Beruf als Versicherungsmakler einer von vielen ist und nicht weiß, wie er mit seiner Kurzvorstellung bei 30 Teilnehmern herausstechen kann. Sein Erscheinungsbild ist recht blass. Er ist eher introvertiert, seine Stimme monoton. Was ihn besonders macht, kann er nicht beantworten. Vielmehr ist er der Typ, „Falle nicht auf", „Funktioniere, wie es die Gesellschaft vorgibt". Trotzdem hat er den Anspruch, mehr Aufmerksamkeit zu erregen und sich weiterzuentwickeln. Bei der Arbeit an seiner USP fällt auf einmal der Satz: „Meine Frau meint, ich sei viel zu ehrlich!" Es ist exakt der Satz, mit dem er nun seinen Pitch als Versicherungsmakler beginnt. Er passt wie die Faust aufs Auge und ist zu 100 % authentisch. ◄

1.4   Gesellschaftliche Konditionierungen

Bevor ich Ihnen erläutere, wie Sie das nun anstellen mit Ihrer eigenen USP, sei noch ein Gedanke zu gesellschaftlichen und erzieherischen Konditionierungen erlaubt.

Wenn wir auf die Welt kommen, sind wir ein unbeschriebenes Blatt. Wir haben alle Möglichkeiten. Die Natur ist für Fülle angelegt. Wenn nach einer Trockenheitsperiode im Hochsommer das darauffolgende Frühjahr beginnt, erwacht die Natur aufs Neue. Die Knospen sprießen in Hülle und Fülle, das Gras wächst, das Grün der Bäume explodiert förmlich. Jeder Mensch hat ein solches Potenzial. Malen, Singen, Tanzen, kreativ sein – angelegt sind diese Begabungen in allen. Fünfjährige Kinder sind in einem höchsten Maße kreativ – bis sie in die Schule kommen. Dann werden sie gesellschaftlich genormt. Es heißt auf einmal: „Das Gras ist grün und nicht blau." Oder: „Mal nicht über die Linie hinaus, das ist sonst nicht ordentlich." Oder: „Sing mal nicht so schräg, das hört sich ja fürchterlich an."

Wir werden, was unseren Körper und unser Temperament betrifft, mit charakteristischen Merkmalen geboren. Im Laufe der Erziehung übernehmen Eltern die Aufgabe, ein kritisches und selbstregulierendes „Ich" zu entwickeln, um sich sozial anzupassen und Anerkennung von außen zu bekommen. Was passiert? Wir werden begrenzt. Im wahrsten Sinn des Wortes. Die Flügel unserer Kreativität werden gestutzt. Und wir glauben dem, was andere sagen.

An welche prägenden Kindheitssätze erinnern Sie sich?

„Mathe? Latein? Das kannst du nicht."
„Technik ist nichts für Mädchen."
„Schön hinten anstellen und spiel dich mal nicht so in den Vordergrund."
„Wenn du frech bist, mag dich keiner mehr."
„Du musst das perfekt machen."

„Was sollen denn die Nachbarn sagen, wenn du dich so verhältst?"

„Was du willst, das klappt doch eh nicht."

„Schön brav sein, sonst hat dich die Mama nicht mehr lieb."

„Kind, mach was Sicheres!"

Solche Sätze werden vom Gehirn eines Kindes unreflektiert gespeichert. Hört ein Kind in Dauerschleife, dass es Mathe nicht kann, entsteht aus einem Denkmuster eine Überzeugung und aus der Überzeugung schließlich ein Glaubensmuster, das nicht hinterfragt wird. Das Kind glaubt schließlich den Erziehungsbeauftragten – den Eltern oder den Lehrern.

Das hat auf der einen Seite den Vorteil, dass wir uns später auf gesellschaftlichem Parkett bewegen können. Nachteil ist, dass wir dieses gesellschaftliche Understatement derart konditioniert haben, dass wir **unsichtbar** werden.

Der bekannte Hirnforscher Gerald Hüther nennt das den Preis des Dazugehörenwollens.

> Jeder Mensch passt sich im Verlauf seiner Kindheit an die Vorstellungswelt und die Verhaltensweisen der Erwachsenen an, mit denen er aufwächst. Der bei kleinen Kindern noch vorhandene Impuls, den ganzen Körper einzusetzen, um das eigene Befinden zum Ausdruck zu bringen, wird später mehr oder weniger deutlich unterdrückt. Gefühle von Angst und Schmerz, auch von übermäßiger Freude und Lust, werden im Zusammenleben mit anderen zunehmend kontrolliert.[4]

Das bewusste Bilden einer eigenen USP ist also nichts anderes, als sich von limitierenden Glaubensmuster zu befreien und selbst-bewusst zu werden. Die Grundlage für alle Sichtbarkeit. Es geht darum, aus dem Mangeldenken heraus zu gelangen. So schreiben Rüdiger Dahlke und Veit Lindau in ihrem Buch „Omega":

> Leben ist Fülle. Selbst das Nichts ist niemals leer, sondern der Ursprung von Fülle. Reichtum ist ein Geburtsrecht. Wenn Mangel wahrgenommen wird, liegt ein Irrtum im Geist vor. Wird der Irrtum berichtigt, offenbart sich absolute Fülle.[5]

Beispiel

Die Teilnehmerin eines Rhetorikseminars hat ein großes Problem. Sie arbeitet im IT-Bereich eines großen Industrieunternehmens und kann sich bis zu einem gewissen Zeitpunkt in der Masse verstecken. Irgendwann jedoch macht es ein verändertes Aufgabengebiet notwendig, dass sie mehr in den Vordergrund treten und verstärkt Präsentationen halten soll. Das Zielpublikum würde nicht nur Kollegen und Vorgesetzte, sondern auch Kunden sein. Das setzt die Teilnehmerin unter enormen Druck.

---

[4]Was wir sind und was wir sein könnten, Gerald Hüther, Fischerverlag 2016). Frankfurt

[5]Omega: Im inneren Reichtum ankommen, Rüdiger Dahlke und Veit Lindau, Arkana Verlag (2017). München

Sie ist eine unscheinbare introvertierte Persönlichkeit. Vorne zu stehen und auf sich und ihr Aufgabengebiet aufmerksam zu machen liegt ihr nicht im Geringsten. Zudem leidet sie seit Jahren unter einer enormen Prüfungs- und Auftrittsangst.

Im Seminar erhält sie die notwendigen Techniken, die es ihr eigentlich ermöglichen sollen, gut strukturiert, spannend und mit einem Gefühl der Sicherheit aufzutreten, auch wenn sie nicht der geborene Entertainer ist. Bei einer Übung fängt sie erstaunlich gut an. Sie setzt die gelernten Inhalte perfekt um und es gelingt ihr, die anderen Teilnehmer in ihren Bann zu ziehen. Doch plötzlich stockt sie, bricht in Tränen aus und flieht förmlich zurück an ihren Platz. Völlig aufgelöst meint sie, sie könne das nicht.

Bei einem intensiven Vieraugengespräch stellt sich heraus, dass sie als kleines Kind eine traumatische Erfahrung mit Auftreten erlebt hat. Während einer Weihnachtsfeier in der Grundschule soll sie ein Gedicht aufsagen. Sie verliert den roten Faden, gerät ins Stocken und weiß nicht mehr weiter. Schon damals ist sie absolut peinlich berührt. Bei dieser Gelegenheit hat das Gehirn unreflektiert abgespeichert: „Ich kann das nicht." Es ist die Geburtsstunde ihrer Prüfungsangst. Nach einem Coaching, bei dem wir das Trauma lösen, und dem Bilden einer persönlichen USP tritt sie bereits am nächsten Tag auf und legt eine 1A-Präsentation hin. Es ist, als habe jemand das Licht in ihr angeknipst. ◄

1.5   Entwicklung einer persönlichen USP

In der Theorie klar, jetzt zur Umsetzung. Wie entwickle ich meine persönliche USP?

Drei Schritte sind wichtig
Schritt 1 – Erkennen Sie den Unterschied zwischen normalen Eigenschaften und wirklichen Alleinstellungsmerkmalen. Ansonsten gehen Sie in der Masse unter und der Effekt des zündenden Funkens ist verbraucht.

Schritt 2 – Hinterfragen Sie Ihre persönlichen Leidenschaften, Hobbys und das, was Sie gerne tun. Hier liegt der Schlüssel für Ihre Alleinstellungsmerkmale.

Schritt 3 –ß Lassen Sie sich Feedback geben. Verwandte, Freunde, langjährige Kollegen und Klienten haben ein gutes Gespür dafür, was Sie besonders macht. Warum buchen Kunden und Auftraggeber ausgerechnet Sie – dafür muss es ja einen Grund geben. Oft können Außenstehende das besser auf den Punkt bringen.

1.5.1 Erkennen Sie die Unterschiede zwischen Eigenschaften und Alleinstellungsmerkmalen

Im Bewerbungskontext machen Personalverantwortliche häufig die Erfahrung, dass eine Bewerbung der anderen gleicht. Sprich: Die Bewerber sind alles andere als sichtbar. Zu den persönlichen Eigenschaften befragt, antworten mindestens fünf von zehn Kandidaten, sie seien

teamfähig,
zuverlässig und
flexibel.

Beim ein oder anderen tauchen noch Attribute wie

empathisch,
helfend oder
strukturiert auf.

Das Problem: Wenn der Personalverantwortliche zehn Bewerbungen in den Händen hält und beim ersten teamfähig, flexibel und zuverlässig, beim zweiten zuverlässig, teamfähig und flexibel und beim dritten flexibel, teamfähig und zuverlässig genannt werden, ist kaum verwunderlich, dass solche Bewerbungen nicht nur ermüden. Vielmehr verfehlen sie das Ziel, den Bewerber kennenlernen zu können. Diese sind aalglatt, alle gleich und unterscheiden sich in keiner Weise von Kollegen oder Mitbewerbern.

Bewerber zählen in der Regel die Kriterien auf, die vermeintlich von ihnen erwartet werden. Das sind konditionierte Kriterien. Lesen wir ein Stellenangebot, werden exakt diese Anforderungen an den Bewerber gestellt. Auf die Frage an Bewerber, warum sie diese Eigenschaften in die Bewerbung eingebaut haben, antworten die meisten: „Das wollen die Unternehmen doch hören." Die genannten Eigenschaften sind demnach nichts weiter als nachgeplapperte unreflektierte Worthülsen, die mit dem Bewerber und dessen Persönlichkeit nur bedingt zu tun haben.

Begrifflichkeiten wie Belastbarkeit werden selten hinterfragt. Wobei sich das lohnen würde. Nennt der Bewerber diese Eigenschaft, will er sich mit Sicherheit in einem guten Licht darstellen. Beim Personaler hingegen könnte ankommen, dass der Kandidat sich nicht gegen Überstunden auflehnen wird und im schlimmsten Fall leicht ausgebeutet werden kann.

Manche Bewerber scheuen sich davor, Attribute wie sportlich zu nennen, weil das wegen erhöhter Verletzungsgefahr negativ ausgelegt werden könnte. Sie verzichten also aus Angst vor Ablehnung darauf, sich und ihre Stärken zu zeigen.

Nichts anderes bei Profilen im Netz. Wie geht es Ihnen, wenn Sie über Social Media vom x-ten Vertriebler lesen, der das ultimative Onlinemarketingkonzept anbietet? Kauft

Sie hier, baut sich hier Vertrauen auf oder entsteht nicht vielmehr Langeweile beim Betrachten, weil diese Profile so verwechselbar sind?

Wer möchte bei einem Life Coach buchen, dessen Profilfoto eher eine Werbung für die Ausbreitung von Depressionen zu sein scheint, als den Eindruck zu erwecken, dass hier Lebensprobleme gelöst werden könnten.

Gut, so geht's demnach nicht.

1.5.2 Der Schlüssel für Ihre Alleinstellungsmerkmale

Bevor ich diesen Schritt erläutere, erst einmal ein Fallbeispiel:

Beispiel

Eine junge hochtalentierte Frau kommt eines Tages zu einem Bewerbungscoaching. Sie hat die Aussicht auf eine äußerst interessante Stelle als Auditorin bei einem großen deutschen Konzern. Der Job sieht vor, dass sie die ausländischen Tochterunternehmen hinsichtlich Datenschutzes, IT-Sicherheit und aller einheitlichen Standards in Prozessen zu überprüfen und zu beraten. Ihre Voraussetzungen klingen gut. Sie hat International Management in Taiwan studiert und Joberfahrungen in Kanada, Argentinien und Griechenland gesammelt. Die Mutter stammt aus Ägypten, sodass die interkulturelle Kompetenz schon in der Kinderstube angelegt ist. Englisch spricht sie fast wie ihre Muttersprache Deutsch, zudem bringt sie eine offene und gewinnende Art mit sich, die es ihr leicht macht, Beziehungen herzustellen und Kontakte zu knüpfen. In einem Probelauf zum Bewerbungsgespräch macht sie sich aber erst einmal klein. Sie erzählt, dass sie ja keine ausreichenden IT-Kenntnisse hat, aber durchaus fähig sei, diese zu erlernen. Außerdem sei sie flexibel und bereise gerne die Welt.

Da springt noch kein Funke über. Auf Ideensuche nach den eigentlichen Alleinstellungsmerkmalen befrage ich sie nach ihren Hobbys. Sie übt seit ihrer frühesten Kindheit Taekwondo aus, hat es bis zum schwarzen Gurt geschafft, ist beim Cheerleading so erfolgreich, dass sie Trainingsstunden in Schottland erteilt und begleitet die Mutter weltweit auf internationale Kongresse. Hier liegen die Potenziale. Ihre Erfahrung mit fremden und vor allem gegensätzlichen Kulturen wie Argentinien und Taiwan erfordern größte Offenheit und Toleranz. Sie übernimmt früh Verantwortung über ihr eigenes Leben, kommt allein im Ausland bestens zurecht. Bei internationalen Jobs hat sie bereits eigene Projekte geleitet und umgesetzt. Durch das Taekwondo ist sie diszipliniert, hat Durchhaltevermögen und kann Grenzen setzen. All diese Eigenschaften sind emotional mit abgespeicherten Erinnerungen und Bildern aufgeladen. Die junge Frau leuchtet förmlich, wenn sie davon berichtet und bei genauerem Hinschauen entdeckt sie, wie gut diese Eigenschaften zu einer künftigen Auditorin passen. Sie hat inzwischen den Job. ◄

Betrachten Sie sich mal in der Rückschau. Beleuchten Sie die Dinge, die Ihnen wichtig sind, Hobbys und Tätigkeiten, die Sie lieben. Und dann fragen Sie sich, an welche Eigenschaften das geknüpft ist.

Was sind Ihre persönlichen Leidenschaften? Welche Hobbys führen Sie aus, was macht Ihnen extremen Spaß?

Ein junger Fußballer, der seit 15 Jahren regelmäßig im Verein spielt und Mannschaftskapitän ist, hat *Mannschaftsgeist oder Teamspirit* – er wird nicht von Teamfähigkeit sprechen. Außerdem hat er bereits Führungsqualitäten, auf die er sich immer wieder berufen kann. Er hat bereits in seiner Freizeit bewiesen, dass er bereit ist, Verantwortung zu übernehmen.

Sobald der Fußballer von seinem Mannschaftsgeist spricht, ruft er im Gehirn Bilder und Emotionen ab, die wiederum die Brücke zum Zuschauer bilden. Er wirkt.

Auch Menschen, die sich seit frühester Jugend um Hunde, Katzen oder Pferde kümmern, weisen ein hohes Verantwortungsgefühl und Gespür für andere auf. Sie tragen Sorge für das Tier. So halten sie es auch mit menschlichen Beziehungen.

Der Musiker, der seit Jahren in einer Band oder einem Orchester mitwirkt, hat mit Sicherheit Musikalität und damit Taktgefühl. Außerdem erfordert das Beherrschen des Instrumentes ein hohes Maß an Selbstdisziplin.

Sind Sie den Jakobsweg gelaufen? Welche Motivation und Selbsterkenntnis hatten Sie dabei? Drücken Sie aus, dass Sie die Begegnungen mit Menschen fasziniert haben und Sie die Reise zu sich selbst inspiriert und Sie kraftvoller gemacht hat? Indem Sie Dinge durchziehen und Ihre Träume verwirklichen, binden Sie Aufmerksamkeit. Ihr Publikum wird Sie mit anderen Augen sehen und Sie für etwas bewundern, das Sie vielleicht schon lange auf ihrer Bucket List haben, sich aber noch nicht getraut haben, den Wunsch auch in die Tat umzusetzen. In diesem Moment werden Sie zu einer Inspiration.

Ist das nicht wesentlich authentischer und kraftvoller, als wenn Sie berichten, dass Sie ein offener und zielorientierter Mensch sind?

Eine Teilnehmerin erkennt bei einem meiner Vorträge, dass sie eine „Aus-den-Schubladen-heraus-Denkende" ist. Exakt in dieser Formulierung.

Ist es nicht genau das, was wir bei zunehmender Automatisierung und Digitalisierung brauchen?

Jemand, der quer- und ungewöhnlich denkt, kreatives Potenzial hat und den Mut, solche Ideen umzusetzen?

Reifen schon die Ideen? Dann kommen wir zu Schritt 3:

1.5.3 Lassen Sie sich Feedback geben

Das, was wir gerne tun, erfordert keine große Energie. Wir machen es gern und mit Freude. Ein Musiker übt stundenlang, ohne dass es ihn ermüdet. Er tut es, weil es ihn erfüllt und er damit seine Energiedepots auftanken kann. Spielt er, entsteht eine Art

„Flow". Dinge, die uns am Herzen liegen, die der tiefen inneren Begabung entsprechen, kosten keine Mühe.

Exakt aus diesem Grund fällt es uns auch so schwer, die eigene USP zu identifizieren. Die eigenen Talente und Begabungen sind so selbstverständlich, dass wir davon ausgehen, jeder müsse dieselbe Fähigkeit haben. Wir nehmen sie schlicht nicht als Besonderheit wahr.

Verwandte, Freunde, langjährige Kollegen und Klienten hingegen haben ein gutes Gespür dafür, was dich besonders macht. Warum buchen Kunden und Auftraggeber ausgerechnet dich – dafür muss es ja einen Grund geben. Oft können Außenstehende das besser auf den Punkt bringen.

Peter Buchenau hat mir einmal geraten, eine Kundenumfrage zu initiieren. Begeistert griff ich diese Idee auf. Die Ergebnisse überraschten mich nicht nur, sie waren überwältigend.

So schrieben die Verantwortlichen der Würth-Akademie, für die ich seit Jahren tätig bin:

> Sie kommt mit jeder Herausforderung zurecht, kann sich schnell auf die Gegebenheiten einstellen und nimmt diese so an. Anke Ames ist eine Macherin, die selbst mit anpackt und sich auf jede Zielgruppe einstellen kann.

Diese Wertschätzung hätte ich mir nie vorstellen können. Für die Idee der Kundenumfrage bin ich Peter Buchenau sehr dankbar.

Ein anderes Beispiel:

Beispiel

Bei einem Assistenztag haben Teilnehmerinnen die Aufgabe, an ihrer USP zu arbeiten. Wie zu erwarten, stoßen die Ergebnisse der ersten Brainstormingrunde auf wenig Begeisterung. Die Teilnehmerinnen nennen Merkmale wie Organisationstalent, Struktur oder Hilfsbereitschaft. Allein das Stichwort „organisiert" fällt bei 40 Teilnehmerinnen gleich 28-mal. Und das soll ein Alleinstellungsmerkmal sein? Es wird ein schöner Aha-Effekt, in dem die Teilnehmerinnen realisieren, dass sie ausschließlich Eigenschaften genannt haben, die die Grundvoraussetzung einer Assistenz sind. Nach dem Erarbeiten der drei Schritte für das Entwickeln bzw. das Bewusstmachen der eigenen USP geschieht etwas ganz Erstaunliches: Die Stimmung steigt. Die Gesichter strahlen beim gegenseitigen Feedback und dem Eruieren dessen, was sie wirklich zu etwas ganz Besonderem macht. Eine Teilnehmerin ist die „Abteilungsmama". Sie erhält in diesem Moment ganz viel Wertschätzung – von außen aber auch von innen. Ihr wird die eigene Bedeutung und Individualität im Unternehmenskontext bewusst. Das lässt sie innerlich strahlen. ◄

Das bewusste Wahrnehmen der Persönlichkeitsanteile, die andere an uns lieben und die sie für außergewöhnlich halten, hebt im wahrsten Sinn des Wortes unser Selbst-Bewusstsein.

1.6   Transfer

Der persönliche USP ist die Grundlage für alle Pitches oder digitalen Profile. Wer weiß, welche seine besonderen Eigenschaften sind, kann genau das ins Blickfeld rücken, zum Beispiel:

- Im persönlichen Karrieregespräch
- Im Bewerbungsgespräch
- Im Verkaufsgespräch
- Auf Netzwerkveranstaltungen
- Bei Marketingaktionen
- Bei Profilen auf den sozialen Plattformen
- Auf Websites

Für den Transfer beleuchten wir noch mal die bereits beschriebenen Fallbeispiele:

Die junge Bewerberin, die International Management studiert hat. Sie stellt im Jobgespräch heraus, wie sie schon in ihren jungen Jahren ganz unterschiedlichen Mentalitäten begegnet ist und mit jeder Kultur bestens klarkommt. Die mit ihrem Schwarzgurt im Taekwondo bewiesen hat, dass sie Ziele verfolgt, sich durchsetzen kann und über Disziplin verfügt.

Der Versicherungsmakler, der bei Netzwerkveranstaltungen seine Ehrlichkeit in den Vordergrund stellt. Authentisch zeigt er, dass er keinem Kunden aus reiner Profitgier heraus Schmarrn verkauft. Diese ehrliche Expertise könnte er auch online kundtun. Er hat sich aber für den persönlichen Marketingweg entschieden, weil er regionale Kunden anspricht. Empfehlungen sind für ihn die bessere Strategie.

Es ist die „Abteilungsmami", die im Unternehmen dafür sorgt, dass sich das Umfeld gut aufgehoben fühlt. Kunden merken, dass diese Frau sich um alles kümmern wird. Kollegen wissen bereits, dass sie das Vertrauen in Person ist und Chefs freuen sich über eine Abteilungsmama, die die unsichtbaren Fäden über der ganzen Abteilung in der Hand hält.

Influencerin Annette Weber besticht ihre Follower – erfolgreiche Frauen ab 40 – mit ihrem herausragenden Verständnis für Mode. Vor allem aber ist es die gelassene souveräne Ausstrahlung einer Frau, die bereit war, ihren sicheren Job zu verlassen und ein absolut neues Feld zu betreten. Sie hat sich quasi selbst neu erfunden. Das ist auch nach außen sichtbar.

Meine USP ist die Persönlichkeit. Aus eigener Erfahrung weiß ich, wie viel Potenzial es birgt, an sich selbst zu arbeiten, sich immer weiterzuentwickeln und neu zu erfinden. Schließlich geht es doch zunehmend darum, die eigenen PS sichtbar auf die Straße zu bringen.

Wie auch immer Sie die eigene USP zum Einsatz bringen, denken Sie immer daran:

Menschen kaufen immer noch von Menschen und Menschen werden immer noch von Menschen geführt, gecoacht oder beraten.

Literatur

Dahlke, R., & Veit Lindau, V. (2017). *Omega: Im inneren Reichtum ankommen*. München: Arkana.

Hüther, G. (2016). *Was wir sind und was wir sein könnten*. Frankfurt: Fischer.

Janssen, B., & Grün, P. A. (2017). *Stark in stürmischen Zeiten*. München: Ariston.

Knoblauch, J., & Kuttler, B. (2016). *Das Geheimnis der Champions*. Frankfurt: Campus.

Weber, A. (2018). Interview bei www.orange.handelsblatt.com/artikel/51142. Zugegriffen: 8. März 2020.

Persönlichkeit? Da geht noch was … Mit diesem Credo entwickelt Coach und Businesstrainerin **Anke Ames** Führungskräfte und Mitarbeiter und berät Unternehmen wie Würth, Webasto oder die ZG Raiffeisen. Mit Managern arbeitet die ehemalige TV-Moderatorin und Diplommusikerin in regelmäßigen Workshops an deren Wirkung. Sie inspiriert Teilnehmer mit viel Feingefühl für die charakterlichen Unterschiede. Mit einer entwaffnenden Klarheit zeigt sie Entwicklungspotenziale auf und hilft Veränderungen in der Arbeitswelt mit mehr Gelassenheit zu begegnen. Ihr neuestes Buch „Schlüsselkompetenz Zuhören" in der Fit-for-Future-Reihe ist 2019 bei Springer Gabler erschienen.

Mehr Informationen unter www.anke-ames.de

Podcasts

Strategien für mehr Sichtbarkeit als Marke in der digitalen Welt

Carmen Brablec

Inhaltsverzeichnis

Zusammenfassung

Es ist unbestreitbar, dass der Bedarf am gesprochenen Wort zunimmt. Die Verbreitung von Smart-Speakern und Smarthome-Anwendungen sowie die Entwicklung der Kommunikation im Auto zeigen die unaufhaltsame Entwicklung unserer Gesellschaft in Richtung Audio. Podcasts ermöglichen eine noch einzigartige Verbindung zwischen der wachsenden Technologie und dem von Hörern nachgefragten Content. Mit Podcast-Marketing können sich Personen und Unternehmen sichtbar machen

C. Brablec (✉)
Düsseldorf, Deutschland

© Springer Fachmedien Wiesbaden GmbH, ein Teil von Springer Nature 2020
P. Buchenau (Hrsg.), *Chefsache Sichtbarkeit,* Chefsache,
https://doi.org/10.1007/978-3-658-30606-9_2

und ihre Marke positionieren. Unternehmen sowie die Werbewirtschaft erkennen Podcasts als einen wertvollen Bestandteil des Marketingmix, ob als Werbemedium, Branded Podcast oder Corporate Podcast. Dieses Kapitel gibt einen Überblick der verschiedenen Möglichkeiten für die Markenkommunikation mit dem Medium Podcast. Carmen Brablec zeigt, wie die Markenbotschaft ins Ohr und aufs Handy der Zielgruppe gelangt.

2.1   Einleitung

Von Sichtbarkeit in Zusammenhang mit einem Audiomedium zu sprechen, entbehrt nicht einer gewissen Ironie, dem bin ich mir sehr wohl bewusst.

Wenn wir Sichtbarkeit in der digitalen Welt von morgen allerdings mit „stattfinden", „existieren", „auffindbar", „googlebar" und „erlebbar" für den Kunden übersetzen, wird ein anderer Schuh daraus.

In diesem Beitrag möchte ich Ihnen die verschiedensten Wege aufzeigen, wie Sie Podcasts nutzen können, um Ihre Marke sichtbar zu machen.

Vor allem richte ich mich an Marken, die neue Wege in der Welt des digitalen Marketings gehen wollen. Die sich in einem hoch wettbewerbslastigen Markt bewegen oder in einer so kleinen Nische, dass potenziellen Mitarbeitern erst erklärt werden muss, warum man als Arbeitgeber attraktiv ist. So oder so, es geht um Sichtbarkeit. Es geht darum, sich abzuheben, sich zu präsentieren und verstanden zu werden. Vor allem Dienstleistungsunternehmen stehen tagtäglich vor der Herausforderung, in kürzester Zeit zu transportieren, was genau der Wert der Dienstleistung ist und warum ein Unternehmen oder eine Privatperson dafür Budget einplanen soll.

Eine Dienstleistung kann man nicht Probefahren. Man probiert sie aus, indem man sie kauft. Wir nutzen verschiedene Möglichkeiten, um der Zielgruppe das Gefühl von Unsicherheit zu nehmen. In diesem Beitrag möchte ich Ihnen das Medium Podcast als eine Möglichkeit eröffnen, Ihre Sichtbarkeit zu steigern, Vertrauen aufzubauen ohne zusätzliche Mitarbeiter einstellen zu müssen und sich einen entscheidenden Wettbewerbsvorteil zu sichern.

Ich gebe zu, dass ich von dem Medium Podcast wenig begeistert war, als mir 2016 eine ganze Reihe von Kollegen aus dem Marketing in den Ohren lag, doch endlich einen eigenen Podcast zu starten. Bis zu dem Zeitpunkt gehörte ich auch dem Personenkreis an, die ausschließlich mit Wissensvermittlung ihr Geld verdiente und stand immer wieder vor der Herausforderung, wie meine potenziellen Kunden Vertrauen zu mir aufbauen und mit einer Kaufabsicht zu mir kommen.

Gerade für eine Person wie mich, die mit ihrer Stimme und ihrem Wissen ihr Geld verdient, schien das für alle sehr nahezuliegen. Aus mehreren Gründen sprang ich auf den Zug auf. Anfang 2017 ging mein eigener Podcast „Image-Sells" (Brablec 2019a) on air. Ich fand Gefallen an der, verglichen zu Blogs und YouTube-Videos, leichteren Arbeit. Doch noch viel mehr an den unerwarteten Ergebnissen.

Innerhalb der ersten drei Monate erhielt ich mehr Anfragen für Vorträge und Unternehmensberatungen, als ich es gewohnt war und ahnen Sie schon etwas? Sie hatten alle meinen Podcast gehört. Zu dem Zeitpunkt lernte ich, dass Podcasts nicht nur von einer kleinen eingeschworenen Independent-Podcast-Szene gehört wurden, sondern dass knapp 10 Mio. Deutsche mindestens einmal die Woche einen Podcast hören. Viel interessanter war jedoch – und das deckte sich mit meinen eben geschilderten Erfahrungen – wer denn genau diese Hörer sind. 40 % dieser Hörerschaft sind zwischen 30 und 49 Jahre alt. Sie besitzen einen hohen Bildungsgrad, bekleiden Entscheiderpositionen und verfügen damit über hohe Kaufkraft. Das Trendbewusstsein und die Technikaffinität machen sie zu einer leicht erreichbaren Zielgruppe und sie zeichnen sich durch eine hohe Loyalität aus. Hat sich ein Podcast-Hörer also für eine **Show** entschieden, bleibt er dabei (AS&S 2018).

▶ Show – ein Podcast – auch gerne als Podcast-Show bezeichnet – ist gedacht als eine zusammengestellte Serie von Inhalten. Vergleichen wir es mit einer regelmäßig ausgestrahlten Radiosendung. Jedoch mit dem Unterschied und dem Vorteil, dass ich zeitlich und örtlich ungebunden bin, die Inhalte zu konsumieren.

Was passierte also? Ich baute eine starke Fanbase auf, die sich wöchentlich mit meiner Sicht der Dinge über Imagebildung zur Marke beschäftigte und damit meine Expertise untermauerte.

Ich erreichte Menschen, die dediziert nach einer Lösung für gewisse Fragestellungen suchten und sich mit Zuschriften, treuer Gefolgschaft und Aufträgen bedankten.

Im Sommer 2017 setzte ich mich infolgedessen mit dem Geschäftsmodell Podcasten auseinander, denn meine Neugierde war geweckt. Es dauerte kein halbes Jahr, dass aus der Begeisterung eine Firma wurde. Ich erkannte, dass meine gesamte Leidenschaft, Marken sichtbar und begehrenswert zu machen, über dieses wunderbare Medium für meine Kunden umgesetzt werden konnte.

2.2   Sichtbarkeit durch fremde Podcast-Medien

Es gibt eine Vielzahl an Unternehmen, für die ein eigener Podcast nicht infrage kommt. In diesem Kapitel zeige ich Ihnen Wege auf, wie Sie andere Podcasts nutzen, um Ihre Marke sichtbar zu machen.

2.2.1   Werbung

Werbung wird aus einem bestimmten Grund als Störer-Marketing bezeichnet. Denn die Zielgruppe erwartet keine Informationen und sucht aktuell auch nicht danach. Wir kennen diese Situation zur Genüge aus dem täglichen Fernsehprogramm. Im entscheidenden Moment wird die Szene unterbrochen und Kundeninformationen werden eingeblendet. Es wird im wahrsten Sinne gestört. Die Aufmerksamkeit für eine freiwillige Sache wird zum Anlass genommen, Werbung einzublenden, die zu einem großen Prozentsatz nicht von Interesse für den Betrachter ist.

Doch dahinter steht eine Strategie. Umso öfter wir mit einer Werbebotschaft einer bestimmten Marke konfrontiert werden, umso mehr verankert sich die Marke im Unterbewusstsein. Doch diese Strategie geht leider auch sehr oft nach hinten los. Die meisten Hörer kennen die penetrante Müsli-Werbung aus dem Radio, doch erwähnt man dieses Beispiel, brechen die Gesprächspartner nicht in Begeisterung aus, sondern rollen genervt mit den Augen. Die Marke hat eine negative Konnotation erhalten. Werbung, so wie wir sie klassisch kennen und seit Jahrzehnten ausüben, hat ihre Wirkung verloren und im Zuge der Digitalisierung wird mit personalisierten Datensätzen unter Hochdruck an neuen Methoden der Personalisierung von Werbung geforscht, damit eben diese negativen Effekte ausbleiben und die Botschaften an die richtige Zielgruppe mit Verminderung des Streuverlusts ausgespielt werden können.

Was mich auf meiner Recherche zum geschäftlichen Umfeld von Podcasts erstaunte, war die Werbeakzeptanz der Hörer von über 87 % (AS&S 2018). Betrachten wir dagegen das Radio und Fernsehumfeld, ist die Akzeptanz in diesen Medien unter 10 % gesunken.

Betrachten wir die drei gängigsten Werbeformate für Podcasts.

2.2.2 Sponsoring

Agenturen empfehlen Sponsoring, wenn es um den Aufbau der Brand Awareness für Unternehmens- und Produktmarken geht.

Es werden ein oder auch mehrere Podcasts ausgewählt, die zu Ihrer Marke und Ihren Werten passen und die passende Zielgruppe avisieren. Möchten Sie Fitnessbegeisterte ansprechen, ist ein Podcast, der sich mit Spirituosen beschäftigt, nicht zweckgemäß.

Sie können eine ganze Show über einen gewissen Zeitraum sponsoren oder auch nur bestimmte thematische Folgen.

Jeweils am Anfang oder am Ende einer **Episode** wird Ihr Unternehmen oder Ihre Produktmarke genannt, ohne weitere Informationen.

▶ Episode – bezeichnet die einzelne Folge einer Podcast-Serie.

Es dient dem Zweck, den Namen durch regelmäßige Wiederholung im Unterbewusstsein mit einer positiven Emotion zu verankern. Da ein Podcast-Hörer freiwillig einer Episode lauscht und langfristig eine positive Beziehung mit der Show aufbaut, soll sich dieses Gefühl auf Ihre Marke übertragen.

2.2.3 Audio Spot

Die Werbewirtschaft hat mit Podcasts ein neues Geschäftsfeld entdeckt. Andere Länder sind uns hier weit voraus und zeigen die Potenziale: In China wurden 2018 sieben Milliarden Dollar umgesetzt, in den USA knapp 500 Mio. US$.

Audio Spots werden nicht für einen bestimmen Podcast erstellt, sondern nach den Vorgaben für das werbetreibende Unternehmen ungeachtet dessen, ob sie in den Podcast passen oder nicht. Es gibt zwei Platzierungsmöglichkeiten für Werbespots. An den Anfang gesetzt, die sog. Pre-Roll, eignet sich für längere Spots am besten, da der Hörer nicht den Anfang verpassen möchte und so die höchste Hörerrate zu verzeichnen ist. Bei der Platzierung am Ende, die sog End- oder Post-Roll, sind die Abbruchraten recht hoch, weshalb diese Platzierung deutlich günstiger ist.

Ausgeliefert werden diese Spots automatisiert durch Audiodienstleister über Adserver, die in dem technischen Auslieferungsprozess die Podcasts zwischengeschaltet werden. Was und wann ausgespielt wird, unterliegt dem Programm der Audiovermarkter.

Der Inhalt macht den Unterschied bei der Markenbekanntheit und positiven Wahrnehmung. Abverkaufspots erreichen weniger gute Zahlen als auf Image und Brands ausgelegte Spots. Sachliche auf die Marke ausgerichtete und sympathische Spots performen am besten für die Sichtbarkeit und Akzeptanz der Marke (AS&S 2019a).

2.2.4 Native Advertising

Native Advertising unterscheidet sich stark von Audio Spots. Es ist viel aufwendiger, individueller und wie Studien belegen, viel effizienter für die Markenbekanntheit (AS&S 2019b).

Native Ads werden für den Hörerkontext konzipiert und von dem **Host** der Show persönlich vorgetragen. Die Native Ads werden vom Sprecher zwar als Werbung gekennzeichnet, wirken auf den Hörer allerdings wie eine persönliche Empfehlung. Wobei sachlich vorgetragene Spots besser performen als emotional aufgeladene. Werbepartner werden passend zum Showkontext ausgewählt und schaffen für den Hörer damit einen zusätzlichen Mehrwert. Ein Golf-Podcast beispielsweise profitiert davon, dass er seinen Hörern die neuesten Schläger oder Ausrüstungsmodelle präsentiert.

▶ **Host** – So wird der Moderator oder Sprecher der Show genannt.

Der hohe Aufwand besteht in der individuellen Besprechung des Spots zwischen Host und Werbeunternehmen.

Eine Native Ad kann in drei Bereichen in einer Episode platziert werden. Wie beim Audiospot als Pre-Roll oder Post-Roll. Zusätzlich funktioniert durch die Natur des Spots auch eine Platzierung in der Mitte einer Folge als sog. Mid-Roll. Der Host steht hier vor der Herausforderung, einen geeigneten Moment in seiner Episode zu wählen, den

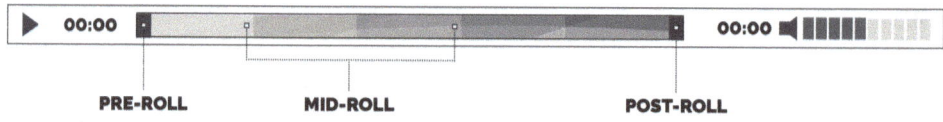

Abb. 2.1 Spot-Position

Spot zu platzieren, ohne seine Hörer zu vergraulen. Dieser zusätzliche Aufwand und das Risiko für den Host macht die Platzierung von Mid-Roll am teuersten.

Native Ads verbleiben in den jeweiligen Episoden und liefern so einen nachhaltigen Werbeeffekt für die Brand (Abb. 2.1).

2.2.5 Interviews

Ein fremder Podcast muss allerdings nicht immer als Werbemedium genutzt werden.

Als dieser Beitrag entsteht, produzieren wir gerade den internationalen Podcast für die renommierte Fastenklinik Buchinger Wilhelmi. Das Konzept besteht aus Informations- und Interviewfolgen. Interne als auch externe Experten werden eingeladen, um das Thema Fasten aus allen erdenklichen Perspektiven zu beleuchten.

Ein Interviewpartner war Raimund Wilhelmi, der über das Fasten (Wilhelmi 2020) gerade ein Buch veröffentlicht hatte. In dieser Folge wurde durch das Thema indirekt auch das Buch mitvermarktet und durch den Link in den Shownotes noch ein zusätzlicher Werbelink für die organische Suche im Internet geschaffen.

▶ Shownotes sind zusätzliche textbasierte Inhalte zur Episode. Genannte Links und weiterführende Informationen werden hier hinterlegt. Sie kommen auch für SEO zum Einsatz. Sie werden vom RSS-Feed mitübertragen.

Wir kamen anschließend darüber ins Gespräch, sein Buch über eine Serie von Interviews in passenden Podcasts zu vermarkten. Da er sich auch mit der aktuellen Situation konfrontiert sieht, dass Verlage nicht mehr viel Werbung für einzelne Titel machen.

Ende Februar 2020 waren über Apple Podcast weltweit mehr als 900.000 Shows (Wilhelmi 2020) mit fast 27 Mio. Episoden abrufbar. Die Formate und Themenfelder erstrecken sich von Entertainment über Nachrichten bis in alle möglichen Wissensbereiche aus, wobei noch lange nicht alle Themenfelder besetzt sind. In Deutschland sprechen wir von ca. 28.000 Podcasts.

Ob es um ein konkretes Produkt wie ein Buch oder eine Dienstleistung von Ihnen geht: Über Interviews in passenden Podcasts mit einem guten Moderator gewinnen Sie eine ganze andere Art der Sichtbarkeit, als Werbung es Ihnen bieten kann. Zusätzlich hat der Host der Show Interesse daran, für seine eigene Sichtbarkeit seine Episode gut zu vermarkten. Hier findet also ein klassisches Tauschgeschäft statt. Sie liefern interessanten Inhalt, der die Hörerschaft die Podcasts interessiert und die Show damit wertvoller macht, und Sie bekommen Marketingleistung und eine indirekte Werbeplattform.

2.3   Sichtbarkeit mit dem eigenen Podcast-Medienkanal

2.3.1   Content Marketing

Im Content Marketing hingegen steht nicht die Marke im Vordergrund und neue Produkte bzw. Leistungen. Es geht nicht darum, etwas Neues zu bewerben, sondern darum, umzudenken. Die Perspektive von sich weg hin zur Zielgruppe zu wechseln. Im Content Marketing geht es darum, Inhalte mit Relevanz für den Hörer zu produzieren. Losgelöst von dem eigenen Produktangebot, orientiert an dem, was der Markt wirklich will und nachfragt.

Der wunderbare Vorteil, der sich aus dieser Art des Marketings ergibt, ist Unabhängigkeit. Unabhängigkeit von Agenturen und Kreativen. Es müssen keine schnittigen Slogans oder aufwendigen Bildsprachen mehr entwickelt werden, die die Botschaft subtil oder direkt je nach Strategie an die richtige Zielgruppe transportieren. Content Marketing gibt Marken die Möglichkeit, in ihrer Kernkompetenz zu bleiben und einfach Informationen an Kunden weiterzugeben und sich so als wertvoll für den Konsumenten zu positionieren.

2.3.2   Branded Podcasts

Branded Podcasts sind Hybridformate zwischen Werbung und Content. Die Marke wird nicht über ein Werbeformat promotet, sondern promotet zielgruppenrelevanten Content und erntet den positiven Imageeffekt. Die unangefochtene Nummer eins des Branded Contents ist die Marke Red Bull. Sie ist so weit gegangen, dass sie ihre Getränkeproduktion outgesourced hat und die Herstellung von Content zum Hauptaufgabengebiet der Marke erklärt hat.

Das Unternehmen ist in diesem Fall nicht Content-Produzent, sondern Namens- und Geldgeber. Agenturen oder Experten aus einem Themengebiet werden beauftragt, Content zu liefern und unter der Marke zu veröffentlichen. Die Marke kann ohne großen eigenen Aufwand ein Themengebiet besetzen und sich vom Wettbewerb abheben. Als Beispiele betrachten wir die Telekom im Bereich Digitalisierung oder Audi für das Thema Elektromobilität.

Seine Marke auf diese Weise sichtbar zu machen, setzt allerdings ein großes Budget voraus und eine auf diese Umsetzung spezialisierte Agentur. Verstehen Agentur oder Moderator die Marke nicht richtig und setzen sie falsch oder unstimmig in Szene, kann das dem Image der Marke mehr nachhaltigen Schaden zufügen als positiven Gewinn. Daher ist ein fein ausgearbeitetes Konzept mit Markenspezialisten Grundvoraussetzung für eine erfolgreiche Produktion.

2.3.3 Corporate Podcasts

Wenn Ihre Marke in der digitalen Welt in Zukunft erfolgreich sein will, dann bauen Sie auf Content statt auf Werbung. Bauen Sie für Ihre Marke einen eigenen Medienkanal auf. Brillieren Sie mit Inhalten, die Ihrem Branding entsprechen. So baut sich das gewollte Image Ihrer Marke automatisch in den Köpfen Ihrer Zielgruppe auf.

2.3.4 Externe Podcasts

Die Buchinger Wilhelmi Klinik wandte sich an uns mit dem Ziel, ihre internationale Meinungsführerschaft im Bereich Fasten sichtbar zu machen. Hierfür eigenen sich Corporate Podcasts am besten. Unternehmen und Experten teilen das Wissen über ihre entwickelten Methoden, Prozesse o. Ä. und schildern ihre Erfahrungen mit der Zielgruppe.

Stellen Sie sich vor, Sie schicken kein gedrucktes oder digitales Mailing mehr über Ihre Produkte oder Services an Ihre Leads, sondern Infos über Ihre neueste Podcast-Folge, in der xyz erklärt wird. Sie heben sich damit von Wettbewerb ab und stiften Ihrer Zielgruppe Mehrwert.

2019 startete Google in Amerika damit, Podcasts in die Suchalgorithmen zu integrieren. Somit werden Unternehmen durch die Inhalte in Podcast-Folgen auch für SEO relevant und über Suchabfragen sichtbar. Unternehmen gewinnen durch Podcasts die Möglichkeit, einen eigenen Medienkanal aufzubauen und diesen in die komplette Vermarktungsstrategie zu integrieren. Unternehmen schaffen durch einen Podcast einen Wissensbutler, der durch das Themengebiet leitet, Vertrauen aufbaut und 24/7 im Ohr verfügbar ist und jederzeit Antworten auf Fragen liefert. Das ultimative Ziel einer jeden Marketingkampagne.

Achten Sie darauf, wer die Show moderiert. Wir haben Samsung beispielsweise abgeraten, einen externen Influencer als Moderator für ihren Corporate Podcast einzusetzen. Denn durch Sprecher aus dem Unternehmen werden zusätzlich Philosophie und Werte vermittelt, die Kunden wie potenzielle Mitarbeiter gleichermaßen anziehen und über das Unternehmen informieren. Zusätzlich sind Influencer nur zu einem gewissen Grad kontrollierbar und können dem Image der Marke nachhaltig Schaden zufügen (Brablec 2019b).

2.3.5 Interne Podcasts

Podcasts erfreuen sich auch in der internen Unternehmenskommunikation zunehmender Beliebtheit. Zum einen verwenden Unternehmen Podcasts als interne Wissensdatenbank. Mitarbeiter berichten über Best-Practice-Prozesse und geben ihr Wissen an die Kollegen weiter. Wissen wird so auf lange Zeit konserviert, kann gut und auch außerhalb der

Arbeitszeiten konsumiert werden und ist durch das gesprochene Wort viel unterhaltsamer als jede geschriebene Anleitung. Zusätzlich erfährt der Mitarbeiter eine Aufwertung als Problemlöser und Wertschätzung, eine unbezahlbare intrinsische Motivation (Brablec 2019c).

Zum anderen werden Podcasts für die interne Informationspolitik genutzt. Statt gedruckte, interne Magazine, langweilige Newsletter oder jährliche CEO-Ansprachen in der Lobby zu veranstalten, kann ein Podcast-Mitarbeiter anders informieren und auf dem Laufenden halten. Bevor Mitarbeiter wichtige Neuerungen erst durch die Presse erfahren.

Eine dritte Möglichkeit wird mittlerweile von Trainingsunternehmen angefragt. Podcast in das Blended-Learning-Konzept einzugliedern. Dass Mitarbeiter nach einem Präsenztraining durch einen Podcast weiterhin am Ball bleiben und der Transformationsprozess dadurch stetig begleitet wird.

Interne Podcasts sind nicht öffentlich über Apps oder die Webseite verfügbar. Der **RSS-Feed** wird technisch verschlüsselt und nur per individueller Anmeldung zugänglich gemacht.

▶ RSS-Feed – steht für Really Simple Syndication. RSS ermöglicht die Synchronisation von Inhalten (Audio, Text, Video) über ein Abonnement. Wird die auf dem Server verknüpfte Datei verändert, wird sie automatisch aktualisiert und die Inhalte per Push-Nachricht verteilt. So werden neue Podcast-Folgen automatisch auf das Handy distribuiert.

2.4   Ausblick

Der Begriff Podcast ist aus der täglichen Medienberichterstattung nicht mehr wegzudenken. Laut repräsentativer Studie kennen 56 % der Deutschen den Begriff Podcast (AS&S 2019c).

Podcasting ist kein aktueller Hype mehr, sondern ist seit der Erfindung kurz nach der Jahrtausendwende stetig gewachsen. Der Hype fand in der medialen Berichterstattung statt. Denn mehr und mehr Medien beachten Podcasts und schreiben und publizieren über sie bzw. ergänzen ihren Medienmix durch eigene Podcast-Formate.

Mit dem Resultat, dass das Medium Podcast als ein passender Kanal angesehen wird für Beteiligungen an Medienmarken und Unternehmensinvestitionen in der Werbung.

Podcasts kommen zudem dem immer stärker werdenden Trend und Ruf nach Selbstbestimmung nach. Während Fernseh- und Radioanstalten das Programm für uns Konsumenten bestimmen und wir uns danach richten müssen, bieten On-Demand-Audio-Formate wie das Podcasting dem Konsumenten die Chance, selbstbestimmt sein Programm zusammenzustellen und dann abzuspielen, wenn die Aufnahmebereitschaft vorhanden ist und die Rahmenbedingungen passen.

Es ist unbestreitbar, dass das gesprochene Wort an Bedarf zunimmt. Die Verbreitung von Smart-Speakern und Smarthome-Anwendungen sowie die Entwicklung der

Kommunikation im Auto zeigen die unaufhaltsame Entwicklung unserer Gesellschaft. Podcasts ermöglichen eine noch einzigartige Verbindung zwischen der wachsenden Technologie und dem von Hörern nachgefragten Content.

Mit Sorge beobachten wir, dass viele Anfragen mit der Frage nach der passenden Technik beginnen. Technik und Inhalte richten sich nach dem Konzept. Egal, welche der oben beschriebenen Methoden Sie in Zukunft verwenden wollen, um einen Podcast in Ihren Marketingmix zu integrieren. Ohne ein stimmiges auf Ihre Ziele und Ihre Marke abgestimmtes Konzept werden Sie die gewünschte Sichtbarkeit nicht erreichen. Es gibt noch so viele Feinheiten und Möglichkeiten, wie Podcasts für Unternehmen einsetzbar sind, wie in der Kundenakquise (Brablec 2019d) oder in der Kampagnengestaltung. Wenn es um die stimmige Kommunikation Ihrer Marke geht, holen Sie sich Profis ins Haus, die Ihnen bei der Umsetzung helfen.

Podcast-Nutzung nimmt stetig zu, von 2018 auf 2019 um 2,4 Mio. Nutzer (BVDW 2019). Nichtsdestotrotz sind noch ca. 75 % der Bevölkerung keine regelmäßigen Podcast-Nutzer. Um die Podcast-affine Zielgruppe zu informieren und die noch Podcast unerfahrene Zielgruppe abzuholen, bedarf es Vermarktungsstrategien, die die komplette Bandbreite Ihres Marketingmixes betreffen.

Ich hoffe, ich konnte Ihnen die Möglichkeiten, Ihrer Marke mit Podcasts mehr Sichtbarkeit zu verschaffen, schmackhaft machen und freue mich darauf, Ihre Marke bald auf dieses Medium vorbereiten zu dürfen.

Literatur

AS&S. (2018). SPOT ON PODCAST Hörer & Nutzung in Deutschland 2017/2018. https://www.ard-werbung.de/spotonpodcast. Zugegriffen: 5. März 2020.

AS&S. (2019a). SPOT ON PODCAST- Zielgruppen und Werbewirkung in Deutschland. https://www.ard-werbung.de/spotonpodcast. Zugegriffen: 5. März 2020.

AS&S. (2019b). SPOT ON PODCAST- Zielgruppen und Werbewirkung in Deutschland. https://www.ard-werbung.de/spotonpodcast. Zugegriffen: 5. März 2020.

AS&S. (2019c). SPOT ON PODCAST- Zielgruppen und Werbewirkung in Deutschland. https://www.ard-werbung.de/spotonpodcast. Zugegriffen: 5. März 2020.

Brablec, C. (2019a). Image-Sells Podcast. https://www.carmenbrablec.com/image-sells-podcast/. Zugegriffen: 1. März 2020.

Brablec, C. (2019b). Ist ein externer Influencer als Moderator geeignet? https://www.image-sells.de/folge10/. Zugegriffen: 5. März 2020.

Brablec, C. (2019c). https://www.image-sells.de/der-podcast-als-interne-wissensdatenbank-fuer-unternehmen-003/. Zugegriffen: 5. März 2020.

Brablec, C. (2019d). https://www.image-sells.de/revolutioniere-deine-kundengewinnung-und-terminvereinbarung-mit-einem-podcast/. Zugegriffen: 5. März 2020.

BVDW. (2019). Podcasts – Gekommen, um zu bleiben. https://www.bvdw.org/der-bvdw/gremien/audio/publikationen. Zugegriffen: 5. März 2020.

Wilhelmi, R. (2020). Das Glück des Fastens, Hoffmann und Campe. https://mypodcastreviews.com/podcast-industry-statistics/. 2019. Zugegriffen: 5. März 2020.

Carmen Brablec Um auf dem Markt sichtbar zu sein und sich gegen die Mitbewerber durchzusetzen, brauchen Unternehmen ein positives Image. Carmen Brablec arbeitet seit 2005 als Markenstrategin und hat sich auf die stimmige Wirkung von Marken spezialisiert.

Das Manager Magazin nennt sie die „führende Expertin". Ihr Credo: „Gebeten werden, statt zu bitten" drückt aus, worauf es ihren Kunden ankommt: Akquise und Konkurrenzdruck einzutauschen gegen die Positionierung als begehrenswerter Dienstleister.

Nur wenn eine Marke stimmig und in einem positiven Kontext kommuniziert wird, hat sie eine Chance, sich im Unterbewusstsein der richtigen Zielgruppe zu verankern und für Begehrlichkeit im Bedarfsfall zu sorgen. Darüber hält Carmen Brablec Vorträge, publiziert und podcastet. Zudem coacht sie Vorstände und entwickelt Unternehmens- und Personenmarken und doziert an unterschiedlichen deutschen Hochschulen.

Die gelernte Computersystem-Analystin startete ihre Bühnenkarriere mit sechs Jahren. Sie studierte BWL mit den Schwerpunkten Marketing und International Management und ließ sich in London zur Imageberaterin ausbilden.

2017 gründete sie Image-Sells Podcast-Media. Mit ihrem Spezialistenteam entwickelt sie Strategien und Konzepte für den richtigen Einsatz von Podcast-Marketing und produziert Content- und Interviewformate für Unternehmen.

Mehr Informationen unter www.carmenbrablec.com und www.image-sells.de.

Sichtbarkeit durch Selbst(an)Erkennung

3

Kennen Sie Ihre Kennung?

Nicole-Kristina David-Ulbrich

Inhaltsverzeichnis

Zusammenfassung

Sichtbar sein. Gesehen werden Menschen, die authentisch sind oder solche, die sich gut darstellen können. Authentisch sein, heißt, sich selbst anzuerkennen als der, der man ist. Nicht unbedingt der einfachste Weg, aber einer, der sich lohnt. Doch dazu muss man sich kennen, und wer kann das schon von sich in Gänze behaupten?

In diesem Kapitel erhalten Sie Hinweise zu Ihrem Limbischen System, welches Ihnen von Grund auf eine Richtung in Ihrer Sicht auf das Leben und Ihren Umgang damit, vorgibt. Sie entdecken Impulse zu Ihren eigenen Annahmen und Ideen zu sich, vermeintlichen Wahrheiten. Manche Ideen können gar nicht von Ihnen selbst sein und manche Wahrheiten schauen nur so aus. Sie werden Anregungen finden, wie Sie sie

N.-K. David-Ulbrich (✉)
Berlin, Deutschland

© Springer Fachmedien Wiesbaden GmbH, ein Teil von Springer Nature 2020
P. Buchenau (Hrsg.), *Chefsache Sichtbarkeit*, Chefsache,
https://doi.org/10.1007/978-3-658-30606-9_3

ändern können, wenn Sie wollen. Sodass einer liebevollen Selbst(an)Erkennung nur noch wenig entgegensteht.

Um jener zu sein und zu leben, der Sie sind. In voller Größe und für alle sichtbar.

3.1 Um was es geht

„Erkenne Dich selbst"

stand am Eingang zum Apollontempel in Delphi – dem ratgebenden Orakel in heiklen Dingen.

Dieses Zitat hat die großen Denker und Dichter aller Zeiten viel beschäftigt. Je nach philosophischer Ausrichtung sollte es

- an die eigene Sterblichkeit, die Einschränkungen, denen wir Menschen unterliegen, erinnern
  oder
- an die Möglichkeiten, die unsere unsterbliche Seele uns eröffnet
  oder
- „Erkenne dich selbst! … heißt ganz einfach: Gib einigermaßen acht auf dich selbst, nimm Notiz von dir selbst, damit du gewahr werdest, wie du zu deinesgleichen und der Welt zu stehen kommst! Hierzu bedarf es keiner psychologischen Quälereien; jeder tüchtige Mensch weiß und erfährt, was es heißen soll; es ist ein guter Rat, der einem jeden praktisch zum größten Vorteil gedeiht."
  (Johann Wolfgang von Goethe)

Ich will es mit Goethe halten und das Ganze noch erweitern. Es geht nicht nur darum, auf sich acht zu geben und Notiz von sich zu nehmen, vielmehr geht es darum, das, was man von sich erfährt, anzuerkennen und schätzen zu lernen, als einzigartigen Aspekt seiner selbst. Und um dem Ganzen Ausdruck zu verleihen – eben sichtbar zu werden in der eigenen Originalität.

Dazu braucht es „keine psychologischen Quälereien". Lediglich Aufmerksamkeit. Und Achtsamkeit. Und Selbstannahme – leichter gelesen, als getan.

3.2 Wer wird gesehen?

Was lässt mich annehmen, dass dies möglich ist und zu mehr Sichtbarkeit führen wird?

Schauen Sie sich um. In Ihrem direkten Umfeld. Es gibt zwei Sorten von Menschen, die stets wahrgenommen werden.

Die Authentischen und die Fremddarsteller.

Entscheiden Sie selbst, welchen Sie angehören wollen.

Die Fremddarsteller zeigen nach außen hin ein Bild, von dem sie glauben, dass sie es sein möchten, dass das Umfeld das sehen will – in der Rolle, die sie verkörpern wollen.

Die Authentischen sind sich selbst. Ruhen in sich und agieren aus ihrer Mitte heraus. Gelassen und entspannt im Umgang mit sich und anderen.

Fremddarsteller zu werden ist relativ einfach, aber auf Dauer anstrengend.

Es gibt umfassende Literatur über Sprache, Stimme, Körpersprache, Gestik, Mimik und Verhalten, sodass das äußere Auftreten deutlicher profiliert werden kann. Die Methoden sind gut und umsetzbar. Übt man lang genug, sind die antrainierten Bewegungen bewusst einsetzbar, manchmal sogar unbewusst und man braucht sich nicht ständig daran zu erinnern, sich so oder so hinzustellen. Oder möglicherweise seiner Stimme diesen oder jenen Klang zu geben, um möglichst kompetent zu wirken. Oder die Geste dergestalt auszuführen, dass sie das Gesagte pointiert und unterstreicht.

Es empfiehlt sich, zusätzlich Praxisseminare zu buchen, um die Eigenwahrnehmung zu stärken, sodass man sich künftig selbst gut ausrichten kann.

Manche Fremddarsteller haben sich diese Strategien bereits von selbst angeeignet, damit niemand erkennt, wer sie wirklich sind.

Wieso sollte es anstrengend sein?

Weil ein Teil Ihrer Aufmerksamkeit für Ihre Selbstbeobachtung gefordert ist. So, als ob ein kleiner Teil von Ihnen beständig auf Ihrer Schulter sitzt und darauf achtet, was Sie tun. Sie werden ständig sich selbst kontrollieren dürfen. Ob die gesetzte Geste auch entsprechende Wirkung hervorgerufen hat: Ist die dadurch erreichte Reaktion die von Ihnen gewünschte? Sie werden dauerhaft im Abgleich im Außen sein, sprich bei den anderen, Ihrem Publikum, um deren Reaktionen auf Sie zu analysieren und einzuschätzen. Um entsprechend Ihres Verhaltens zu justieren.

Unser Gehirn – allen Gerüchten zum Trotz – ist nur bedingt gut im Multitasking. Wir können hervorragend Automatisiertes mit Aufmerksamkeitsfordernden kombinieren. Sprich, wir können reden und gehen, ohne dass wir stolpern. Atmen und denken, ohne dass wir ersticken. Autofahren und Musik hören, ohne dass wir einen Unfall bauen.

Was wir hingegen nicht können, ist zeitgleich unsere Aufmerksamkeit zwei verschiedenen Dingen widmen. Ja, manchmal haben wir den Eindruck, dem wäre so. Das liegt daran, dass unser Gehirn rasend schnell zwischen zwei Aufgaben switchen kann, im Arbeitsspeicher ist allerdings immer nur Platz für ein Thema. Der Switch geht so schnell, dass wir diesen bewusst nicht wahrnehmen und stolz meinen, wir wären multitaskingfähig. Am Abend merken wir aber dann, wie anstrengend dieses „parallele" Tun ist. Das Ergebnis ist die vollkommene Erschöpfung.

Switchen kostet dem Gehirn viel Energie.

Deswegen ist es auf Dauer anstrengend, über die Selbstbeobachtung/-regulierung sichtbar zu sein.

Ein Authentischer zu werden ist relativ anstrengend, aber auf Dauer einfach.

Finden Sie auf die Frage „Wer bin ich?" die wahre Antwort.

Das war's. So einfach.

3.3   Der Weg

Was ist möglich? „Niemand weiß, wie weit seine eigenen Kräfte gehen, bis er sie versucht hat", wusste schon Goethe.

Machen wir uns nichts vor, die wichtigen Fragen hören sich immer einfach an, sind jedoch echt schwer in der Beantwortung.

Was macht Sie aus? Wer sind Sie?

Stelle ich diese Frage im Rahmen der Selbstvorstellung in meinen Seminaren, kommt häufig der eigene Name, gefolgt von einer Aufzählung des beruflichen Werdegangs, fast immer das Alter und der Familienstand, seltener Hobbys.

Ehrlich? Sind Sie eine Aneinanderreihung von Fakten?

In meiner Berufung als Coach habe ich immer wieder wunderbare Menschen im Coaching erleben dürfen, die weder wussten, dass sie wunderbar sind, noch dass sie ahnten, wie großartig sie tatsächlich sind.

Wie kann es sein, dass herzenswarme, zuverlässige, faire, ungeduldige, ehrgeizige, genussfreudige, unruhige, entspannte, dynamische, gemütliche, spontane, angespannte, aufgeregte Menschen nicht anerkennen können, dass sie dies alles sind? Und glauben wollen, es wäre besser, jemand anders zu sein als sich selbst?

Bei manchen haben wir zurückgeblickt und es gab bei allen in der Vergangenheit gute Gründe, wieso sie die Erkenntnis über ihre großartige Einzigartigkeit verloren haben. Verloren? Ja, denn jeder von uns hat dieses Wissen bereits seit Geburt. Kinder wachsen in dem Selbstverständnis auf, dass sie, und genau sie selbst, exakt so richtig sind, wie sie sind.

Als systemischer Coach schaue ich in die Zukunft – es ist also viel entscheidender, herauszufinden, was geschehen soll, damit dieses Wissen wiederentdeckt wird. Es schlummert in jedem. Und lässt sich bei allen wiederfinden.

Jedes überlebensfähige Neugeborene kommt perfekt ausgestattet auf diese Welt. Es ist alles vorhanden, damit es in dieser Welt bestehen, wachsen und seinen Beitrag geben kann.

„Was soll sich seit Ihrer Geburt bis heute geändert haben, dass diese perfekte Ausstattung nicht mehr da sein sollte?"

Beantworten Sie sich bitte diese Frage selbst, bevor Sie weiterlesen.

In meinen Seminaren erhalte ich oft die Antworten, „das Leben", „die negativen Erfahrungen", „die Prägungen", „die Eltern", die … Richtig, es gibt viele Erlebnisse, die uns zu dem gemacht haben, der wir heute meinen zu sein, aber – was ändern all diese Erfahrungen daran, dass wir grundsätzlich in unserem Inneren einzigartig wunderbar sind?

Wird ein Diamant verunreinigt, weil ihn jemand durch den Dreck zieht? Lässt er sich zerstören, wenn man auf ihm herumtrampelt? Mag sein, dass er dann verschmutzt ist, aber der Schmutz lässt sich abwischen. Und genau darum geht es in der Selbstanerkenntnis.

Polieren Sie sich den Staub von der Seele.

Werden Sie sich Ihrer selbst gewahr.

Und lernen Sie dankbar zu sein, für den, der Sie sind – und kein anderer.

Geht das in einem Kapitel?

Vielleicht. Vermutlich nicht. Aber jeder Weg beginnt mit einem Schritt.

Fangen wir an

- Was macht Sie aus?
  So eine einfache Frage und so schwer zu beantworten.
- Wer sind Sie?
  Noch viel schwieriger und eine der großen Fragen, die man sich vielleicht manchmal selber stellt.

- Wer bin ich (… und wenn ja, wie viele? – wie ein bekannter Buchtitel vermutet)
- Wann sind Sie dieser Frage zuletzt auf den Grund gegangen?

Es ist müßig zu fragen, wann Sie Ihr Selbstverständnis, berechtigt einfach zu sein und gut zu sein, in dem was Sie sind, verloren haben. Es war einfach irgendwann nicht mehr da.

Ändert aber nichts daran, dass Sie dieses Selbstverständnis in sich haben. Was verloren wurde, kann wiedergefunden werden. Alles, was Sie jemals gefühlt haben, kann erinnert werden – wenn Sie wollen.

Sie haben es in sich, verlassen Sie sich drauf und vertrauen Sie sich, dass Sie es wiederfinden werden.

Und hier beginnt der Weg

Sich selbst zu vertrauen – ohne zu wissen, wer man eigentlich ist. Geht das?

Haben Sie sich nicht allzu oft bewiesen, dass es gefährlich ist, Ihnen zu vertrauen?

Weil Sie manchmal Dinge entscheiden, die Ihnen nicht guttun?

Weil Sie Entscheidungen getroffen haben, denen Sie dann nicht gefolgt sind?

Sich gar nicht entschieden haben und dann Opfer der äußeren Umstände geworden sind?

Wie oft haben Sie sich enttäuscht?

Und waren dankbar dafür, dass Sie fähig waren, die Täuschung zu erkennen und sich somit wieder ein Stück weit näher gekommen zu sein?

In den Führungskräfteentwicklungscoachings werde ich oft gebeten, Tipps zur Führung von Mitarbeitern zu geben. Ich empfehle dann, ein Buch zu lesen und das Coaching sein zu lassen.

Es geht nicht darum, Methoden und Techniken anzuwenden, um eine gute Führungskraft „zu spielen", es geht darum, eine gute Führungskraft zu sein. Und das bedeutet, sich selbst gut zu führen, sich selbst zu kennen und anzuerkennen.

Wie kommt man sich selbst nun auf die Spur?

Finden Sie heraus, was Sie antreibt. Was Ihre Motive sind. Und Ihre Werte. Finden Sie heraus, ob Sie nach und für sie leben. Zumindest den größten Teil Ihrer Lebenszeit.

3.4   Was schon da ist

Ein paar Dinge haben Sie mit Ihrer Geburt bereits mitbekommen. Die haben Sie geprägt und dafür gesorgt, dass Sie in Ihrer Erfahrungswelt die Erlebnisse so wahrgenommen haben, dass Sie Ihre Persönlichkeit stärken.

Man geht in der heutigen, neurowissenschaftlich gestützten Forschung davon aus, dass für die Persönlichkeitsentwicklung verschiedene Faktoren prägend sind.

Unser Gehirn, genauer gesagt, das limbische System gilt als „Entstehungsort von Affekten, Gefühlen, Motiven, Handlungszielen, Gewissen, Empathie, Moral und Ethik" (Roth, G. und Ryba, A. 2016, S. 129). Somit hat es einen erheblichen Anteil am individuellen Handeln des Menschen.

Es sorgt dafür, wie und dass Sie bestimmte Situationen wahrnehmen. Wie Sie sie interpretieren und somit Ihre eigenen Glaubenssätze verstärken.

Somit schaffen Sie sich Ihre eigene Welt und sorgen dafür, dass dies stimmig bleibt für Sie. Arthur Schopenhauer erkannte bereits früh:

„Der Mensch kann tun, was er will, aber nicht wollen, was er will."

3.5   Die eigene limbische Prägung

Der © Limbic-Ansatz ist ein von Dr. Hans-Georg Häusel (2014) entwickeltes Neuromarketingkonzept, welches die modernsten Erkenntnisse und Disziplinen der Psychologie, Neurobiologie, Soziologie und Philosophie vereint.

Mithilfe von Limbic können wir uns selbst einschätzen und erkennen, wie wir selbst unsere Wahrnehmung beeinflussen. Denn – wir mögen und beurteilen das positiver, was unserem limbischen System ähnlich ist.

Um sich selbst zu erkennen, macht es Sinn, bei der limbischen Prägung anzufangen. Hier ein paar Fragen, die mit dem Verbringen des Urlaubs und der Urlaubsplanung zu tun haben:

- Wie gestalten Sie Ihre Urlaubsplanung?
- Planen Sie frühzeitig und nehmen den Frühbucherrabatt in Anspruch?
- Wissen Sie bereits ein Jahr vorher, wann Sie wo und mit wem Sie hinfahren?
- Buchen Sie lieber all-inclusive oder gestalten Ihre Tour eigenständig und wissen am Morgen noch nicht, wo Sie am Abend sein werden?

- Haben Sie einen schönen Urlaubsort gefunden und fahren gerne immer wieder dorthin, um die vertraute Gegend näher kennen zu lernen, weil Sie es genießen, sich dort auszukennen?
- Oder erforschen Sie immer wieder neue Ihnen unbekannte Ecken der Welt, neugierig auf das zu Entdeckende?
- Oder genießen Sie die Annehmlichkeiten einer komfortablen Hotelanlage und lassen sich verwöhnen?

Nach den Urlaubszielen befragt, erzählte ein Seminarteilnehmer Folgendes:

Beispiel

Er wäre früher immer auf die gleiche Insel gefahren. Er mag diese Insel. Manchmal wechselt er das Hotel. Jedoch freute er sich immer auf die Einheimischen. Richtig gute Gespräche könne man dort führen. Auch den einen oder anderen schönen feucht-fröhlichen Abend hätte er verbracht. Nein, andere Inseln oder Länder besuche er nicht. Familienbedingt würde er jetzt eh mehr in Deutschland Urlaub machen. ◄

Ein anderer zählte, nach seinen Urlaubszielen gefragt, erst mal auf:

Beispiel

Thailand, Dubai, Kroatien, Griechenland, Portugal, Teneriffa, Neuseeland, Schottland, Tschechien, Island. Wo es ihm denn besonders gut gefallen habe? Ach ja, er war dann noch in Japan, Slowenien, Tirol, Italien, Mexiko und der Türkei. Besonders gut habe es ihm in Griechenland gefallen, da habe er eine Meditationswoche bei einem Guru mitgemacht und sehr viel über sich selbst in der Natur erfahren. ◄

Ein Dritter sprach von seiner beeindruckenden Reise mit Huskys durch Norwegen:

Beispiel

Ein paar wenige Dinge zum Mitnehmen auf den Hundeschlitten. Wie im Vorfeld geübt wurde, wie anstrengend die Tour war. Sobald die Hütten erreicht wurden, mussten erst einmal die Hunde versorgt werden, das gefrorene Fleisch gehackt und Schnee geschmolzen werden, um überhaupt Trinkwasser zu haben, um dann festzustellen, dass die elektrische Zahnbürste ohne Strom nicht funktionierte ... Klingt nach Abenteuer, aber war vor allem eine echt, echt coole Sache, die einem die Bewunderung und die Achtung der anderen abverlangte. ◄

Und? Bei welcher Schilderung haben Sie sich gedacht „Hey, das ist ja wie bei mir!" oder „Ja, genau, das wollte ich schon längst mal machen!"?

Betrachten Sie Ihren Kleiderstil:

- Worauf legen Sie wert?
- Die Qualität der Materialien?
- Die Originalität der Kleidungsstücke?
- Oder das Image der Marken?
- Den Preis?

Nehmen wir an, Sie machen Ihren Job gerne und fühlen sich sehr wohl dabei.

- Was war Ihnen besonders wichtig bei der Berufswahl?
- Die Sicherheit des Einkommens?
- Ein abwechslungsreiches Tun?
- Oder die Karriereoptionen?
- Alle drei Faktoren?

Dann sind Sie vermutlich in einem Großkonzern gelandet.

Zugegeben, manche Fragen sind eindeutiger als andere zu beantworten, manchmal will man eher das eine, doch dann ist eben das andere wichtig.

Dennoch – stellen Sie sich vor, Ihr Leben mit dem Leben eines ehemaligen Schulkameraden zu tauschen. Wären Sie in seinem Leben glücklich oder zumindest zufrieden?

Fragen Sie sich nicht manchmal auch, wie jemand in diesem „seinem" Leben überhaupt überleben kann?

Ein Beispiel

Mit 18 Jahren, als es um eine mögliche Berufswahl ging, entschied ich mich für das Psychologiestudium, in der Annahme, hier ständig mit Menschen zu tun zu haben. Das bedeutete für mich damals, dass ich stets Veränderung und Entwicklung in meinem Leben haben würde. Es graute mir vor der Vorstellung, 40 Jahre lang zu wissen, was ich von 08:00 Uhr bis 17:00 Uhr zu tun hätte. ◄

Heute – unzählige Aus- und Weiterbildungen später – bin ich als Trainer und Coach umgeben von ständigen Veränderungen – neue Menschen, neue Themen, neue Orte. Und mache genau das, was ich liebe.

Meine Schwester entschied sich für eine kaufmännische Ausbildung und wechselte einmal von ihrem Lehrbetrieb zu ihrem heutigen Arbeitgeber, für den sie seither tätig ist. Die Firma hat in den letzten 25 Jahren mehrfach den Namen und die Inhaber gewechselt – meine Schwester ist auf der gleichen Position geblieben. Sie macht genau das, was sie liebt.

Müssten wir unsere beiden Leben tauschen – wir wären vermutlich nach vier Wochen vollkommen gestresst und reif für die Psychiatrie.

Die Berufswahl meiner Schwester deutet darauf hin, dass ihr Werte wie Sicherheit, Stabilität, Voraussehbarkeit wichtig sind – Werte, die einen Balance-Typen ausmachen.

Meine Lebenswahl zeugt davon, dass mich Neues, Spannendes, Unvorhersehbares glücklich macht – Werte, die einen Stimulanz-Typen beschreiben.

Dem limbischen Ansatz nach wird in drei Haupttypen unterschieden:

3.6   Die Haupttypen

3.6.1   Der Balance-Typ

- Mag Beständigkeit1 und steht Veränderungen eher skeptisch gegenüber.
- Hat ein hohes Bedürfnis nach Harmonie.
- Bevorzugt demnach Sicherheit und Konstanz.
- Möchte innere und äußere Stabilität.
- Lebt gern in der Gemeinschaft und ist fürsorglich.
- Vermeidet eher riskante Situationen.
- Bemüht sich Ängste auszuschließen.

3.6.2   Der Dominanz-Typ

- Ist geprägt von Ehrgeiz und Vorankommen.
- Strebt nach Macht und setzt sich gerne durch.
- Dominiert gerne.
- Wird durch Konkurrenz motiviert und mag den Wettkampf.
- Strebt nach Autonomie.
- Nimmt die eigenen Bedürfnisse wahr und ernst.
- Mag sich aktiv und dynamisch erleben.
- Demonstriert gerne Luxus und Status.
- Wirkt manchmal gierig und neidgetrieben.

3.6.3   Der Stimulanz-Typ

- Ist neugierig und will immer Neues, anderes erleben.
- Lässt sich gerne auf riskante Unternehmungen ein.
- Liebt Überraschungen und Exotisches.
- Interessiert sich für Spirituelles.
- Ist offen für alternative, nonkonforme Ideen.
- Neigt zum unstrukturierten Chaos.
- Ignoriert gerne traditionelle Konventionen.

- Fürchtet sich nicht davor, anzuecken.
- Entwickelt gerne eigene Lösungen.
- Bevorzugt es, eigene Wege zu finden und zu gehen.

Und ja, es gibt Mischtypen und ist natürlich lediglich eine Orientierung. Doch es ist der erste Hinweis auf das, was einem möglich ist und was nicht.

Sie haben natürlich die Wahl, sich alles in Ihr Leben zu wünschen, was Sie glücklich machen könnte. Doch wenn dieses Gewünschte nicht Ihrer limbischen Prägung entspricht, werden Sie feststellen, dass Sie das, was Sie sich gewünscht haben, auf Dauer nicht zufrieden machen wird.

Nachdem Sie nun die Ausrichtungen der limbischen Prägungen kennen, können Sie sicherlich die Urlaubsbeschreibungen den verschiedenen Ausprägungen zuordnen.

Der stets auf die eine Insel Zurückkehrende hat eine Balance-Ausprägung.

Derjenige, der eine Vielzahl von Urlaubszielen aufzählte, gehört definitiv zu den Stimulanz-Typen und derjenige, der sich die Bewunderung seiner Zuhörer durch seine Schlittenhundenreise sicherte, gehört zu den Dominanzgeprägten.

Und Sie? Welche limbische Prägung findet sich bei Ihnen wieder? Sind Sie eher ein Mischtyp oder haben eine deutliche Ausprägung in dem einen oder anderen Bereich?

Sind Sie in einem balancegeprägten Umfeld aufgewachsen und haben die Werte und Glaubenssätze, die Ihnen vorgelebt wurden, angenommen und zu den Ihren gemacht, werden Sie, wenn Sie ein Balance-Typ sind, gut mit sich zurande kommen. Sollten Sie eine Dominanzprägung haben, dann wird Ihnen die anerzogene Bescheidenheit gerne ein schlechtes Gewissen machen, so Sie in einem Wettkampf siegreich hervorgehen wollen und stolz auf Ihre Leistungen zu sein wünschen.

Hierzu eine Geschichte:

Die Meisterin

Selbst im hohen Alter waren die Bewegungen der Meisterin voller Kraft und Besonnenheit. Ihr Tun war geprägt von Ruhe und Gelassenheit. Sie war eine aufmerksame Zuhörerin und ihre ruhige Stimme barg in sich so viel Präsenz, dass ihren Worten stets gern gelauscht wurde. Die Menschen vertrauten sich ihr an und eröffneten ihr Einblick in ihre Herzen. Dabei war sie weder pathetisch noch huldvoll, sondern lachte gerne ihr tiefes, ansteckendes Wikingerlachen, suchte und fand den Humor und Witz in und hinter allen Dingen. Vor allem lachte sie gern, wenn sie sich selbst bei einem Fehler ertappte oder wenn sie bemerkte, wie sie sich mal wieder selbst auf den Leim gegangen ist. Um dann erst recht zu schmunzeln, wenn sie darüber sinnierte, wie oft sie das wohl nicht bemerkt hatte …

Eines Tages sprach sie einer ihrer Gäste an, wie sie denn so eine charismatische Persönlichkeit geworden sei.

„Ich habe es gemacht wie Michelangelo, der Bildhauer. Ich habe einfach alles von dem Marmor weggeklopft, was nicht zu der innewohnenden Figur gehörte. Bei ihm wurde es der florentinische David und viele andere großartige Skulpturen. Bei mir wurde es ein Reh."

Und sie blickte den Gast mit ihren sanften, braunen Augen warm an und lachte dabei.

Dieser hakte nach: „Ein Reh? Ja, wären Sie denn nicht viel lieber ein Tiger gewesen?"

„Natürlich", antwortete die Meisterin, „aber ich habe Wünsche immer mit der Einstellung jenes werdenden Vaters betrachtet, der – damals warteten Männer noch vor der Tür – nervös vor dem Kreißsaal auf und abging. Endlich kam die Hebamme: ‚Sie haben sich bestimmt einen Jungen gewünscht, es ist aber ein Mädchen.' ‚Das macht überhaupt nichts', rief der Mann glücklich, ‚für den Fall, dass es kein Junge ist, habe ich mir nämlich ein Mädchen gewünscht.'

Sehen Sie, nachdem ich viele Jahre damit verschwendet hatte, jemand anderes sein zu wollen, als ich bin, habe ich mit dem Rehsein Frieden geschlossen und das Beste daraus gemacht."

„Und haben damit bewiesen, dass auch Rehe Charisma haben können."

Die Meisterin lachte herzlich und steckte ihre Gäste damit an. ◄

Natürlich steht es jedem frei, der zu sein, der er sein will.

In der heutigen Zeit wird uns täglich suggeriert, dass wir alles sein können, was wir wollen. Wir müssten nur genug wollen.

Nun, ich hänge tatsächlich dieser Ansicht an, doch glaube ich, dass Sie nur das sein können, was Ihrem Wesen entspricht.

Dann werden Sie sich voller Zuversicht und Vertrauen auf die unendlichen Möglichkeiten freuen, die Sie in sich bergen.

Die limbische Prägung ist das eine, Ihre Motive sind das andere, das Ihre Persönlichkeit prägt.

Natürlich sind Sie mehr als Ihre limbische Prägung. Ihre eigenen Motive tragen maßgeblich zu Ihrer Persönlichkeitsstruktur bei.

In den letzten Jahren sind verschiedene Persönlichkeitstests dem Markt zur Verfügung gestellt worden. Immer häufiger werden diese beim Personal Recruiting zu Hilfe genommen, weil man sich ein exakteres Bild seiner künftigen Mitarbeiter erhofft.

Häufig finden sich in der Fachliteratur Diskussionen, welcher Test wo und wie über eine höhere Aussagekraft, Validität verfügt und überhaupt der Beste ist.

Ich bin der Ansicht, dass jeder der Tests seine Existenzberechtigung hat und grundsätzlich mehr Kenntnis über sich selbst bringt sowie hilfreich im Umgang mit sich und seiner Umwelt ist.

Selbstverständlich lassen sich Menschen nicht in 4 oder 16 oder 32 Persönlichkeitsfaktoren aufteilen – dennoch, bestimmte Ähnlichkeiten innerhalb einer Gruppierung sind feststellbar.

Übereinstimmungen in der Typologisierung sorgen dafür, dass Sie sich mit manchen Menschen auf Anhieb verstehen („irgendwie ticken wir gleich") und bei anderen Menschen Anlauf brauchen, um ein halbwegs vernünftiges Miteinander zu gestalten („ich versteh überhaupt nicht, was der will").

Meiner Meinung nach sollten Sie jede Möglichkeit nutzen, um mehr über sich zu erfahren.

Es gibt unterschiedliche Tests, durch die Sie mehr über sich und Ihre Motivlage erfahren können.

Ob Sie nun das Reiss-Profil nutzen, das Insights-Modell, sich nach den „Big Five" testen oder eine MSA-Analyse machen lassen – vollkommen gleich. Sie werden bei jeder Auswertung interessante Impulse über sich bekommen. Manches könnte Sie anregen, über bestimmte Persönlichkeitsfelder von Ihnen nachzudenken („Echt? So soll ich drauf sein?"). Manches wird Sie bestätigen („Habe ich mir doch gleich gedacht."). Und bei allem – denken Sie bitte immer daran, dass es sich um Tests mit statistischen Mittelwerten handelt. Eine Abweichung bedeutet lediglich, dass Sie sich in diesem Punkt von dem Durchschnitt aller unterscheiden. Es handelt sich nie um absolute Aussagen.

Was ich damit ausdrücken will, so hilfreich die Erkenntnissse solcher Tests auch sein mögen, die Entscheidung, was Sie mit diesen Ergebnissen anfangen, obliegt immer noch Ihnen. Und manchmal kommt doch am Ende eventuell etwas anderes heraus, als man geahnt hat, oder es zeigen sich Ergebnisse, die man nicht mag. Ob Sie diese zur Anregung nutzen, um darüber nachzudenken oder sie einfach ablehnen, weil „es wirklich Quatsch ist" – entscheiden Sie selbst und trauen Ihrer Intuition.

3.7   Ideen zu Ihrer Kennung

Jeder Mensch ist in seinem Inneren vollkommen. Auch wenn er es vergessen hat. Es gilt die eigene Vollkommenheit zu entdecken und anzuerkennen. Manches von Ihnen ist so, wie es ist. Manches ist noch entwickelbar. Finden Sie heraus, wie Sie annehmen können, was und wer Sie sind.

Hierfür bitte ich Sie, eine einfache Übung zu gestalten
Nehmen Sie sich einen Moment Zeit und betrachten sich von innen und von außen. Legen Sie zwei Papiere und zwei Stifte bereit. Auf das eine malen Sie einen ☺, auf den anderen einen ☻.

Dann stellen Sie sich die Uhr auf fünf Minuten und schreiben acht Eigenschaften/Fähigkeiten von sich auf das ☺ Blatt auf, auf die Sie stolz sind. Für die Sie dankbar sind, dass sie Ihnen zu eigen sind. Bitte achten Sie darauf, dass es hier um Ihre persönliche Einschätzung geht, nicht was Ihre Freunde, Ihren Partner oder die Gesellschaft stolz machen könnte, sondern worauf Sie stolz und wofür Sie dankbar sind.

Das muss nicht der erste Plaĺtz in irgendwas sein, die einzigartigste Besonderheit oder das beständigste Verhalten.

Es geht darum, worauf Sie stolz sind. Es geht ausschließlich um Ihre eigene Wertschätzung.

Vielleicht können Sie die besten Hefekuchen der Welt backen und Ihr stets lockerer, fluffiger Teig macht Sie stolz. Vielleicht können Sie hervorragend IKEA-Regale zusammenbauen, ohne dass eine Schraube übrig bleibt. Vielleicht können Sie die lukrativsten Angebote finden.

Es gibt vieles, worauf Sie stolz sein können. Schreiben Sie mindestens acht Ihrer Eigenschaften bzw. Fähigkeiten auf, auf die Sie stolz sind, dass Sie sie können.

Jetzt.

Beenden Sie die Übung nach fünf Minuten, auch wenn Sie vielleicht noch keine acht Eigenschaften gefunden haben sollten.

Dann widmen Sie sich dem anderen Blatt mit dem ☹.

Stellen Sie sich wieder Ihre Uhr auf fünf Minuten und schreiben auf, was Ihnen an sich nicht gut gefällt, was Sie an sich für verbesserungswürdig halten.

Jetzt.

Legen Sie die beiden Blätter nebeneinander.

Was fällt Ihnen auf?

Welche der beiden Listen ist Ihnen leichter gefallen?

Beginnen wir mit der ☺-Liste.

Sie haben acht Fähigkeiten aufgeschrieben? Ich gratuliere Ihnen!

Sie haben in der kurzen Zeit von fünf Minuten keine acht Punkte gefunden? Herzlich willkommen im Kreis vieler, denen das in fünf Minuten nicht gelingt.

Diese Übung setze ich in abgewandelter Form häufig in meinen Seminaren ein und wir stellen immer wieder fest, dass es den meisten schwerfällt, innerhalb von fünf Minuten acht Eigenschaften zu finden, für die Sie dankbar, auf die Sie stolz sind.

Woran liegt das?

Wohl kaum daran, dass zu wenig da wären. Eher daran, dass den vielen großartigen Fähigkeiten, die jeder in sich birgt, zu wenig Aufmerksamkeit geschenkt wird.

Wir leben in einer Gesellschaft des Mängelblicks. Das bedeutet, dass wir unsere Wahrnehmung gegenüber dem, was nicht so toll ist, geschärft haben. Wir sind hervorragend darin trainiert, Mangelhaftes wahrzunehmen. Die Medien machen es uns vor. Unabhängig davon, ob Sie seriöse oder illustre Nachrichtensendungen bevorzugen, eines ist allen gleich – der Blick auf die Katastrophe. Das ist etwas durchaus Menschliches und es gibt unterschiedliche Theorien, warum wir Menschen das so gestalten und mögen.

Früher – als die Nachrichten sich noch auf Hörensagen beschränkt haben – man höchstens 20 km weit weg von seinem Dorf gereist ist – mag es zu einer Stärkung des

Wir-Gefühls beigetragen haben und die Dankbarkeit gestärkt haben, nicht selbst davon betroffen zu sein.

Heute – im Rahmen der Globalisierung – bekommt jeder alle Katastrophen der ganzen Welt mit, auch wenn diese häufig selten von Belang in der eigenen kleinen Welt sind.

Dennoch, weil wir Menschen ebenso sind, wie wir sind, nehmen wir diese Nachrichten in unser Weltbild auf, bedienen Ängste und blicken voller Sorge auf unser eigenes Leben, was hier noch besser sein könnte (vgl. auch „Eine kurze Geschichte der Menschheit", Y. N. Harari und „Risiko", G. Gigerenzer).

Und vergessen darüber, das zu sehen, wofür wir in unserer Gesellschaft dankbar sein können:

- Zum Beispiel für ein funktionierendes Strom- und Wasserversorgungssystem. Das ist nicht in allen Teilen der Welt so zuverlässig oder überhaupt vorhanden.
- Zum Beispiel das Recht auf Meinungsfreiheit, ohne Repressalien fürchten zu müssen.
- Zum Beispiel jederzeit eine medizinische Grundversorgung in Anspruch nehmen zu dürfen, ohne im Vorfeld viel Bargeld einsetzen zu müssen.

Selbstverständlichkeiten? Vielleicht für uns, die wir in dieser Gesellschaft leben dürfen. Doch war es ja wohl eher Zufall, in diese Gesellschaft hineingeboren worden zu sein.

Anstatt beständig auf die Dinge zu sehen, die nicht funktionieren, lässt sich der eigene Blick auch trainieren, das wahrzunehmen, was wirklich gut ist.

Ein anderer Grund, warum wir unser Selbst und unser eigenes Leben für optimierungsfähig halten, liegt unter anderem in der andauernden Beschallung durch die Bilder der vielen Medien, der wir uns bedienen. Sei es durch Werbung, Social Media oder Netflix. Wir erleben beständig schönere, bessere, interessantere Leben um uns herum, wohl wissend, dass diese Informationen „geschönt" sind, verarbeitet unser Gehirn dennoch die schönen Bilder, die suggerieren, bei den anderen ist alles besser, „ich bin noch nicht genug, so wie ich bin".

Wunderbar setzt sich Isabell Prophet in ihrem Buch „Wie gut soll ich denn noch werden?" mit den Hintergründen und Folgen der „Selbstoptimierungsgesellschaft" auseinander.

Was ich damit sagen will – der Blick auf das, was schlecht ist, ist in unserer Gesellschaft gut geübt. Heißt, wenn Sie im Moment noch verstärkt auf das achten, was an Ihnen nicht so toll ist, dann ist das ganz normal. Und hat nichts damit zu tun, dass tatsächlich ganz viel an Ihnen nicht toll sein sollte.

Betrachten Sie nun bitte Ihre ⊗ Liste.

- Nehmen Sie sich jeden einzelnen Punkt vor und stellen sich dazu folgende Fragen:
- Ist es mir persönlich wirklich wichtig, diesen Punkt zu erfüllen?
- Hat man mich glauben gemacht, dass es mir wichtig sein soll?

- Ist das meine eigene Idee oder bin ich geprägt worden (von Eltern, Freunden, der Gesellschaft)?
- Warum könnte ich mich mögen, dass ich diese Eigenheit habe?
- Was könnte der Vorteil sein, so zu sein?
- Inwiefern könnte ich dankbar sein, dieses Lernfeld oder diese Fähigkeit zu haben?

Seien Sie ehrlich mit sich.

Ja, manche Fragen muten sich erst mal seltsam an. Warum sollte es von Vorteil sein, wenn man ständig Dinge vergisst? Oder unachtsam mit sich und seinem Umfeld ist? Oder ungeduldig? Oder, oder, oder …

Finden Sie heraus, was wirklich zu Ihnen gehört und in welchen Bereichen Sie die Ideen von anderen erfüllen wollen.

Häufig finden Sie hier Glaubenssätze, die Ihnen nur manchmal guttun. Manche Glaubenssätze sind alt und hatten eine Zeitlang ihre Berechtigung. Doch Sie haben sich weiterentwickelt und der Nutzen mancher Glaubenssätze ist nicht mehr von Belang.

Das Besondere an Glaubenssätzen ist, dass sie als Wahrheiten verkleidet daherkommen. Wir erkennen sie häufig nicht als Glaubenssatz und somit „ergeben" wir uns ihnen. Schließlich lassen sich Wahrheiten ja nicht ändern. Oder?

Werden Sie sich bewusst, dass Sie selbst Ihre Wahrheiten in Ihrem Leben schaffen. Sie können selbst entscheiden, was Sie glauben wollen und was nicht.

Zugegeben, das braucht ein bisschen Übung, aber wie bereits am Kapitelanfang geschrieben, authentisch zu werden, ist zu Beginn ein bisschen anstrengend. Dafür im Nachhinein echt einfach.

Manchmal hilft es, sich bewusst zu machen, dass die vermeintliche Wahrheit lediglich eine Idee ist, der man anhängt. Damit es ein bisschen konkreter wird, finden Sie nachstehend verschiedene Ideen, die sich bei meinen Coaches oder in den Seminaren regelmäßig zeigen:

▶ **Die Idee,** dass man als Erwachsener grundsätzlich für all das, was man tut, von allen Personen geachtet und geliebt werden muss, anstatt auf seine eigene Wertschätzung und Anerkennung zu achten.

Am Ende muss man schließlich vor allem sich selbst in die Augen schauen können.

Diese Idee findet sich häufig bei Personen, die gerade in eine Führungsposition gewechselt sind und nun tagtäglich erleben, dass sie Entscheidungen zu treffen haben, die nicht immer für das gesamte Team angenehm sind. Sie erleben, dass sie bei allem Wohlwollen und Umsichtigkeit, für alle gut entscheiden zu wollen, es nicht allen recht machen können. Und ja, wir wissen, dass wir es nie allen recht machen können. Dieses Wissen schützt aber nicht vor dem Gefühl der eigenen Unzulänglichkeit, dass einem jemand gibt, der sich ungerecht behandelt fühlt. Das Entscheidende ist – und die Frage dürfen Sie sich immer stellen:

„Kann ich mir selbst mit dieser Entscheidung in die Augen sehen?"
Wie auch immer Sie sich Ihr Lebensende vorstellen, Sie werden sich stets in Ihren Handlungen vor sich selbst verantworten dürfen. Sie sind Ihr eigener Maßstab.

▶   **Die Idee,** dass Geliebtwerden viel wichtiger ist, anstatt Liebe zu schenken.

Was tun wir Menschen nicht alles dafür, dass wir geliebt werden? Am liebsten so, wie wir sind und dennoch verheimlichen wir häufig dem anderen ein bisschen was von uns, weil er dann uns vielleicht weniger lieben könnte … Hierbei handelt es sich um wirklich harmlose Dinge.

„Mein Mann weiß nicht, dass ich rauche." (erwachsene, eigenständige Frau, 43 Jahre)

„Meine Kinder wissen nicht, dass ich ab und am Computer spiele." (erwachsener, eigenständiger Mann, 47 Jahre)

„Unsere Eltern wissen nicht, dass wir uns über eine Website, auf der man Sexpartner finden kann, kennengelernt haben." (erwachsenes, eigenständiges Paar, 49 und 52 Jahre)

Jeder von uns hat seine kleinen Geheimnisse, und das ist o.k.

Würden wir uns auf das Gefühl des Liebens konzentrieren, hätten wir nicht mehr so viel Angst davor, nicht geliebt zu werden. Denn wir könnten uns an dem Gefühl der Liebe freuen, der inneren Wärme, die sie erzeugt, das Lächeln, dass die Liebe einem ins Gesicht zaubert, weil das Herz fühlen kann, dass es nicht nur für einen selber schlägt.

▶   **Die Idee,** dass es schrecklich ist, wenn die Dinge nicht so sind, wie man sie
         gerne hätte, anstatt eine Veränderung herbeizuführen.

Wichtig ist es hierbei, eine Entscheidung zu treffen, macht es mehr Sinn, die Bedingungen zu ändern oder eine gelassene Haltung dazu zu finden, wenn sie sich nicht ändern lassen?

Wie oft regen Sie sich über Situationen auf, denen Sie begegnen? Wie oft verharren Sie in diesen Situationen und jammern darüber, anstatt Sie zu verlassen?

Häufig klagen Menschen über ihre Arbeitssituation. „Das könnte besser sein, hier sollte das anders sein, die stellen sich dermaßen bescheuert an …"

Eine Seminarteilnehmerin klagte über ihr extrem hohes Arbeitspensum, da sie neben ihrer Festanstellung noch eine freiberufliche Tätigkeit (ihre Berufung) ausübte. Warum sie nicht ausschließlich ihrer Berufung folge? „Ich habe finanzielle Verantwortung für mich und meine Kinder, die müssen ja gewisse Standards leben, sonst werden die in der Schule gemobbt und das will ich ihnen nicht zumuten."

Wenn dies die Bedürfnisse sind, die gelebt werden wollen, dann lohnt sich die Energie nicht, sich über die Situation aufzuregen, dann wäre es sinnvoller, sich über die eigene Kraft zu freuen, die man aufbringt, um die Situation zu wuppen.

Dennoch konnte ich mir die Frage nicht verkneifen, ob sie ihren Kindern denn auch die Werte vermitteln wolle, dass man lediglich bei der Nutzung von Statussymbolen von anderen gemocht werden kann.

▶ **Die Idee,** dass es besser ist, Herausforderungen und Schwierigkeiten zu
   vermeiden, anstatt diese als großartige Möglichkeit zu sehen, seine Talente
   und Fähigkeiten zu trainieren, auf dass man für andere, ähnliche Situationen
   besser darin geübt ist, sie einzusetzen.

Manchmal „schenkt" einem das Leben Trainingssituationen, bei denen man sich
gewünscht hätte, dass dieser Kelch an einem vorübergegangen wäre. Definitiv lässt sich
hierfür nicht „Danke" sagen. Aber es hindert einen auch nichts daran, anstatt sich in Verzweiflung zu stürzen, zu glauben, dass alle Fähigkeiten, um diese Situation zu meistern,
in einem vorhanden sind. Dass diese von dieser Herausforderung nun gefordert werden.
Diese Annahme lässt einen leichter damit umgehen.

In einem Konfliktlösungsmanagementseminar hatte ich einen Teilnehmer, der in
seinem direkten Umfeld einen üblen Widersacher hatte, dem es leider aufgrund interner
Machtkonstellationen möglich war, meinen Teilnehmer beständig infrage zu stellen,
anzugreifen und ihm rundum das Leben schwer zu machen. Sich aus der Situation zu
entfernen war keine Alternative. So blieb lediglich die Einstellungsänderung. Der Teilnehmer begann das Ganze als Trainingssituation wahrzunehmen, was ihm das Gefühl
des Ausgeliefertseins nahm und ihm insgesamt ein leichteres Lebensgefühl schenkte
(und einen besseren Schlaf).

▶ **Die Idee,** dass man jemand anderen, etwas Größeres oder Stärkeres als
   sich selbst braucht, anstatt der Idee, dass alles zum Meistern einer Situation
   bereits in einem vorhanden ist und lediglich aktiviert werden will.

Manchmal, wenn man sich Situationen ausgeliefert, sich hilflos fühlt, dann entsteht der
Wunsch, dass jemand anderes das Problem für einen lösen sollte. Jemand der mächtiger,
vielleicht sogar allmächtig ist und dem daher das Ganze ein Leichtes sei.

In früheren Zeiten versinnbildlichte das häufig Gott oder verschiedene Götter, an die
man sich mit Gebeten oder Ritualen wandte. Wenn sich Gott (oder die Götter) nicht hilfreich für einen einsetzten, hatte man einfach nicht genug gebetet, geopfert oder einen zu
schlechten Lebenswandel. Die Menschen hatten eine Erklärung dafür, warum es war, wie
es war. Und das machte es in diesem Glaubensbild („ich brauche jemand Größeren als
mich") einfacher.

Heute glaubt die Gesellschaft weniger an Gott, sondern im Berufsleben eher an die
Allmacht der Konzerne, des Geschäftsführers, des Chefs.

Jeder von Ihnen kennt Sätze wie „Das müsste die Geschäftsführung ändern" oder
„Da sollte mein Chef sich mal einschalten" oder „Ja, wenn die da oben mal mitspielen
würden …"

Die Verantwortung für eine Situation wird nach außen gegeben und man selbst
degradiert sich zum Opfer. In einer Ohnmacht verharren macht weder Spaß noch gibt sie
einem mehr außer Unzufriedenheit und Leid.

Zugegeben, bestimmte Strukturen lassen sich nicht durch einen Einzelnen ändern, aber – und hier hat es jeder selbst in der Hand – die täglich erlebten Situationen sind maßgeblich vom eigenen Verhalten abhängig. Und hier lässt sich ansetzen. Jeder kann sich selbst vertrauen, entsprechende Fähigkeiten zum Meistern einer Situation in sich zu tragen oder sie entwickeln zu können.

▶   **Die Idee,** dass man in allem, vor allem was man neu lernt, sofort kompetent
     und erfolgreich sein muss.

Anstatt der Idee, sich als Lernender wahrzunehmen, der seine Zeit braucht, um sich Kompetenzen anzueignen und dass es ganz o.k. ist, wenn man nicht alles perfekt kann. Schließlich hat jeder unterschiedliche Fähigkeiten.

Eigentlich logisch, dass man nicht gleich alles sofort richtig kann. Wir haben vergessen, wie lange wir als Kinder gebraucht haben, bestimmte Fähigkeiten zu erlernen. Rückblickend haben wir alles total schnell gekonnt. Gut, dass Sie sich nicht erinnern, wie mühsam das Erlernen des Laufens war. Welche Stationen Sie genommen haben, vom Robben über Krabbeln, sich an allem festhaltend langsam aufrichtend, die ersten wackligen Schritte … Und Sie nicht mehr wissen, wie oft Sie gescheitert sind, bevor Ihre Beine fähig waren, Sie so zuverlässig durch Ihr Leben zu tragen, wie sie es jetzt tun.

Und nun kommt das Gemeine – als Erwachsener lernen Sie tatsächlich anders und vor allem gefühlt viel, viel langsamer als Kind. Das Gefühl ist richtig. Wenn wir lernen, werden im Gehirn neue Synapsen gebildet. Bei Kindern passiert das in einer extrem hohen Geschwindigkeit, bei alten Gehirnen (das ist in der Neurowissenschaft bereits ab einem Alter von 25 Jahren) sinkt die Geschwindigkeit der Synapsenbildung deutlich herab. Das liegt vor allem daran, dass wir im Alter ganz anders lernen können – wir bilden Verknüpfungen mit vorhandenem Wissen und dazu will das, was bereits gewusst wird, erst mal erinnert werden. Hört sich komplizierter an, als es ist. Ändert aber nichts daran, dass wir langsamer lernen – und dieses Tempo leider nicht ändern können.

Also wird es wirklich dauern und viel Wiederholungen benötigen, bevor wir etwas richtig gut können.

Im Schlagfertigkeitsworkshop trainieren wir, rasch einen charmanten Spruch einzusetzen. Die Teilnehmer sind regelmäßig beeindruckt, in welcher Geschwindigkeit mir hier passende Sätze einfallen. Sie berücksichtigen dabei nicht, dass ich bereits seit meinem zehnten Lebensjahr im Training bin. Damals ging ich jeden Morgen mit meinem besten Kumpel zum Bus – und dieser forderte bereits am frühen Morgen durch seine Schlagfertigkeit meine Kommunikationsfähigkeiten zu Höchstleistungen heraus. Seitdem bin ich bewusst im Training. In Berlin leben hilft hier auch.

▶   **Die Idee,** dass alles immer zuverlässig so sein sollte, wie es bisher war,
     anstatt der Idee, dass Veränderung das Normale in unserem Leben und alles
     dem beständigen Wandel unterworfen ist.

Sprich, das Leben ist voller unwägbarer Wahrscheinlichkeiten und kann trotzdem genossen werden.

So nachvollziehbar das Bedürfnis nach Sicherheit und Kalkulierbarkeit ist – wir erleben alltäglich den Wandel und die Veränderung und arbeiten dennoch an der Annahme, dass Veränderung das Normale sein könnte.

Jeder hat in seinem eigenen Leben die Veränderungen vom Teenager zum Erwachsenen erfahren – allein unser Altern, die Änderungen der Ansichten, der Wechsel der Jahreszeiten, die Entwicklungen in der Technik, Medizin, Medien ... Überall, wo wir hinblicken, sehen wir Veränderung. Für die Entwicklung der Menschheit, so, wie sie geschehen ist, war die Bereitschaft zur Veränderung unabdingbar. Es wären keine Kontinente entdeckt worden, es würden keine Erfindungen gemacht werden, wenn uns Menschen nicht die innere Bereitschaft zur Veränderung innewohnen würde.

Das einzig wirklich Beständige ist der Wandel.

> ▶ **Die Idee,** dass glückliches Wohlbefinden durch Trägheit und Inaktivität erreicht werden kann.

Anstatt der Idee, dass Menschen sich am wohlsten fühlen, wenn sie kreativ eigenständig ihren eigenen Zielen folgen, sich für andere engagieren oder kleine Herausforderungen bewältigen.

Die Trägheitsidee wurde vermutlich zu einer Zeit entwickelt, als die meisten Menschen durch extrem harte körperliche Arbeit ihr Überleben sichern mussten und die wenigen Wohlhabenden dem Müßiggang frönen konnten. Und hat sich bis heute hartnäckig gehalten. Heute weiß man, dass ein Mensch dann am glücklichsten ist, wenn er genau das macht, was ihm Freude macht. Egal, wie anstrengend das ist. Und Menschen, die nichts zu tun haben, also der Trägheit frönen dürfen, leiden bald an Antriebslosigkeit und haben ein erhöhtes Risiko, an Depression zu erkranken.

Sie kennen selbst Menschen, die täglich mehr als 10 Stunden arbeiten, dann in der Freizeit noch Sport machen, sich hier ehrenamtlich engagieren und auch noch eine Weiterbildung angefangen haben. Unglaublich? Dieser Mensch macht vermutlich genau das, was ihm Spaß macht, deswegen erschöpft ihn das nicht.

Und Sie kennen Menschen, die nach einem Halbtagsjob vollkommen gerädert sich zu Hause erst mal für zwei Stunden auf die Couch legen müssen, dann gerade noch ein paar Fertiggerichte für die Kinder in die Mikrowelle schieben, um dann völlig erschöpft bei den Tagesthemen im Wohnzimmer einzuschlafen.

Das, was wir nicht gerne machen, ist wirklich anstrengend.

Wenn Sie sich nach vier Wochen Urlaub nicht nach Ihrem beruflichen Tun sehnen, dann könnte dies ein Hinweis sein, dass Sie nicht wirklich der Arbeit nachgehen, die Ihnen ein gutes Gefühl gibt.

Und wenn Sie nicht mehr wissen, was Ihnen Freude macht – dann probieren Sie sich aus. Gehen Sie auf die Suche. Sie werden etwas finden. Manchmal hilft der Weg über die Erinnerung an das, was Ihnen als Kind oder Jugendlicher Spaß gemacht hat oder gutgetan hat.

In Schlammpfützen springen? Ist das für Sie heute noch statthaft? Warum glauben Sie, gibt es immer mehr Gelände-Crossläufe, für die erwachsene Menschen viel Startgebühr bezahlen, um mit vielen anderen durch Schlammpfützen zu robben?

▶ **Die Idee,** dass man ein Opfer seiner Gefühle und Gedanken ist und nicht entscheiden kann, was man denkt und fühlt.

Anstatt der Idee, dass es einem selbst obliegt, welche Gedanken man denkt und entsprechend welche Gefühle man damit stützt und hervorruft.

Wie? Sie können was dafür, was Sie denken und fühlen? Sie haben es tatsächlich selber in der Hand, was Sie denken und fühlen? In gewisser Hinsicht ja.

Meistens bekommen Sie mit, was Sie denken. Und haben dann die Chance zu entscheiden, ob Sie das tatsächlich so denken wollen, wie Sie es wollen oder lieber anders.

Wenn Sie auf einer freien Landstraße fahren und vor Ihnen probiert ein Fahrer gerade aus, wie langsam sein Auto fahren kann, haben Sie die Wahl, sich martialisch aufzuregen und zum Hulk zu werden oder Sie genießen die Mehrzeit, um Ihr Auge über die schöne Landschaft streifen zu lassen. Ihre Wahl …

Vermutlich gibt es noch viel, viel mehr Ideen, die Sie vielleicht daran hindern, den anzuerkennen, der Sie sind.

Finden Sie sie heraus und machen Sie sich bewusst – es ist eine Idee. Ihre Idee. Und weil es die Ihre ist, haben Sie die Macht, sie anders zu gestalten. Sodass Sie sie dabei unterstützen kann, sich selbst anzunehmen. Sich selbst zu lieben. Um sich selbst zu vertrauen.

Viktor Frankl überlebte das Konzentrationslager, entwickelte die Logotherapie und die Existenzanalyse. Bei allen Einschränkungen und schrecklichen Erfahrungen, die er machen musste, gab er dennoch niemals die Freiheit auf, eine eigene Sicht auf die Dinge zu haben: „Zwischen Reiz und Reaktion liegt ein Raum. In diesem Raum liegt unsere Macht zur Wahl unserer Reaktion. In unserer Reaktion liegen unsere Entwicklung und unsere Freiheit."

Je mehr Sie sich anerkennen, je mehr Sie zufrieden sind, der zu sein oder sich als derjenige zu entwickeln, der Sie sein wollen, umso gelassener werden Sie Ihrem Umfeld und der Welt begegnen.

Ihre innere Größe wird sich im Außen zeigen und die Menschen werden Sie sehen. Auch ohne Tusch und Zimbel.

In einem Kapitel kann kein Lebensweg beschrieben werden, doch zu Beginn habe ich versprochen, dass ein Anfang gemacht werden kann.

Ich freu mich, wenn Sie einige Impulse zu Ihrer Selbstanerkennung erhalten haben und wünsche Ihnen viel Freude und spannende Begegnungen auf Ihrem Weg zu sich.

Seien Sie bereit zu staunen, denn um es mit Henry David Thoreau zu sagen:

„Was vor uns liegt und was hinter uns liegt,

ist nichts im Vergleich zu dem,

was in uns liegt.

Und wenn wir das, was in uns liegt,

nach außen in die Welt tragen,

geschehen Wunder."

Literatur

AFNB-Wissensdatenbank QM – 3. (2019). „Kaufentscheidungen".
Häusel, H.-G. (2014) *Think Limbic!* (5. Aufl.). Freiburg: Haufe.
Roth, G., & Ryba, A. (2016). *Coaching*. Klett-Cotta, Stuttgart: Beratung und Gehirn.

Weiterführende Literatur

Gigerenzer, G. (2014). *Risiko* (6. Aufl.). München: btb.
Harari, Y. N. (2018). *Eine kurze Geschichte der Menschheit* (30. Aufl.). München: Pantheon.
Prophet, I. (2019). *Wie gut soll ich denn noch werden?* München: Goldmann.

Nicole-Kristina David-Ulbrich nutzt als Master of Cognitive Neuroscience die aktuellsten Erkenntnisse der Neurowissenschaften, um ihre Workshops und Coachings hirngerecht und nachhaltig zu gestalten. 12 Jahre Finanzvertrieb im Außendienst in Verbindung mit dem Diplom in Psychologie und der systemischen Coachingausbildung befähigen sie, jeglichen Bereich der Kommunikation verbal, nonverbal, paraverbal praxisnah zu vermitteln. Bei aller Dynamik und vermittelter Freude beim Wissenserwerb bleibt sie achtsam und einfühlsam für die Themen ihrer Klienten. Wahrnehmung ist Interpretation. Mit sich selbst, im Arbeitsalltag, im Vertrieb, in der Personalführung, im Teammanagement und im eigenen Entwicklungsprozess. Die eigene Wahrnehmung ist die glaubwürdigste – das anzuerkennen und sich dabei trotzdem selbst auf die Spur zu kommen, ist die Kunst.

Mehr Informationen unter: www.david-ulbrich.com

Die Weite des Unsichtbaren

Innen wie Außen ·

Sylvi Egert

4

Inhaltsverzeichnis

Zusammenfassung

Dieses Buchkapitel ist mehr als die Sichtbarkeit und das, was das physische Auge wahrnimmt und somit begrenzt. Es verschmelzt unseren Weg und unser Ziel in Einheit oder mit den Worten von Sokrates ausgedrückt: „Lass den äußeren und den inneren Menschen eins werden." Dieses Zitat können wir wunderbar auch adaptieren auf Unternehmen und Organisationen, da sie von Menschen geführt und geleitet

S. Egert (✉)
Hamburg, Deutschland

© Springer Fachmedien Wiesbaden GmbH, ein Teil von Springer Nature 2020
P. Buchenau (Hrsg.), *Chefsache Sichtbarkeit,* Chefsache,
https://doi.org/10.1007/978-3-658-30606-9_4

werden. Die wahre Kraft dabei liegt auf dem Wir – dem kollektiven Bewusstsein. Je mehr ein Unternehmen mit sich und seinen Mitarbeitern im Einklang ist, desto mehr strahlt es das nach außen aus. Nur so werden wir ein Wir und erfolgreich und gestalten ein gesundes, nachhaltiges und sinnerfülltes Leben und Unternehmen. Der Mensch und seine wahre Liebe zu sich und zu seiner Umwelt ist der einzige Schlüssel zum Erfolg in einer neuen Zeit.

4.1 Einleitung

Wir stehen an der Schwelle eines neuen Bewusstseins. Jeder Mensch erlebt hierbei seinen eigenen Prozess und doch ist nichts getrennt, alles ist miteinander verbunden zu jeder Zeit. Alles, was nicht aus der Wahrheit und aus dem Ursprung des Herzens geboren wird, verliert seine Existenz.

Unsere Sichtbarkeit, sei es als Individuum oder Unternehmen und Organisation, ist nur Ausdruck des Unsichtbaren. Das Unsichtbare ist die Weite, die uns umgibt und ohne Grenzen ist. Je mehr wir das erkennen, verstehen und akzeptieren, desto freier fühlen wir uns in unserem Tun und Handeln. Alles fließt mit dem Strom des Lebens, wenn das Innen und das Außen eins ist.

Unser Ursprung ist nicht die Materie, der Körper in dem wir hineingeboren wurden, sondern wir sind schöpferischer Geist. Wir gestalten uns unsere Realität selbst.

Wie sagte Aristoteles schon: „Das Ganze ist mehr als die Summe seiner Teile."

Schließen wir für einen Augenblick unsere Augen.

Was sehen wir?

Unbegrenzte Möglichkeiten des Seins.

Unsere philosophische Reise beginnt jetzt und gibt uns die Chance zu spüren und zu erfahren, wer wir wirklich sind in den Weiten des Unsichtbaren.

4.2 Die eigene Sichtbarkeit

Es gibt viele Formen der Sichtbarkeit. Mal drückt sie sich in einen Körper aus, mal spiegelt sie sich in unseren Wörtern und Handlungen wider.

Jeden Tag, und jeden Augenblick erschaffen wir uns selbst oder entwickeln uns weiter. Doch sind das, was wir mit unseren Augen sehen, auch wirklich wir selbst?

Oder gibt es noch mehr hinter unserem persönlichen Vorhang zu sehen, der die Wahrheiten versucht zu verstecken?

Lüften wir den Schleier …

4.3 Eine Inszenierung

Nehmen wir uns ein Blatt Papier, einen Stift und zeichnen einen Punkt in die Mitte des Blattes (Abb. 4.1). Was sehen wir? Einen Punkt. Vielleicht ist er groß oder klein. Das liegt im Auge des Betrachters. Was umgibt diesen gezeichnet und gekritzelten Punkt? Wir sehen alles oder nichts? Auch das liegt im Auge des Betrachters. Die „Dinge" verhalten sich so, wie wir sie betrachten und bewerten.

In Johann Wolfgang von Goethes Worten: „Die Erscheinung ist vom Betrachter nicht losgelöst, vielmehr in die Individualität desselben verschlungen und verwickelt."

Wir entscheiden täglich mit unserem Fühlen und Denken, was wir sehen und wie wir gesehen werden wollen. Jede Sichtbarkeit ist bedingt durch die Weite des Unsichtbaren, was bedeutet, dass jede Erschaffung zuerst in der unsichtbaren Welt entsteht, bevor sie in der sichtbaren Welt materialisiert ist.

4.3.1 Vergänglichkeit des Sichtbaren

„Schönheit ist eine kurzlebige Tyrannei", sagte Sokrates, griechischer Philosoph, schon damals.

Unser Körper ist Ausdruck unserer äußerlichen Sichtbarkeit und Begrenztheit. Doch gleichzeitig beschützt und verbirgt er das wahre Innere in uns. Eine trügerische Sicherheit. Unsere Hülle verschafft uns eine vermeintliche Illusion der Wirklichkeit.

Bin ich das wirklich, was ich im Spiegel sehe?

Und jede authentische Sichtbarkeit des Menschen ist eine Reflexion des wahren Inneren. Wir haben Gefühle und Gedanken, die sich in unseren Bewegungen, unserer Haltung und unserem Gesicht erkennbar machen.

Nur allzu oft manipulieren wir uns selbst und verhaften im Außen. Dies führt zwangsläufig zu Unzufriedenheiten, Unglücklichsein und die Folge sind Krankheiten, sie sich schleichend ausbreiten.

Abb. 4.1 Der Punkt in der Mitte

Die Selbstinszenierung ist eine Illusion und verschleiert unsere wahren Identität und führt langfristig zum Verfall unseres Selbst.

Eine Wahrnehmung, die nur auf das Äußere ausgerichtet ist, bringt eine Beschränkung mit sich und reduziert den Menschen auf einen Gegenstand, der sich als Stillleben in Szene setzt.

4.3.2 Der Tanz der Wörter

Auch die Sprache ist Ausdruck unseres sichtbaren Seins. Wörter sind die Reflexionen unserer Gedanken und Gedanken sind von unserem Fühlen getränkt. Sie haben die Macht zu erschaffen oder zu zerstören. Es liegt an uns, wir entscheiden und tragen die Verantwortung, ob wir Menschen erheben oder verletzen und demütigen. Worte sind verletzender als Taten – es ist wichtig, auf unsere Sprache im Umgang mit anderen Lebewesen zu achten!

Wörter spiegeln auch wie Klangschalen unseren inneren Zustand wider. An der Stimme eines Menschen können wir so viel erkennen, ob ein Mensch aufgeregt, nervös, ängstlich oder glücklich, freudig und zuversichtlich ist. Die Schwingung der Wörter klingt dann anders und wir spüren die Kraft, die negativ oder positiv belegt ist.

Was und wie wir es sagen, hat Auswirkungen auf das Gegenüber und steht in Resonanz. Es findet ein Austausch statt, der sich erhellen kann und somit Wohlbefinden auslöst und Raum für Inspirationen öffnet oder der uns Energien raubt und wir fühlen eine Schwere in uns. Ob wir selbstbestimmt oder fremdbestimmt sind in diesem Spiel, entscheiden wir.

Die Wörter, die zu Taten werden. Durch Bewusstsein und Bewusstwerden in unserer Sprache kreieren wir ein neues Miteinander in Empathie und Mitgefühl (Abb. 4.2).

4.3.3 Gedacht, gemacht

Friedrich Schlegel schrieb einst: „Der platte Mensch beurteilt alle anderen Menschen wie Menschen, behandelt sie aber wie Sachen und begreift durchaus nicht, dass sie andere Menschen sind als er."

Das Denken, der Intellekt ist hart, begrenzt und beschneidet uns in unseren Möglichkeiten. Verbinden wir uns mit unserem Herzen, handeln wir in Liebe.

Abb. 4.2 Die Sichtbarkeit der
physischen Welt

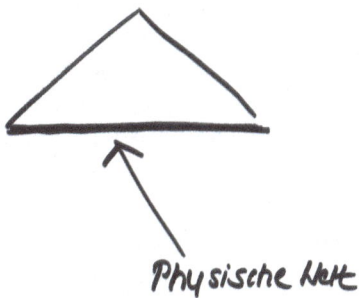

Aus welcher Motivation heraus handeln wir, ist die Frage für jeden Augenblick. Nach einem aufrichtigen Denken folgt ein aufrichtiges Handeln und lässt ein respektvolles, wertschätzendes und anerkennendes Miteinander entstehen.

Zusammenfassung
Die Reduzierung des Menschen auf seine Sichtbarkeit durch seinen Körper, seine Sprache und sein Handeln grenzt unsere wahre Schöpfungskraft und somit unser Potenzial ein. Ohne Gefühle sind wir nur Hülle unseres Selbst und tot. Die Kraft liegt in der unsichtbaren Welt, die wir im Fühlen wahrnehmen und begreifen.

Hier liegt das wahrhaftige Geheimnis des Menschseins: die Verbindung zu seinem Herzen und seinem höheren Selbst.

4.4   Menschlich sein

Was heißt Menschsein eigentlich? Es gibt große Menschen (nicht Dichter, Philosophen, Schriftsteller, sondern Menschen), die darüber Bücher geschrieben haben.

Vielleicht ist es doch einfach und es ist ein einfaches „Guten Tag", wenn wir mal wieder an der Kasse stehen und bezahlen wollen. Und „Tschüss", wie wir Hamburger sagen beim Gehen. Das macht uns menschlich nahbar.

4.4.1 Ich sehe dich

„Denke dir ein Endliches ins Unendliche gebildet, so denkst du einen Menschen."
(Friedrich Schlegel)

Ein Mensch, der in seinem Körper schön ist, wobei auch das eine subjektive
Betrachtungsweise ist, in seiner Sprache sich negativ äußert und ständig schimpft,
wütend und ärgerlich ist, ist kein „schöner" Mensch. Im Gegenteil, die Hässlichkeit
wird von uns wahrgenommen und wir sehen mehr, als uns lieb ist. Mit sich im Einklang
und in Harmonie zu befinden oder auch nicht, drückt sich im Außen aus und macht es
manchmal unsichtbar sichtbar. Wir sprechen von Authentizität, wenn das Innere mit dem
Außen eins ist.

Wir nehmen Menschen sinnlich wahr und spüren seine Gegenwart. Dieser Augenblick
ist ein Bruchteil einer Sekunde und in diesem ersten wunderbaren Augenblick erleben
wir, was diesen Menschen so besonders und wertvoll macht. Wir „sehen"! Und das
Schöne ist, wir werden auch „gesehen". Wir fühlen uns gegenseitig und „man kann noch
nicht einmal sagen, die Umstände bestimmen unser Fühlen, vielmehr bestimmt unser
Fühlen die Umstände „wie Leo Tolstoi treffend sagte".

Unser Fühlen ist wahre Liebe, die wir in unserem Herzen empfinden. Sie ist Ausdruck
unserer wahren Identität, ist unendlich und verbunden mit dem kollektiven Bewusstsein.

Wir sind alle eins (Abb. 4.3).

Abb. 4.3 Menschlich sein in
der sichtbaren und unsichtbaren
Welt

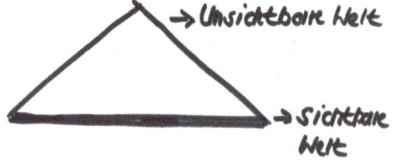

4.4.2 Liebe – die innere Autonomie

Sich selbst in Liebe und Mitgefühl zu begegnen, ist die größte Herausforderung. Nur wenn wir in unsere wahre Identität, der Liebe und Menschlichkeit gehen, führen wir ein gesundes, nachhaltiges und sinnerfülltes Leben.

In die Selbstverantwortung zu gehen, sein eigener Gestalter des Lebens zu sein, ist Liebe. Liebe ist Leben. Alles ist in uns. Wir sind der Makrokosmos im Mikrokosmos.

Wir alle sind miteinander verbunden und streben nach Vollkommenheit.

Wir vereinen das männliche und weibliche Prinzip, das jeder Mensch in sich trägt.

Auch wenn der Mensch als Mann oder Frau geboren wurde, was nur sichtbarer Ausdruck des Körpers ist. In der neuen Zeit lernen wir, beide Prinzipien wieder in Harmonie zu bringen. Dazu brauchen wir die wahre Liebe – sie ist unser Klebstoff, sie führt zusammen, was zusammengehört, sie liebt alles, sie ist frei.

Das ist die höchste Vibration im Kosmos und ohne die allumfassende Liebe wird nichts erschaffen, was von Dauer ist.

Die Basis für unser Fühlen, Denken, Sprechen und Handeln sollte immer die wahre Liebe, anders ausgedrückt, die Menschlichkeit sein. Da, wo die Menschlichkeit wohnt, kann sich Vertrauen, Respekt und Wertschätzung ausdehnen und füllt den Raum mit Frieden und Harmonie.

Das Wachsen der inneren Autonomie in unserem Herzen legt den Samen, um unser volles Potenzial zu entfalten und erfolgreich zu sein.

4.4.3 Mitgefühl – ein Ort ohne Bewertung

Das Leben ist bunt und so auch unsere Erfahrungen, die wir in unserem Leben machen.

All unsere Empfindungen oder auch Gefühle genannt, sind Ausdruck unserer Erfahrungen, die wir erlebt haben. Sie prägen uns und schaffen unser Bewusstsein.

Wie oft haben wir uns in bestimmten Situation Mitgefühl gewünscht, um einfach unseren Schmerz trösten zu lassen. Es macht uns weich und sensibel in unserem Wesen und lässt doch auch tiefe Verbundenheit zu und macht uns einfach menschlich.

Beim Mitgefühl bin ich mir, meinem Zentrum weiterhin bewusst, beim Mitleid hingegen verliere ich mich in dem Leid des anderen.

Sich selbst kennenzulernen mit allen seinen Stärken und Schwächen ist eine Reise zu sich selbst. Die Schwächen werden unsere Stärken sein. Nur wenn ich mich erkenne in meiner Essenz und liebevoll, mitfühlend mit mir bin, können mich auch die anderen sehen und wahrnehmen.

Mitgefühl und Empathie sind Orte, die nicht bewerten, die einfach sind, so wie es jetzt ist. Sie sind Türen, die geöffnet werden möchten für mehr Bewusstheit im Leben (Abb. 4.4).

Abb. 4.4 Menschlich sein mit
Mitgefühl

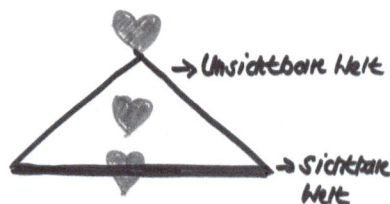

4.4.4 Haltung – die innere Stärke

Eine aufrechte Haltung ist ein aufrechter Gang. Wie oft sehen wir Menschen, die nach vorne gebeugt gehen und die auf dem Boden starren – ist das aufrecht?

Unsere Haltung ist ein weiterer Schlüssel und bestimmt die Richtung, in die wir gehen wollen. Jeder von uns entscheidet für sich, ob er aus dem Herzen heraus lebt und somit aufrecht geht oder nicht. Wir allein tragen dafür die Verantwortung.

Ist unsere Haltung geführt von der Liebe, wirkt sie zum Wohle aller Menschen, dient der Menschlichkeit und steht für das große Ganze.

Jede mentale Haltung aus dem Ego heraus dient nur der eigenen Befriedigung und dem materiellen Nutzen. Sie dient nicht der allumfassenden Liebe.

Zusammenfassung

Menschenfreud aus der wahren Liebe zu sich und zu anderen Lebewesen heraus erschafft eine neue bewusste Welt in Harmonie, Frieden und Schönheit. Wir sind bewusst in unserem Fühlen, Denken, Handeln und Sprechen.

Unsere Haltung streckt sich hin zum kollektiven Bewusstsein, zum Wir.

Die wahre Liebe ist ein Bewusstseinszustand, kein Gefühl und braucht zum Leben Weichheit wie das Wasser, das einfach fließt.

4.5 Die Weite des Unsichtbaren – unsere wahre Identität

Wir sind ein Bestandteil der unendlichen Weiten des Kosmos und erfahren unsere wahre Größe erst, wenn wir in unsere Liebe in unser Herz gehen.

Diese Kraft in uns ermöglicht uns, alles in Freude anzugehen und zeigt uns neue Wege auch in Ebenen, die wir uns eventuell bisher mit unserem begrenzten Intellekt noch nicht vorstellen konnten.

Der Weg und das Ziel gehen hin zu unserer Einheit zur Vollkommenheit.

4.5.1 Bewusstwerden

Wir sind uns bewusst, dass wir Menschen sind und uns von Tieren unterscheiden. Hier möchte ich jetzt nicht auf den Unterschied zwischen Menschen und Tier weiter eingehen, sondern setze voraus, dass wir uns bewusst sind, ein Mensch zu sein, der im Gegensatz zu den Tieren denkt und fühlt – als ein Entscheidungsmerkmal.

Nur sind wir nicht „das Denken" sonst wären wir Computer und Roboter, die ja auch „denken" können. Der Unterschied zwischen künstlicher Intelligenz und menschlicher Intelligenz sind unsere Gefühle, ist unser Herz und unsere Liebe.

Ein Computer empfindet keinen Schmerz, keine Traurigkeit, keine Wut und auch keine Dankbarkeit, keine Freude und keine Liebe.

Das macht uns Menschen einzigartig.

4.5.2 Unser Potenzial – denken mit dem Herzen

Wie können wir unser wahres Potenzial entfalten?

Blockiert uns im Inneren Negativität wie Stress, Unzufriedenheit, negative Gefühle wie Angst, Wut und Ärger bis hin zur Erschöpfung und Burn-out, können wir unser einzigartiges Potenzial nicht entwickeln und unsere Schöpfungskraft entfalten.

Auch äußere Einwirkungen wie das Nicht-gesehen-werden als Mensch in Unternehmen und Organisationen führen zu einer Eindämmung der eigenen Schöpfungskraft. Somit sind wir nur eine gefühlte Maschine, die nur eine Aufgabe erledigt, ohne Freude und Sinnhaftigkeit.

Die Sichtbarkeit beschränkt sich dann auf etwas, was wir tun, weil wir es tun, wir aber nicht mit dem Herzen und unserer Liebe dabei sind.

Nur durch die allumfassende Liebe in uns transformieren wir Negativität – alles, was uns auf unserem Weg zur Vollkommenheit blockiert – und machen uns frei von schädlichen Einflüssen, damit wir unsere Schöpfungskraft neu erschließen können.

Tief in uns schlummert eine feurige Kraft, die nur darauf wartet, wachgeküsst zu werden. Nur wir selber können diese Kraft und unser einzigartiges Potenzial in uns entfalten. Dazu müssen wir auf unser Herz – dem Urvertrauen und der Verbindung mit unserem höheren Selbst – hören und vertrauen. Treffend sagt es an dieser Stelle ein russisches Sprichwort:

„Dem Herzen kannst du nicht befehlen."

Wir wachsen dann über uns selbst hinaus und erreichen Mögliches im Unmöglichen.

Kreativität braucht Weite und Freiheit, um sich auszudehnen. Die Freiheit ist das, was wir fühlen, wenn wir unserem Herzen folgen.

Wir brauchen einen neuen Blick auf das Unternehmertum, damit wir alle die Kraft im Wir entdecken und gemeinsam fördern können (Abb. 4.5).

4.5.3 Sahnestücke für alle

Alle Menschen sind Teil des Ganzen und über die Weite der allumfassenden Liebe miteinander verbunden. Alles, was wir aussenden jedes Gefühl, jeder Gedanke, jede Handlung und jedes Wort hat Einfluss auf unsere Welt.

Wir gestalten im Leben Dinge und Themen bewusst oder unbewusst gemeinsam.

Umso wichtiger ist, dass unsere Basis die Liebe, Menschlichkeit und die Bewusstheit ist. Gefühle und Gedanken sind die Bausteine der unsichtbaren Welt, aus der wir kommen und wieder zurückkehren.

Abb. 4.5 Alles ist eins – das Unsichtbare und das Sichtbare

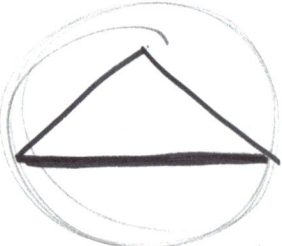

Unsere Essenz ist Liebe – ein allumfassender Bewusstseinszustand
Die Liebe ist im Zentrum aller Dinge, steht immer in Resonanz und sehnt sich nach Ganzheit.

Einswerden mit dem höheren Bewusstsein ist das Ziel. Das Wir ist eins.

William Shakespeare sagte: „Je höher du wirst aufwärts gehn, dein Blick wird immer allgemeiner; stets einen größeren Teil wirst du vom Ganzen sehn, doch alles Einzelne wird immer kleiner."

Die Außenwelt zerrt uns mit ihren Bildern in ihren Bann. Alles findet im Außen statt. Es ist eine begrenzte Welt dort draußen. Unsere innere Welt beschenkt uns mit so vielen Schätzen, die sich in uns täglich oder in der Stille offenbaren. Nur dazu müssen wir lauschen und auf unsere innere Stimme. Es ist eine ganz persönliche Reise, die eigene innere schöne Landkarte zu entdecken und uns liebevoll kennenzulernen.

In uns steckt eine tiefe Sehnsucht gesehen zu werden, wer wir wirklich sind. Die Weite in uns ist das Innere in uns. Sind wir mit uns in Liebe verbunden, strahlen wir durch jede Pore Liebe aus. Jeder fühlt sich magisch von dieser Wärme angezogen und möchte ein Teil davon erhaschen. Es ist die Sehnsucht nach Liebe, Wärme, Vertrauen, Geborgenheit und Zugehörigkeit, nach der wir uns strecken.

Jemand der uns sieht, so wie wir wirklich sind: ein strahlendes, helles Licht. All unser Potenzial wird nur durch dieses wunderbare Licht – unsere Ausstrahlung – sichtbar.

Wir können unser Inneres nach außen sichtbar machen. Es ist ein großer einzigartiger Weg, den wir gehen. In uns sind alle Fähigkeiten wie Achtsamkeit, Wertschätzung, Respekt, Kreativität, Vertrauen und Liebe in uns, die wieder zu entwickeln sind und zu vollen Blüten erscheinen möchten. So können wir andere Menschen erheben und sie teil-werden lassen an unserer Liebe.

Wir kreieren und gestalten unsere einige Sichtbarkeit durch unsere Unsichtbarkeit.

Wir säen wie ein Bauer unsere Saat und erschaffen. Das Unsichtbare sind die Samen.

Welche Früchte wir ernten, hängt von unserer Saat und von unserer Haltung ab. Lassen wir das Sonnenlicht auf unsere Samenkörner scheinen und sie werden in Liebe gut gedeihen. An unseren Früchten erkennen wir die Wahrheit über uns selbst.

Mit welcher Information sind unsere Samen gefüttert?

Wir stehen hier in der Eigenverantwortlichkeit und gestalten unser Leben. Was möchten wir kreieren?

Kreieren, geben oder handeln wir etwas aus der Liebe so kommt dies mehrfach zu uns zurück. Geben wir unser Kostbarstes: Unsere Liebe. Sie kommt aus unserer Herzens-energie, verbindet und bewegt uns – Alle.

Zusammenfassung
Unser wahres Potenzial können wir nur in uns entwickeln und fördern, wenn wir uns von äußeren Umständen vollkommen lösen und unserem Inneren folgen (Abb. 4.6).

Abb. 4.6 Ihre Führung
geschieht durch Ihr Herz

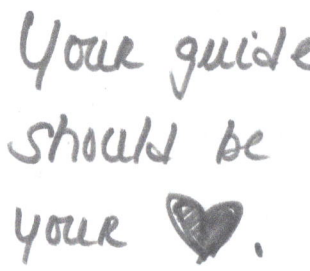

Weiterführende Literatur

Seite 1

Myzitate.de. (2020). Online. Zitate. Sokrates. Zugegriffen: 6. März 2020.
Philosophenlexikon.de. (2020). Online. Zitate. Aristoteles. Zugegriffen: 6. März 2020.

Seite 2

Aphorismen.de. (2020). Online. Zitat 139679. Johann Wolfgang von Goethe. Zugegriffen: 6. März
     2020.
Goethe. (1907). *Goethe, Maximen und Reflexionen. Aphorismen und Aufzeichnungen.* Nach den
     Handschriften des Goethe- und Schiller-Archivs Hrsg. von Max Hecker, Weimar. Verlag der
     Goethe Gesellschaft
Morgenstern, C. (1906). *Der Körper ist der Übersetzer der Seele ins Sichtbare. Episode, Tagebuch
     eines Mystikers 1906.* In: Stufen (1922), S. 240. Augsburg: Weltbild.
Gutezitate.com. (2020). Online. Zitat 188753. Sokrates. Zugegriffen: 6. März 2020.

Seite 3

Zitate.eu. (2020). Online. Zitat Friedrich Schlegel „Der platte Mensch beurteilt alle anderen
     Menschen wie Menschen, behandelt sie aber wie Sachen und begreift durchaus nicht, dass sie
     andere Menschen sind als er. Zugegriffen: 6. März 2020.

Seite 4

Aphorismen.de. (2020). Online. Zitat 155228 Friedrich Schlegel. Zugegriffen: 6. März 2020.
Weisheitswissen.de. (2020). Online. Leo Tolstoi „Man kann noch nicht einmal sagen, die
     Umstände bestimmen unser fühlen, vielmehr bestimmt unser Fühlen die Umstände".
     Zugegriffen: 6. März 2020.

Seite 6

Wiki.yoga-vidya.de. (2020). Online. Russisches Sprichwort „Dem Herzen kannst du nicht befehlen." Zugegriffen: 6. März 2020.

Seite 7

Zitat-des-tages.de. (2020). Online. William Shakespeare. Zitate. Zugegriffen: 6. März 2020.

Sylvi Egert hat unterschiedliche Positionen in namhaften Werbeagenturen und Verlagen ausgeübt und gilt als eine Visionärin der neuen Zeit. Die schon immerwährende Verbundenheit und Liebe zur Menschlichkeit hat ihr gezeigt, wie wichtig Harmonie und Empathie in der Führung von Menschen sind. Qualitäten, wie dem Guten zu vertrauen und einem höheren Ideal zu folgen, sind feste Bestandteile in ihr. Als ausgebildete Business- und Herzresonanz-Coachin sowie Yoga- und Meditationslehrerin bringt sie einen weiten Blick für das große Ganze mit. Sylvi Egert lebt mit ihrer Tochter in Hamburg.

Weitere Informationen unter www.sylvi-egert.com

Raus aus der Vergleichbarkeit, hin zur Einzigartigkeit

Die Kunst der richtigen EGO – Positionierung

Elmar Gorich

Inhaltsverzeichnis

Zusammenfassung

Der Autor möchte mit den folgenden Ausführungen Anregungen geben, wie sich die eigene Positionierung, nennen wir es modern, das „Ego-Positioning", gestalten und Einzigartigkeit erreichen lässt, indem Sie sich von der großen Masse abheben und sichtbar werden.

E. Gorich (✉)
Menden, Deutschland

© Springer Fachmedien Wiesbaden GmbH, ein Teil von Springer Nature 2020   65
P. Buchenau (Hrsg.), *Chefsache Sichtbarkeit*, Chefsache,
https://doi.org/10.1007/978-3-658-30606-9_5

Das Ego – in der Psychologie als Selbst bezeichnet (lateinisch für Ich) – strebt nach seelischer Gesundheit und menschlicher Selbstverwirklichung, wie der Begründer der humanistischen Psychologie, Abraham Maslow, in seinem Werk „A Theory of Human Motivation" und am Modell seiner bekannten Bedürfnispyramide beschreibt.

Es geht nicht darum, sich plakativ und ohne Rücksicht auf andere in den Vordergrund zu spielen, sondern um seriöse Positionierung der eigenen Person. Mit den Fähigkeiten und Eigenschaften, die Ihnen als Person eigen sind. Jeder Mensch hat etwas, das ihn von anderen unterscheidet. Diese Einzigartigkeit, oft ist es auch eine Kombination von Eigenschaften, die eine interessante Differenzierung ergeben, gilt es so hervorzuheben, dass damit eine Unverwechselbarkeit erreicht wird.

Die Einzigartigkeit bietet sowohl privat als auch beruflich die Chance, ein erfülltes und befriedigendes Leben zu gestalten. Es geht darum, was Sie im Inneren Ihres Herzens antreibt und beschäftigt.

Die Entwicklung der eigenen Persönlichkeit als einen KVP (kontinuierlichen Verbesserungsprozess) zu begreifen, mit Spaß am Experiment und Freude am Ergebnis, ist eine spannende Reise, die immer wieder neue und unbekannte Erkenntnisse mit sich bringt. Das Bemühen um die eigene Selbstverwirklichung und die daraus sich ergebenden Erfahrungen und Erkenntnisse werden Ihnen den kleinen, aber entscheidenden Vorteil bringen, der Sie aus der Masse hervorhebt – Sie sind dann nicht mehr vergleichbar, sondern werden als wirklich einzigartig von Ihrem Umfeld erkannt.

Im erweiterten Sinne kann in diesem Zusammenhang auch von einer Marke Ich gesprochen werden. Marken sind mit unverwechselbaren Eigenschaften ausgestattet und definieren sich durch Wiedererkennungswerte. So kann die angestrebte Unverwechselbarkeit auf eine einfache Formel gebracht werden:

$$\text{Unverwechselbarkeit} = \text{Können} + \text{Charakter} \times \text{Kontinuität}$$

In den folgenden Abschnitten werden die einzelnen Facetten dieser Formel näher beschrieben und im Zusammenhang dargestellt.

Der interessierte Leser wird Impulse aufnehmen können, die hoffentlich Interesse wecken, sich mit den einzelnen Bausteinen der Unverwechselbarkeit tiefer zu beschäftigen – ein Beitrag wie dieser kann jedoch nicht alle Facetten der Persönlichkeitsentwicklung und Positionierung vollumfänglich darstellen, sondern nur einen groben Überblick liefern.

5.1 Einleitung

Wer bin ich? – Wer möchte ich sein?

Schon die alten Griechen beschäftigten sich mit der Frage „Wer bin ich?" So kann man bei Sokrates (470–399 v Chr.) nachlesen, dass die Entdeckung des „wahren Selbst" von ihm als Schlüssel zum Glück gesehen wurde (Das Psychologiebuch, Dorling Kindersley, S 26). Heute sprechen wir sehr häufig von der Selbstanalyse, von der ganz individuellen Standortbestimmung des Individuums. Ich möchte anders sein, als ich bin, deshalb versuche ich, jemand anders zu sein – diese Metagedanken werden insbesondere in der heutigen schnelllebigen Zeit von vielen Menschen gedacht. Differenzierung gibt die Chance, aus der großen Menge der Vergleichbarkeit herauszuragen und somit eine Einzigartigkeit zu erlangen. Die Kernthesen, die sich mit dem Thema der Einzigartigkeit beschäftigen, sind neben der Psychologie auch sehr stark in der Absatz- und Marketingtheorie verankert – der USP (Unique-Selling-Preposition) kann in seiner Grundidee auf jeden Menschen übertragen werden – „Was ist meine Kernkompetenz?" „Was macht mich als Mensch einzigartig?" „Wie möchte ich von meiner Umwelt gesehen werden?" – legitime Fragen, die in den verschiedenen Lebensphasen wohl jeden Menschen beschäftigen. Welche Instrumente und Methoden habe ich zur Verfügung, um Antworten auf diese elementaren Fragen des menschlichen Seins zu erhalten?

Jeder Mensch besitzt natürliche Fähigkeiten, die durch Vererbung erworben werden, diese bilden die Anlagen zur Entfaltung von Talenten. Hier muss erwähnt werden, dass der Entfaltung von Talenten Grenzen gesetzt sind. Nicht jeder kann sich naturgesetzlich unbegrenzt entfalten – es braucht zusätzlich Erfahrungen, Fähigkeiten und Fertigkeiten, die im Laufe der Entwicklung erlernt und eingeübt werden müssen. Neben den Anlagen und erlernten Fertigkeiten spielen Umwelteinflüsse eine entscheidende Rolle in der Entwicklung von Menschen. Das soziale Umfeld, gute Lehrer und Vorbilder und vermittelte Glaubenssätze prägen die eigene Entwicklung signifikant – dennoch, da besteht kein Zweifel, die Anlage ist der bestimmende Faktor bei der Entwicklung einer Persönlichkeit (Francis Galton, 1869 Genie und Vererbung).

Es gibt, dies sei der Vollständigkeit halber erwähnt, auch Gegenpositionen. Der Behaviorist John B. Watson führt in seinem Werk „Psychology as the Behaviorist Views it" (S. 158) aus, dass es so etwas wie die Vererbung von Fähigkeiten, Talenten, Temperament oder gar der geistigen Verfassung nicht gebe.

Er vertrat den Standpunkt, dass der Untersuchungsgegenstand der Psychologie das Verhalten ist, nicht geistiges, subjektives oder bewusstes Erleben. So sagt er:

> „Ich würde sogar noch weiter gehen und sagen: ‚Gebt mir ein Dutzend wohlgeformter, gesunder Kinder und meine eigene, von mir entworfene Welt, in der ich sie großziehen kann und ich garantiere euch, dass ich jeden von ihnen zufällig herausgreifen kann und ihn so trainieren kann, dass aus ihm jede beliebige Art von Spezialist wird – ein Arzt, ein Rechtsanwalt, ein Kaufmann und, ja, sogar ein Bettler und Dieb, ganz unabhängig von

seinen Talenten, Neigungen, Tendenzen, Fähigkeiten, Begabungen und der Rasse seiner Vorfahren'. Ich gebe zu, dass ich spekuliere, aber das tun die Verfechter der Gegenseite ebenfalls und sie taten es viele tausend Jahre lang. Beachten Sie bitte, dass dieses Experiment voraussetzt, dass ich festlegen darf, wie genau die Kinder großgezogen werden und in welcher Welt sie zu leben haben." (John B. Watson: Behaviorism, S. 82).

Ob nun Vererbung, Erfahrung, Lernen oder ein Grad der Selbsterkenntnis in einer bestimmten Lebenslage – das, was wir als Persönlichkeit bezeichnen, ist als Kompendium von kognitiven und charakterlichen Eigenschaften, die uns als Individuum differenzieren, zu sehen.

Unbestritten ist, dass sich die charakterlichen Eigenschaften in einem privilegierten Umfeld positiver entwickeln.

So kann gesagt werden, dass die persönliche Entwicklung sowohl von der Veranlagung als auch von Umwelteinflüssen abhängt – beides greift ineinander.

5.2   Standortbestimmung des eigenen Ich

Um sich als Persönlichkeit zu entwickeln, braucht es im ersten Schritt eine Standortbestimmung – jedes Streben zielt auf das eigene authentische Ich.

Wer bin ich?

Shakespeare sagt in seinem Hamlet: „Dies über alles: Sei dir selber treu." Es gibt so unendlich viele Möglichkeiten, sein Leben zu gestalten. Die Sachzwänge des Lebens, etwa die Wahl der Ausbildung oder des Partners, das Eigenheim und die damit verbundenen Hypotheken, der Lebensstandard und die damit verbundene Außenwirkung – alles hat einen Einfluss auf unser Wohlbefinden. Oft realisieren Menschen unserer Zeit an einem bestimmen Punkt ihres Daseins, dass das eigene Ich irgendwie dazwischensteht und sich zunehmend von den „wahren Werten" entfernt – das Gefühl der bewusst erlebten Zweisamkeit, der intensiv erlebte Wald- oder Strandspaziergang oder die Freude an kleinen, monetär nicht bedeutsamen Dingen oder Erlebnissen. Irgendwie keimt das Gefühl auf, zwischen dem Wunschleben und der Realität zu stehen. Lebe ich so, wie es meinem Selbst entspricht und bin ich dabei glücklich?

Es geht nicht um brutale Selbstverwirklichung – etwa noch auf Kosten des Partners oder von Kollegen und Freunden – es geht um Selbstreflexion und Selbsterfahrung. Über die eigene Person, die Positionierung in der Gesellschaft, im Beruf, im Privatleben, nachzudenken, ist eine intellektuell anspruchsvolle Tätigkeit, die oft nur mit fachkundiger externer Hilfe sinnstiftend möglich ist und nachhaltigen Erfolg bringt. So sieht die Psychologie unsere Gedanken, Vorlieben, Werte, Emotionen, Überzeugungen etc. als Authentizität. Ein authentisches Ich ist in der Lage sich zu positionieren – es braucht oft nur kleine Veränderungen, um die Koordinaten des Lebens wieder neu, in die gewünschte Richtung zu justieren. Manchmal sind aber auch radikale Maßnahmen erforderlich, um das Leben und das Selbst wieder in Balance zu bringen – zum Beispiel ein beruflicher Wechsel nach einer belastenden Trennung von einem Partner.

5.3 INSIGHTS-MDI®-Persönlichkeitstest als Orientierungshilfe

Zur Frage „Wer bin ich?" bieten sich im Zeitalter der digitalen Optionen bekannte Online-Tools an, preislich akzeptabel, praxisbewährt und mit hohem Aussagewert – DISC, INSIGHTS u. a. Tests stehen hier dem Interessenten zur Verfügung.

Der Autor ist zertifizierter INSIGHTS-MDI®-Coach und präferiert einen anerkannten Persönlichkeitstest als ganzheitliches Diagnostikinstrument zur Talenterkennung und Potenzialentwicklung.

Der Test misst Verhalten, Motive und die emotionale Intelligenz einer Person. So werden personenindividuelle Eigenschaften und die Talente einer Person auf eine fundierte wissenschaftliche Basis gestellt und helfen eine korrekte Positionierung mit Erkenntnisgewinn für mögliche Verhaltensoptimierungen zu vermitteln (Abb. 5.1).

Die Auswertung des Tests analysiert den individuellen Verhaltensstil, d. h. die individuelle Art und Weise, „wie" jemand bestimmte Dinge erledigt. Es wird nur das Verhalten analysiert und Aussagen über Verhaltensbereiche benannt, in denen sich bestimmte Tendenzen zeigen.

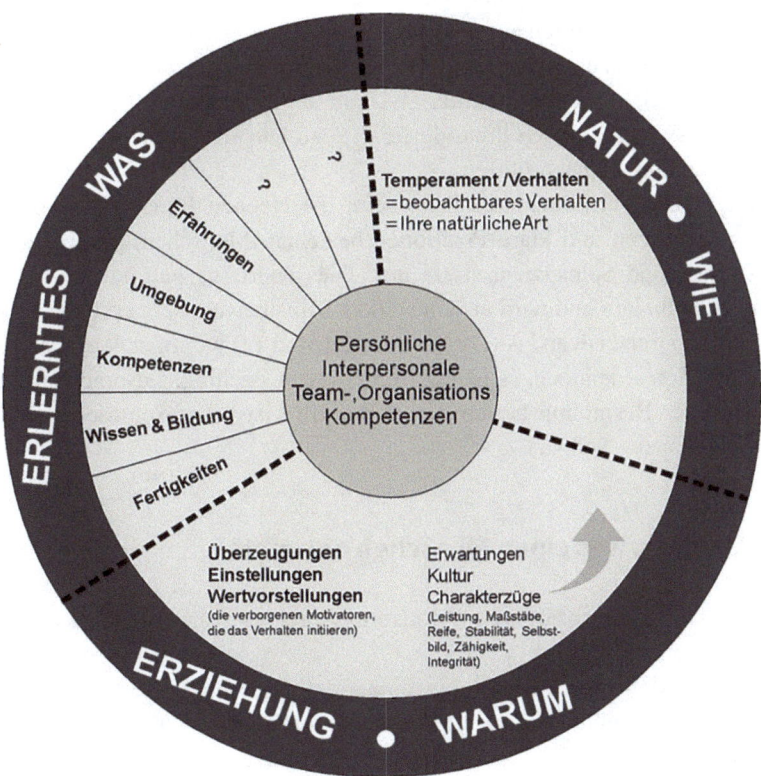

Abb. 5.1 INSIGHTS – Die ganzheitliche Betrachtung der Persönlichkeitsfacetten. (Success Insights Intl, Incl./Quelle: www.insights.de)

Wie schon Lao Tse (6. Jahrhundert v. Chr.) sagte:
„Wer andere kennt, ist gelehrt. Wer sich selbst kennt, ist weise."

Die Verhaltensforschung ist der Ansicht, dass die effektivsten Menschen jene sind, die sich selbst kennen, sowohl ihre Stärken als auch ihre Schwächen, sodass sie Strategien entwickeln können, um den Anforderungen ihres Umfeldes gerecht zu werden.

Der Test kann mit einer individuellen Beratung beim Autor (www.EGO-Consulting.de) oder beim Scheelen Institut, Waldshut-Tiengen (https://www.scheelen-institut.com/profiling-tools/insights-mdi) erworben werden.

5.3.1 Wonach strebe ich?

Als Coach erlebe ich sehr häufig, wenn das Thema auf das individuelle Streben des Coachees kommt, die Antwort: „Ich strebe nach Glück." Nun, Glück ist immer ein Momentzustand – ein Zustand, in dem alles im Gleichgewicht scheint, in dem alles voll umfassend perfekt ist – wir alle kennen diese Momente und möchten diese festhalten, gern replizieren, wiederholen oder gar noch toppen, was selten erneut gelingt.

Andere Coachees antworten auf die Frage nach dem eigenen Streben, dass nach echten Werten, nach Lebensinhalt, Nachhaltigkeit oder innerer Zufriedenheit gestrebt wird.

Wenn sich die eigene Lebensrealität mit dem angestrebten authentischen Leben und Verhalten nicht synchronisieren lässt, dürfte dies zu Unzufriedenheit, ja, eventuell sogar zu Depressionen und Ängsten führen.

Der erste Schritt zur Erkenntnis kann sein, die eigenen Bedürfnisse ernst nehmen, sich selbst akzeptieren und klare Positionen beziehen. Menschen, die in Balance sind, strahlen Klarheit und Selbstbewusstsein aus. Dies überträgt sich auf Aussagen, Denkweisen und Handlungen und wird als ein starkes Selbstbewusstsein erkannt.

Dies klingt erstrebenswert, ist aber ein langer und oft steiniger Weg der Erkenntnis über das eigene Ich – dennoch, es ist die Mühe wert. Coaching, Gespräche mit Freunden und Momente der Besinnung helfen – externe Hilfe ist keine Schwäche, sondern eine geführte Methode zum Selbst.

5.3.2 Was ist es, was einen Menschen antreibt?

Sehr häufig wird von Motivation und Motiven gesprochen, ohne die Eindeutigkeit dieser Begriffe definieren zu können.

Als Motiv wird in der Psychologie eine relativ stabile Persönlichkeitseigenschaft bezeichnet, die beschreibt, wie wichtig einer Person eine bestimmte Art von Zielen ist (Wikipedia).

Motivation ist die Gesamtheit aller Motive, die zu der Bereitschaft führt, zu handeln. Das menschliche Streben basiert auf emotionalen und neuronalen Aktivitäten, zur

Erreichung von Zielen. Diese Ziele können immateriell (z. B. Freundschaft zu pflegen, ein gutes Gefühl zu haben etc.) oder materiell (Geld, ein neues Auto etc.) sein.

Wenn wir uns also darüber im Klaren sind, welche Motive uns antreiben, lassen sich gezielt Konzepte und Strategien entwickeln, um die gewünschten Ziele zu erreichen.

In dieser Grunderkenntnis und der Umsetzungskompetenz, die sich ein Mensch im Laufe der Jahre angeeignet hat, liegt oft das Geheimnis zufriedener Menschen.

Seit einigen Jahren beschäftige ich mich mit ZEN-Meditation – einer jahrhundertealten Methode, den Körper und den Geist zur Ruhe zu bringen, um so den individuellen Weg zu mystischen Erfahrungen zu ebnen – dies wird in der reinen Lehre auch mit Erleuchtung gleichgesetzt. Wer sich für diese Methode interessiert, findet im Internet umfassende Informationen, wie man ZEN erlernen und praktizieren kann.

Mein Motiv, ZEN zu erlernen, war es, eine ganz persönliche Entspannungstechnik für mich zu haben, die es mir ermöglicht, unabhängig von komplexen Rahmenbedingungen, einfach und jederzeit an jedem Ort Ruhe und Entspannung abrufen zu können – ich strebte nach innerer Ruhe (Motiv siehe Abb. 5.2).

Es hat viel Zeit und Geduld gekostet, bis ich das Ziel der inneren Ruhe und absoluten Ausgeglichenheit erreicht habe – aber es hat sich gelohnt, den Weg zu gehen.

Ein angenehmer Nebeneffekt: Die Methode kann von jedem Interessierten ohne Kosten erlernt werden (z. B. https://ich-will-meditieren.de), es braucht lediglich eine kurze Einführung, innere Bereitschaft und, wie gesagt, viel Geduld.

Diese eigene Erfahrung soll Ihnen verdeutlichen, wie stark Motive auf Ziele wirken.

Eine Motivation ist immer mit der Absicht verbunden, eine Änderung herbeizuführen – dies kann eine Verhaltensänderung sein, aber auch eine Veränderung des beruflichen Umfeldes etc. Entscheidend ist, dass die Bereitschaft, ein Ziel zu erreichen, so stark ist, dass Handlungen ausgelöst werden, die zu der Veränderung führen.

5.3.3   Motive identifizieren

Wie kann man denn nun die Motive eines Menschen identifizieren?

Auch hier gibt es einen bewährten (Online)-Test, der sehr genaue Ergebnisse liefert. So arbeiten heute die meisten Personalabteilungen mit dem Reiss-Motivation-Profile®, um Talente zu erkennen und gezielt zu fördern.

Prof. Steven Reiss, ein amerikanischer Psychologe, hat das nach ihm benannte Reiss-Profile entwickelt, welches auf der Annahme basiert, dass das menschliche Handeln auf 16 Grundmotiven basiert (siehe Abb. 5.2).

So lassen sich konkrete Erkenntnisse über Führungswillen, Innovationsstreben, Teamfähigkeit, Belastbarkeit u. v. m. gewinnen. Mit der Kenntnis, was den Menschen individuell antreibt, lassen sich ganzheitliche, persönliche und berufliche Motivationsstrategien entwickeln. Die Methode bietet eine Hilfe, Veränderungen mit externer Unterstützung zu definieren und den Weg sehr fokussiert zu gehen.

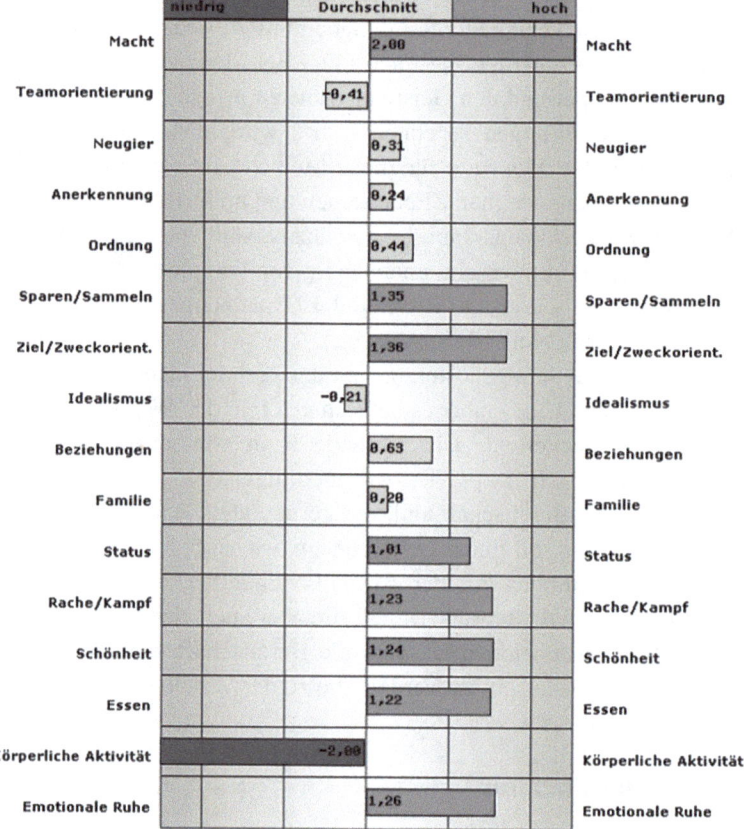

Abb. 5.2 Reiss-Motivations-Profil Elmar Gorich. (Quelle: eigene Werte in der Darstellung)

Ich selbst habe den Test mehrfach, jeweils viele Monate zeitversetzt, gemacht und ebenso wie bei der INSIGHTS-Analyse festgestellt, dass das Ergebnis in der Substanz immer gleich ist – man erhält so klare Aussagen zum Selbst.

Auch wenn ich mich hier dem geneigten Leser offenbare, so möchte ich doch anhand meiner persönlichen Auswertung aufzeigen, an welchen „Stellschrauben" ich in meiner Lebenswirklichkeit noch zu arbeiten habe.

Eindeutig, die körperliche Aktivität ist bei mir signifikant unterentwickelt und bedarf in diesen Tagen meiner uneingeschränkten Aufmerksamkeit – keine unbekannte Erkenntnis, aber wenn man es dann im Bild sieht, doch erschreckend, im Vergleich zu Vergleichsgruppen.

Sie können sich nun Ihr eigenes Bild von meiner Person machen (seien Sie bitte nicht zu kritisch) – ich wünsche mir, dass ich Sie auf diese Weise motivieren kann, sich selbst tiefer in die Erkenntnis Ihres Selbst zu begeben.

Glauben Sie mir, es ist ein spannender Prozess.

Bekanntlich sagt der Volksmund:
„Erkenntnis ist der erste Weg zur Besserung."

Wichtig zu erwähnen ist noch, „dass es bei der Motividentifikation nicht um gut oder schlecht geht, sondern um die Analyse von Personen, auf der Basis möglichst detaillierter Abstufungen" – so hat es Prof. Reiss einmal formuliert.

(vgl. hierzu Das Reiss-Profile, Gabal, 2009).

Gestützt auf den Kenntnissen der Methoden zur Persönlichkeits- und Motivationsidentifikation, können wir uns jetzt konkret mit der Frage beschäftigen, wie sich Wege finden lassen, sich zu verändern, dass das eigene Leben gezielt so gestaltet werden kann, dass das Ziel, raus aus der Vergleichbarkeit hin zur Einzigartigkeit realistisch erreicht werden kann.

5.4   Standortbestimmung des eigenen Ich

Aktiv sein, im Beruf 100 % geben, privat oft hinter den Erwartungen von Partnern, Kindern oder Freunden zurückfallen, weil die Zeit einfach limitiert ist. Für die eigenen Bedürfnisse kaum Zeit und Raum haben, weil es immer etwas Wichtigeres gibt als einen entspannenden Saunabesuch, ein Treffen mit Freunden oder einfach mal nichts tun, auf dem Sofa liegen und den eigenen Gedanken nachgehen – ohne produktiv zu sein.

So bewegen wir uns oft zwischen Wunsch und Wirklichkeit – wir fühlen uns müde, ausgepowert, ja manchmal sogar nahe an der Depression.

In solchen Situationen nutzen wir unbewusst die Strategie des Kontrastierens, eine Strategie, die in Studien mit deutschen und amerikanischen Studenten untersucht wurde (vgl. hierzu Servincer, Timur: 6. Jahrhundert v. Chr. Demand to Act and Use of Mental Contrasting, Social Psychology, 49/6, 2018). Die Studie belegt, dass wir dann handeln, wenn der Druck maximal ist, etwa wenn der Abgabetermin für die Steuererklärung kurz bevorsteht, oder eine wissenschaftliche Arbeit termingerecht abgegeben werden muss, oder ein wichtiges Protokoll für eine Sitzung unbedingt zu einem festen Termin vorliegen muss. Psychologen sprechen hier von einem Kontrast, der besteht, zwischen unserem Wunsch etwas zu beenden und der Wirklichkeit, doch lieber untätig zu sein und das Thema vor uns herzuschieben. Die Strategie des Kontrastierens versetzt uns in die Lage, schnell zu reagieren, wenn eine negative Konsequenz droht. Dieses Vorgehen ist sehr anstrengend, aus diesem Grund handelt der Mensch nur dann mit der Strategie des Kontrastierens, wenn sofort, unmittelbar, ein Handeln erforderlich ist.

Das gute Gefühl, etwas Wichtiges erledigt zu haben und dann für einen Moment innezuhalten und sich selbst eine kleine Belohnung zu gönnen, z. B. einen Spaziergang, eine

Tasse Kaffee oder einfach einen Moment der Ruhe, hebt das Wohlbefinden und gibt Energie.

Wenn wir an dieser Stelle erkennen, wie die vorher beschriebene, in der Regel oft unbewusst angewandte Strategie des Kontrastierens von uns angewandt wird, dann erscheint es doch hilfreich für unser Wohlbefinden, aktiv und bewusst ein Konzept zu entwickeln, das uns in die Lage versetzt, Ausgeglichenheit und Zufriedenheit in zunehmend häufigeren Situationen erleben zu können, damit wir mit uns und unseren Bedürfnissen im Einklang sind.

Das Ergebnis wäre, das Selbstbewusstsein wächst und Zufriedenheit nimmt immer mehr Platz in unserer Gefühlswelt ein – wir werden sichtbar ausgeglichener und von unserer Umwelt als eine souveräne Person wahrgenommen – stechen mit diesen Eigenschaften dann schon einmal aus der großen Masse unserer Mitmenschen heraus.

Zufriedenheit kann als ein System wahrgenommen werden – es braucht somit einige Eckpfeiler, an denen wir uns orientieren können – eine Art Anleitung zur Zufriedenheit.

Beginnen wir mit der Akzeptanz der eigenen Bedürfnisse.

„Der authentische Mensch ist ein Homo Faber, ein Lebewesen, das sich etwas fabriziert. Er muss sich selbst erzeugen und der Urheber seiner Geschichte sein", schreibt Erich Fromm. „Es sind die Fragen, die das Wesen eines Menschen ausmachen."

Fragen wir uns also nach den eigenen Bedürfnissen: Was möchte ich? Wie will ich den heutigen Tag gestalten? Was ist mir heute, jetzt, wichtig?

Schon anhand der Fragestellung ist erkennbar, dass wir es hier mit Verhaltensmustern zu tun haben – diese müssen erkannt und bewertet werden. Prioritäten für das eigene Wohlbefinden und die Erhaltung der eigenen Ressourcen müssen an erster Stelle stehen – permanentes Laufen im Hamsterrad führt zwangsläufig zum Kräfteverzehr und im schlimmsten Fall zur absoluten Erschöpfung.

Wir alle haben zwei Grundressourcen: Kraft und Zeit.

Was können wir mit Lebenszeit noch anfangen, wenn wir keine Kraft mehr haben?

Also, hier ist der Hebel anzusetzen, für ein Leben in Fülle und individuellem Streben nach Einzigartigkeit braucht es einen bewussten Umgang mit der schöpferischen Kraft und dem erforderlichen Zeiteinsatz.

Um für die eigenen Bedürfnisse ein Bewusstsein zu entwickeln, sind aus der Sicht des Autors die folgenden Maßnahmen elementar:

– Erholungsphasen gezielt einplanen.
– Termine mit sich selbst vereinbaren.
– Familie, Freunde und soziale Kontakte haben Priorität.
– Mein Job macht Spaß, weil …-Mentalität entwickeln.
– „Nein sagen" lernen! (ein klares Nein zur rechten Zeit verhindert jeden Kompromiss).
– Delegieren – wo immer möglich! (Fokus auf Ergebnisse legen)

Nur wer sich Freiräume schafft, kann nachdenken, in sich hineinhören und eigene Bedürfnisse konkret mental erfassen.

Der nächste Schritt ist die Umsetzung: Ein Vorsatz, eine Idee ist nichts wert, wenn man keine Handlung folgen lässt.

Sich jeden Tag gezielt eine kleine Freude machen, stärkt nicht nur das Wohlbefinden, wie schon beschrieben, sondern festigt auch das für die persönliche Entwicklung so nötige Selbstbewusstsein: „Ich bin gut zu mir!"

Hier kann ein professioneller, möglichst psychologisch ausgebildeter Coach fundierte Hilfe geben und ein vertrauter Begleiter sein, um die Sinne für die eigenen Bedürfnisse zu schärfen und bei der Umsetzung behilflich zu sein.

„Nicht man selbst sein zu können im Leben ist quälend", schreibt Stephen Joseph, Professor an der Universität von Nottingham, in seinem Buch „Authentizität: Die neue Wissenschaft vom geglückten Leben".

5.5 Neupositionierung: Aufmerksamkeit durch Regeln brechen

Eine klare Erkenntnis: Wer vergleichbar ist, ist austauschbar und reduziert seine Einzigartigkeit.

Wie schon ausgeführt, besteht Persönlichkeit aus Anlage und Erziehung. Im Laufe unserer kindlichen, schulischen, beruflichen und sozialen Entwicklung haben wir ein Wertesystem vermittelt bekommen und auch angenommen, welches unser Handeln prägt. Wir sind, wie wir sind.

Was hindert uns daran, jetzt und heute, die bisherigen Verhaltensweisen und Denkmuster über den Haufen zu werfen und für uns neue Regeln zu definieren?

Sicherlich haben Sie schon einmal die Aussage gehört: „Wer immer das tut, was er kann, wird nie neue Horizonte entdecken!"

Was wäre eine neue berufliche Perspektive, die Ihnen mehr Zufriedenheit gibt?

Hier kann ich einen Impuls aus meiner eigenen beruflichen Entwicklung geben. Nach 12 Jahren Führungskraft, vom Verkaufsleiter zum Geschäftsführer und Vorstand, keimte in mir der Gedanke, mal etwas ganz anderes zu machen. Zwar habe ich mich innerhalb der Firmen, in denen ich wirken konnte, alle zwei bis drei Jahre immer wieder verändert und auf neues Terrain begeben, von der IT in das Controlling, dann ins Marketing und den Vertrieb bis hin zu leitenden Funktionen, aber ich wollte mich grundlegend verändern. So habe ich dann durch einen ehemaligen Kollegen den Weg in die Selbstständigkeit als Trainer und später als Berater und Coach gefunden.

Glauben Sie mir, es war eine harte Zeit. Plötzlich hatte ich kein Backoffice mehr, musste mich um alles selbst kümmern, Angebote schreiben, Reisen planen, Buchhaltung etc. – verbunden mit der anfänglich unsicheren Auftragslage und unregelmäßigem Einkommen. Die Erfahrung, dass langjährig erfahrene Trainer- und Beraterkollegen souverän vor Gruppen und in Workshops agiert haben und ich erst eine Lernphase durchleben musste, um die erforderliche Souveränität und Professionalität zu erlangen, über die ich heute verfüge, hat mich manche schlaflose Nacht gekostet – aber ich habe die Entscheidung nie bereut, aus der Pseudosicherheit als angestellter Manager in die Selbstständigkeit zu wechseln – ein neuer Horizont.

Um hier ehrlich zu bleiben, ohne die kollegiale Unterstützung einiger mir wohlgesonnener Personen und die Hilfe von Coaches wäre ich wohl gescheitert. Aber das kann man erst jetzt im Nachhinein bewerten.

Regeln zu brechen, bedeutet, bewusst Dinge anders machen – besser machen – sich selbst neu erfinden.

Allein der Rollenwechsel vom Geschäftsführer/Vorstand zum Trainer und später zum Berater und Coach erfordert viel Energie und konsequente Arbeit an der Ausprägung der neuen Rolle.

Erfolg ist nicht auf den ausgetretenen Wegen der Gewohnheiten zu finden, sondern auf den verschlungenen Seitenwegen, die kaum jemand gehen möchte.

Können Sie sich vorstellen, ein absolut unbeliebtes Projekt in Ihrer Firma freiwillig zu übernehmen?

Bewusst das Risiko zu akzeptieren, dass Sie scheitern und die nicht vorhersehbaren Schwierigkeiten, die auf dem Realisierungsweg lauern, im Hinterkopf zu haben?

Veränderung beginnt mit aktiv werden – Erfolg hat drei Buchstaben: Tun!

Meine Empfehlung: Gehen Sie nie verbissen an eine schwierige Veränderung – betrachten Sie es als spielerische Erfahrung.

Mit dieser Einstellung können Sie alles infrage stellen, können provozieren, die Dinge und Sachverhalte aus unterschiedlichen Perspektiven betrachten und neu zusammensetzen – eben neue kreative Gedanken denken. Wahrscheinlich werden Ihre Kolleginnen und Kollegen, die Ihnen diese Risikobereitschaft nicht zugetraut haben, entweder Ihre Nähe suchen, weil Sie plötzlich eine interessante Person sind, oder man wird Ihre Nähe vermeiden, um nicht mit dem möglichen Misserfolg in Verbindung gebracht zu werden.

Hier gilt: „Mitleid bekommt man geschenkt – Neid muss man sich verdienen!"

Ist es nicht ein tolles Gefühl, das angestrebte Ziel schon einmal in Gedanken vorzudenken, das Gefühl etwas erfolgreich gemacht zu haben, was Ihnen niemand zugetraut hat.

Auch wenn solche Risikoentscheidungen nicht immer zu dem großen erfolgreichen Ergebnis führen, so werden Sie sich deutlich aus der Menge der „Misserfolgvermeider" differenzieren – Ihr Image wird sich signifikant wandeln.

Haben Sie es versucht?

Mit einem Lächeln zu sagen, dass es beim nächsten Mal noch besser klappt, gibt ein erhabenes Gefühl der Selbstsicherheit – man wird Sie beneiden.

Hier einige Empfehlungen für gezielte Regelbrüche:

Immer in Lösungen denken! (Wer die Frage hat, hat auch die Antwort!)
Ziele konsequent determinieren! (Plan haben)
Tagessoll definieren & konsequent abarbeiten!
Erfolg = einmal mehr aufstehen! („Beim nächsten Mal mach ich es besser …")
Agieren statt reagieren! (Ideen einbringen, TUN)

Zeit & Kräfte wirkungsvoll einsetzen! (Methoden lernen und anwenden)
Training … – wie beim Sport! (Wiederholung bringt Routine)
Lernpartner suchen! (Coach, Mentor, Vertrauenspersonen)
Spaß am Job und Stolz auf die Company! (Ich bin hier richtig …)
Konditionieren Sie sich auf Freundlichkeit und Hilfsbereitschaft.
Verantwortung für das eigene Handeln übernehmen!

Fazit: Wahres persönliches Wachstum und neue Erfahrungen passieren nur außerhalb der Gewohnheiten und eingetretenen Pfade.
    Ihr Umfeld wird Sie bewundern!

5.6   Der Wow-Effekt: Konsequent anders!

Was fasziniert uns an Mitmenschen, die immer im Mittelpunkt stehen?
    Es gibt Menschen, mit denen sich die Lebenswege kreuzen, die fallen sofort auf. Diese Menschen sind auf eine ganz besondere Art anders – manche stechen mit Äußerlichkeiten hervor, andere durch Eloquenz, wieder andere durch ein profundes Allgemeinwissen oder gar durch unerschöpfliches Fachwissen und Bildung.
    Wir bewundern eigentlich nicht den Menschen, sondern vielmehr seine Fähigkeiten, jedes Gespräch, jeden Auftritt, jede Situation souverän zu gestalten. So entstehen „Idole" oder „Vorbilder", an denen wir uns orientieren können.
    Aus eigener Erfahrung möchte ich hier anmerken, dass das, was mich heute ausmacht, was meine Freunde, Kollegen und Kunden an mir schätzen, wesentlich von meinen „Vorbildern" geprägt wurde. Ja, ich würde sogar so weit gehen und sagen, dass es eine Adaption von Fähigkeiten ist, von denen ich beeindruckt und fasziniert war und sie für mich individuell angepasst und zum Teil perfektioniert, heute Teil meiner Fähigkeiten sind.
    Ohne hier konkret Namen nennen zu wollen, war für mich die Faszination der freien Rede, vor einem großen Publikum überzeugend und mitreißend zu reden zu können, von jeher eine erstrebenswerte Fähigkeit. In meiner Schulzeit war ich eher introvertiert und schüchtern. Im Laufe meiner beruflichen Entwicklung, u. a. auch im Rahmen meiner Tätigkeit für US-Unternehmen, habe ich mehrere Speaker kennengelernt, die die Kunst der freien Rede perfekt beherrscht haben – mein Ziel: Ich wollte diese Fähigkeit für mich entdecken und bis zur Perfektion entwickeln.
    Es hat mich anfangs sehr viel Überwindung gekostet, hier den ersten Schritt zu gehen und mich zu melden, wenn Präsentationen und Vorträge zu halten waren. Noch heute schlägt mein Herz Akkorde, wenn ich kurz vor einem Vortrag oder einem Workshop stehe – inzwischen habe ich gelernt, dass mir immer etwas einfällt, Vorbereitung vorausgesetzt.
    Immerhin habe ich es erfolgreich zum Trainer von Rhetorikkursen und zum Speaker gebracht, der vor großem Publikum Vorträge hält.

Ich schreibe das hier, um Ihnen Mut zu machen, auch den ersten Schritt zu gehen und diese Fähigkeit, die Macht des Wortes, für sich zu entdecken.

Lassen Sie mich an dieser Stelle eine Frage aufwerfen: Kann es sein, dass Sie Menschen kennen, die Sie eventuell gar nicht mögen, die etwas erreicht haben, was auch Sie anstreben, oder dass dieser Mensch gar Fähigkeiten besitzt, die Sie auch gern für sich entwickeln möchten?

Wenn Sie diese Frage mit einem klaren „Ja" beantworten, haben Sie schon den ersten Schritt getan, um sich von der Masse der Mitmenschen abzuheben. Nun gilt es, diese Fähigkeit näher zu analysieren. Wozu können Sie diese Fähigkeit für sich nutzen? Welchen Vorteil werden Sie haben, wenn Sie diese Fähigkeit gezielt einsetzen? Werden Sie überzeugender und kompetenter wahrgenommen?

Es ist nicht nur die freie Rede, die hier gemeint ist, es kann ebenso ein musisches Talent sein, etwa ein Instrument zu beherrschen oder die Stimme zu optimieren, um sich auf der Bühne zu bewegen und das Talent der Schauspielerei zu entdecken – es gibt viele Gelegenheiten, um sich durch Vorbilder inspirieren zu lassen.

Es ist immer wieder faszinierend zu sehen, wie sich Menschen in Präsentationen und Meetings mit hervorragend formulierten Ideen und Beiträgen einbringen und die Zuhörer beeindrucken – Rhetorik ist eine wichtige Facette für Karrieren.

In diesem Zusammenhang ist noch das Thema Small Talk zu erwähnen – es ist immer wieder erschreckend zu beobachten, wie schwer es selbst gut ausgebildeten Menschen fällt, Gespräche zu eröffnen, interessante Themen zu finden und einen Spannungsbogen im Gespräch zu halten. Die Kunst der Kommunikation ist gerade in der heutigen Zeit eine Grundvoraussetzung für Karrieren.

Karrieren machen mehrheitlich nur Menschen, die in der Lage sind, Ideen zu verbalisieren und überzeugende Bilder in den Köpfen der Zuhörer zu projizieren.

Small Talk, das kleine Gespräch, schafft eine Beziehungsebene, Akzeptanz und die Grundlage für dauerhafte Beziehungen.

Auch Small Talk kann man mithilfe von Coaches und Trainern erlernen und perfektionieren – die Details würden hier den Rahmen sprengen. Suchen Sie sich im direkten Umfeld Menschen, von denen Sie Umgang und Auftritt lernen können – adaptieren Sie die Elemente, die Sie faszinieren und nutzen Sie jede Gelegenheit der Anwendung – Sie werden sehen, es funktioniert bei jedem Versuch besser.

Also, es ist entscheidend, mit welchen Menschen wir im Laufe unserer Erziehung und Entwicklung in Verbindung treten, mit wem wir ganz bewusst Netzwerke knüpfen.

Umgeben Sie sich ausschließlich mit positiv denkenden und handelnden Menschen – meiden Sie Nörgler, Miesmacher und destruktive Kritiker. Positiv denkende Menschen haben eine Aura, die andere sofort bemerken und anzieht.

Auch gute Führungskräfte umgeben sich mit Menschen, die besser sind als sie selbst – nur so entwickelt sich Neues und generiert Einzigartigkeit.

5.7 Image: Authentisch sein und Standpunkte vertreten

Ein authentisches Leben zu gestalten, bedeutet nicht eine rigorose Selbstverwirklichung, sondern eine Form der Selbsterfahrung (vgl. Psychologie Heute 07/2019, S 18).

Ist es nicht erstrebenswert, die eigenen Bedürfnisse zu kennen und zu sich selbst zu stehen?

Sie werden diese Frage wahrscheinlich mit „Ja" beantworten. Dennoch, diese „Selbst"-Befreiung hat auch eine andere Seite der Medaille. Nach außen scheinbar authentisch erscheinenden Menschen werden Attribute wie herzlich, charismatisch, sympathisch und zufrieden zugeschrieben – dennoch kommt es vor, dass das Verhalten bei näherer Betrachtung auch als egoistisch, manipulativ, also nicht unbedingt sozialverträglich wahrgenommen wird.

Das eigene „Ich" zu leben, kann nicht gleichgesetzt werden mit Selbstverwirklichung.

Vielmehr gelten eine offene Kommunikation und Transzendenz (was die Grenze der Erfahrung und Erkenntnis überschreitet) als Basis von Authentizität, so wie Erich Fromm es formuliert hat: „Hinausgehen über das nur mit sich selbst beschäftigte Ich, die Befreiung unserer selbst aus dem Gefängnis unseres Egoismus."

5.7.1 Welche Voraussetzungen sind für ein authentisches Leben erforderlich?

Voraussetzungen für ein authentisches Leben (Quelle: Psychologie Heute, 07/2019, S. 24, vgl. hierzu Fromm, Erich: Authentisch leben, Herder 2017).

Die Fähigkeit zu staunen

Fromm postuliert sehr klar, dass wir von den Kindern wieder lernen können, offen, verblüfft und neugierig der Welt zu begegnen. Viele Erwachsene können nicht mehr staunen und die Welt neugierig hinterfragen, sie hat keine Wunder mehr. Alles wird „…als selbstverständlich" wahrgenommen. Die Neugier und das Staunen wieder neu zu erlernen, bereichert das eigene Leben und stellt immer wieder die Frage, warum die Dinge so sind, wie sie sind.

Die Kraft der Konzentration

Wenn wir auf eine Sache konzentriert sind, gibt es nichts Wichtigeres in diesem Moment. Fromm beschreibt es so: „Wir sind immer beschäftigt, jedoch ohne Konzentration." Dieselbe Analogie finden wir auch im ZEN-Buddhismus im Zusammenhang mit Wahrnehmung – wenn die Wahrnehmung geschärft wird für den Moment, was gerade passiert, was man gerade tut, sieht oder fühlt, das verleiht eine große Kraft und innere Ruhe.

Die Fähigkeit zur Selbsterfahrung

Zwänge und Ängste sind für Selbsterfahrungsprozesse durchaus hilfreich – müssen jedoch überwunden werden, wenn die eigene Entwicklung gelingen soll und „ich mich schöpferisch als Urheber meiner Taten erlebe", wie Fromm es formuliert.

Konflikte und Spannungen akzeptieren

Die Fähigkeit, Spannungen und Konflikte auszuhalten, muss erlernt werden. Diese dann als „Quelle des Staunens, der Entwicklung der eigenen Kraft" zu begreifen, ist nach Erich Fromm das Ziel. Wer Konflikte vermeidet, wird zwar funktionieren, aber die eigene Gefühlswelt wird abflachen.

Die Bereitschaft, täglich neu geboren zu werden

Für ein authentisches Leben braucht es auch die innere Bereitschaft, Sicherheiten aufzugeben (Quelle: tinyurl.com/PH-Authentisch-sein). Es braucht den Mut, sich nicht in der Masse einzurichten, sondern sich bewusst von anderen zu unterscheiden – der Realität des eigenen Erlebens zu vertrauen: dem eigenen Denken, Fühlen, Wollen, Wünschen und Handeln.

Überträgt man diese Voraussetzungen für Authentizität auf das eigene Leben, so wird sofort ersichtlich, dass das ein sehr steiniger Weg sein kann, den man oft ohne externe fachkundige Unterstützung nur langsam oder sehr mühsam bewältigen kann.

5.7.2 Denkmuster prägen Standpunkte

Der bewusste Wille zur Unterscheidung von anderen Mitmenschen ermöglicht den Weg zur Einzigartigkeit und Neupositionierung in meinem Leben.

Die Botschaft ist, sich ausschließlich auf das jeweilige Tun zu konzentrieren – hier liegt die Grundlage für ein erfolgreiches Leben – wer sich verzettelt, erreicht wahrscheinlich sein Ziel nicht.

Woody Allen wird der Satz zugeschrieben: „Sie können mit einem Hintern nicht gleichzeitig auf zwei Pferden sitzen."

Um sich auf das Tun zu konzentrieren, braucht es ein Leitbild, eine Vision, die dem Streben einen Weg weist.

Denkmuster und Standpunkte sind auf dem Weg der Selbsterfahrung hilfreich und dienen als Orientierung.

Hier kann jeder von uns Anleihen bei prominenten Personen, die durch Energie, Fleiß und Können eine Meisterschaft in ihrem Fach erreicht haben, nehmen.

Betrachten wir einige Beispiele (vgl. Die Magie der Erfolgreichen, Lasko/Frenzel, Junfermann 1996), die uns zeigen, wie ein klar formulierter Standpunkt zu einem Erfolgs- und Lebenskonzept werden kann:

Henry Maske	„Ich glaube an mich!" (S. 41)
Michael Schumacher	„Mich hat niemand in Schranken zu verweisen. Meine Grenzen setze ich mir selber." (S. 101)
Claudia Schiffer	„Ich habe in meinem Leben nie etwas gemacht, was ich nicht auch wirklich wollte." (S. 177)
Franz Beckenbauer	„Du kannst den Erfolg nicht auf Zufall aufbauen. Da muss ein Konzept dahinterstecken, eine Strategie." (S. 215)
Wolfgang Schäuble	„Kommunikation ist das A und O, um die Macht zu erringen und sie zu erhalten." (S. 265)

In diesen Standpunkten und Statements liegt eine sehr große Klarheit. Jeder Mensch kann für sich und sein Leben einen solchen Standpunkt entwickeln und dann konsequent an der Erreichung seines angestrebten Ideals arbeiten – es wird Rückschläge geben, Phasen der Resignation, aber auch Momente der Erkenntnis und des unbeschreiblichen Glücks, wieder ein Stück vorangekommen zu sein.

Hierzu sagt Kurt Tucholsky in seinem 1927 erschienen Gedicht „Das Ideal" im letzten Absatz:

„Tröste dich – jedes Glück hat einen kleinen Stich.

Wir möchten so viel: Haben, Sein. Und gelten.

Dass einer alles hat: das ist selten!"

Allein die Tatsache, dass Sie beim Lesen dieses Kapitels ins Nachdenken kommen und motiviert sind, sich mehr mit der wichtigsten Person in Ihrem Leben, Ihnen selbst, zu beschäftigen, ist der Anfang für Sie, den Weg in die Einzigartigkeit und Unverwechselbarkeit zu gehen.

5.8   Selbstzweifel sind eine wertvolle Ressource

Der Weg zur Einzigartigkeit ist gepflastert mit Selbstzweifeln. Aus eigener Erfahrung kann ich hier berichten, dass mich im Laufe meiner Entwicklung sehr häufig die Frage beschäftigt hat „Kann ich das wirklich?", „Mir fehlen dazu die Voraussetzungen – wie soll ich das dann hinkriegen?" oder „Wenn ich das dann wirklich erreicht habe, bin ich dann zufrieden und glücklich?" – Es sind die großen Fragen, die nach Antworten suchen und in der Beantwortung doch immer sehr vage bleiben.

In den vorherigen Kapiteln habe ich versucht, die Grundlagen für den Weg zur Einzigartigkeit deutlich zu machen – alles basiert auf dem Selbstwertgefühl. Nur wenn ich gelernt bzw. trainiert habe, dass ich mich selbst wertschätze und auf meine Fähigkeiten vertrauen kann, wird sich ein solch solides Fundament an Selbstwertgefühl erarbeiten lassen. Dann lassen sich auch Unsicherheiten aushalten, ja, man kann diese dann auch zum eigenen Vorteil nutzen.

Der US-amerikanische Psychologe William James beschrieb im Jahr 1890 in seinem Buch „The Principles of Psychology", dass Selbstzweifel eine Diskrepanz zwischen dem Real-Selbst und Ideal-Selbst sind – eine bis heute gültige Erkenntnis.

Moderner formuliert, wenn das Selbstbild, wie ich mich selbst sehe, mit dem Fremdbild nicht übereinstimmt, entstehen Selbstzweifel (Abb. 5.3).

Grundsätzlich sind Selbstzweifel ein Signal, um sich selbst infrage zu stellen. Wenn etwas schiefgelaufen ist, bietet der Selbstzweifel einen Mechanismus, es beim nächsten Mal besser zu machen. Der Selbstzweifel kann also ein Motivator sein, aus der Situation zu lernen und ähnliche Situationen in der Zukunft zu vermeiden.

Wie oft schon habe ich beobachtet, dass Kandidaten in Bewerbungsgesprächen völlig den Faden verlieren und selbst bei einem hervorragenden CV auf viele Fragen keine klaren Antworten geben können. Hier ist eine Verunsicherung durch die Situation entstanden. Mit etwas Einfühlungsvermögen und Unterstützung durch den Interviewer kann dann oft die Situation gerettet werden und der Kandidaten finden zurück zum „roten Faden" – dennoch, es bleibt auf der Seite der Kandidaten oft ein Gefühl der Niederlage.

Sofern aus der Situation ein Lerneffekt entsteht, kann hier von einer wertvollen Erfahrung gesprochen werden.

Ob jemand zu Selbstzweifeln neigt, scheint zu einem großen Teil von den Erbanlagen abzuhängen. Abhängigkeiten von der Umwelt und vor allem von der elterlichen Erziehung runden das Spektrum ab (siehe hierzu Abschn. 5.1).

Oft steckt hinter dem Selbstzweifel das Gefühl, nicht richtig oder wertvoll zu sein.

Bereits in der Kindheit entsteht die Anlage für diese Selbstzweifel, die sich dann in der Bildungskarriere und im Beruf fortsetzen können und ein Leben lang in Partnerschaften und dann auch erneut bei den eigenen Kindern eine Fortsetzung finden.

Hier wird die Bedeutung von Selbstreflexion sichtbar – „Der Selbstzweifel ist eines der wenigen ehrlichen Gefühle, die sich bewähren", schreibt Sophie Passmann in ihrem

Abb. 5.3 Menschenkenntnis auf einen Blick. (Quelle: Standardpräsentation für INSIGHTS-MDI®-Zertifizierung, Scheelen Institut, Waldshut (Nutzungsrecht für Elmar R. Gorich durch die Akkreditierung zum INSIGHTS-MDI®-Berater, 2014)

ZEIT-Artikel „Selbstzweifel: Im Zweifel für den Zweifel" vom 13. März 2019 und führt weiter aus: „Und natürlich darf man sich in regelmäßigen Abständen für das eigene Seelenheil von all den Zweifeln kurz verabschieden und einfach entscheiden, dass man genug ist, liebenswürdig und wichtig."

Die Journalistin Carola Kleinschmidt (Psychologie Heute 05/2019, S. 24) gibt eine Übungsanleitung, um Selbstzweifel zu besänftigen:

1. **Innehalten**
   Achtsamkeit gilt als Schlüssel für mehr Selbstmitgefühl. Üben kann man Achtsamkeit, indem man sich fünf Minuten ganz auf die Körperwahrnehmung konzentriert – hier ist es egal, ob man sitzt, liegt oder geht. In Seminaren empfehle ich auch, sich in einem ruhigen Raum 10 min im Spiegel zu beobachten. Richtig kreativ ist nur der entspannte Geist.

2. **Wohlwollen in uns selbst kultivieren**
   Ein Tagebuch kann ein hilfreicher Weg sein, sich nach einem Tag voller Aktivität zu reflektieren. Loben Sie sich für Dinge, die Sie gut gemacht haben – so werfen Sie Anker, auf die Sie zukünftig wieder zugreifen können und so das positive Gefühl erneut zurückholen. Vermerken Sie, über was Sie sich gefreut haben, wofür Sie dankbar sind.

3. **Den inneren Kritiker mäßigen**
   Achten Sie bewusst auf den inneren Wortlaut, wenn Sie Selbstzweifel plagen. Entwickeln Sie wohlwollende Sätze, die Sie dem kritischen Zweifel in Ihnen als Antwort geben. So üben Sie kontinuierlich ein neues Denken ein. Sie werden feststellen, dass diese Art neu zu denken sich im Fühlen und Verhalten manifestiert.

4. **Dem Faulpelz Platz einräumen**
   Wenn man müde und erschöpft nach einem langen Tag oder einer anstrengenden Tätigkeit über eine Situation reflektiert, sind Selbstzweifel besonders stark. Gönnen Sie sich bewusst Erholung – nichts tun ist o.k.! Schreiben Sie eine Liste von Beschäftigungen, die Sie gern machen. Planen Sie in Ihre Tagesabläufe gezielt Termine mit sich selbst ein, um Ihre Lieblingsbeschäftigungen in die Tat umsetzen – Sie werden sehen, Sie fühlen sich mental gewappnet und die Selbstzweifel dürften in den Hintergrund treten.

Es soll nun keineswegs der Eindruck erweckt werden, dass ein Leben ohne Selbstzweifel funktioniert. Hilfreich ist, zu erkennen, dass die Beschäftigung mit dem „Selbst" dazu führt, dass man sich besser kennenlernt. So lernt man, Defizite im Lebensrhythmus zu erkennen und somit für sich spürbar werden zu lassen.

Die Beschäftigung mit dem „Selbst" kreiert eine neue Sicht auf die Welt. Mit Achtsamkeit lässt sich klar erkennen, was im eigenen Leben anders sein sollte – so kann man dann eine Neuausrichtung denken und die Veränderung aktiv einleiten und vorantreiben.

Die Suche nach dem Ich ist eine spannende Reise, auf der wir reifen und unserer Zielprojektion näherkommen – wir werden stabiler, ausgeglichener und für unser Umfeld spürbar attraktiver.

5.9   Das Dilemma der freien Wahl

Mit Sicherheit haben Sie schon einmal den Satz gehört: „Was der Mensch denken kann, das kann er auch erreichen."

Von Platon (428 v. Chr), dem römischen Philosophen, ist der Satz überliefert:

„Das Denken ist das Selbstgespräch der Seele."

Wir denken den ganzen Tag, wägen ab, kritisieren, entscheiden.

Doch nicht immer denken wir konkret in Ergebnissen – „Wie möchte ich, dass das Ergebnis konkret aussieht?" – oder „Wie werde ich mein Ziel erreichen?"

Hier möchte ich jetzt nicht über Zielprojektionen und Visionen referieren, sondern einen wichtigen Gedanken einbringen, der für jeden Menschen, der sich verändern möchte, von Bedeutung ist: Ich kann jeden Tag neu wählen!

Jeden Tag habe ich die Möglichkeit, selbstverständlich innerhalb eines individuellen Rahmens, zu entscheiden, was ich wie tue oder lasse. Noch nie in der Geschichte hat es eine Zeit gegeben, die so viel geistige Freiheit und persönliche Entfaltungsmöglichkeit für jeden Menschen bietet. Zugegeben, für manch einen ist der Weg zum Ziel mühsamer – für manch einen auch nie erreichbar.

Ziele denken, Wünsche formulieren und auch Streben nach dem gewünschten Ergebnis – alles ist richtig und wichtig, aber das Ziel muss auch realistisch sein.

Mit Sicherheit wird die Erreichung jedes Ziels scheitern, wenn die Brücke zwischen Theorie und Praxis nicht zum Handeln führt.

Handeln ist Risiko!

Handeln bedeutet, man verlässt die bewährten Pfade der Gewohnheit und begibt sich auf Neuland – nichts löst in Menschen mehr Ängste, Unsicherheiten und Zweifel aus als unbekanntes Terrain, wo nicht abschätzbar ist, wo die Risiken lauern.

Über die Fähigkeiten und Talente haben wir schon ausgiebig gesprochen – jeder Mensch hat ausreichend viel davon – manches muss geweckt, gefördert und perfektioniert werden, aber entscheidend ist der Wille, das eigene Schicksal in die Hand zu nehmen.

Viele Menschen, durchaus häufig von unterprivilegierter Herkunft, haben sich Ziele gesetzt und selbst unter extrem widrigen Umständen die Ziele erreicht und sogar übertroffen.

Nach der Beschäftigung mit dem eigenen „Ich", der aktuellen Standortbestimmung in der jeweiligen Lebensphase, ist es erforderlich, klare Ziele zu setzen.

Während meiner Zeit in den USA habe ich den Satz gelernt und für mich verinnerlicht: „Plan your Work, Work your Plan." – Denken ist Probehandeln – also, was hindert uns daran, die Gedanken zu denken, die uns zu dem Menschen machen, der wir sein wollen.

Ein zufriedenes Leben hat nichts mit Reichtum zu tun – im Gegenteil, ich hatte viele Coachees, die den Kriterien von Erfolg, Reichtum und Ansehen vollumfänglich genügt haben, aber menschliche Wracks waren. Eine kaputte Ehe, keine oder eine schlechte Beziehung zu den Kindern und selbst nicht in der Lage, innezuhalten, zu entspannen, einfach mal nichts zu tun oder mit Freunden, sofern überhaupt vorhanden, einfach mal ein Bier zu trinken und Spaß zu haben – bedauerliche Existenzen.

Also, Geld macht nicht glücklich – aber es steht auch nirgendwo, dass es unglücklich machen muss … – das hat jeder Mensch im direkten Einfluss.

Die Wahl, welches Leben dem eigenen Ideal entspricht, kann jeder selbst treffen und sich auch Hilfe bei der strategischen Umsetzung, ja sogar bei der Begleitung auf dem Weg holen.

Alles was Sie nicht innerhalb von 72 h, nachdem Sie es sich vorgenommen haben, in die Tat umsetzen, hat die Tendenz, nie realisiert zu werden.

Der Weg zur Unverwechselbarkeit führt eindeutig über das Handeln – das Tun!

Zögern Sie nicht – starten Sie heute!

5.10 Fazit – packen Sie es an!

Wir leben heute in einer Zeit nahezu unbegrenzter Möglichkeiten – es gibt zwar noch erschwerende und limitierende Faktoren, wie Herkunft, monetäre Voraussetzungen, Zugang zu Bildung etc., aber auch viele Beispiele von Menschen, die trotz schwieriger Startbedingungen ihren Weg gegangen sind.

Jeder kann herausfinden, was ihm entspricht und Ideen in Realitäten überführen.

Niemand kann Ihnen die Entscheidung und den Schritt ins Handeln abnehmen – es gibt viele Optionen, sich Unterstützung und Hilfe zu holen, von Gesprächen mit nahestehenden Personen über Coaches bis zum Internet. Mit den modernen Informationsquellen und dem jederzeitigen und unbegrenzten Zugriff auf Wissen für jedermann bieten sich nie dagewesene Inspirationen, Optionen und auch Handlungsanweisungen für ganz persönliche Umsetzungsstrategien.

Bildungseinrichtungen bieten ein breites Angebot an Basis- und Expertenwissen für jeden Fachbereich und jedes Thema.

Als langjährig tätiger Coach für Fach- und Führungskräfte möchte ich Ihnen zum Schluss meines Buchbeitrages noch einige Keywords mitgeben, mit denen Sie Ihren ganz persönlichen Weg zur Einzigartigkeit – mit Orientierung – gehen können:

Selbstbewusstseinstraining – Vertrauen auf die eigenen Kräfte!

Entschleunigung – Meditation lernen (Zen, autog. Training etc.)

Plan haben – Zeit (60%) planen, der Rest passiert …

Prioritäten setzen – wichtig (alles) **versus dringlich** (Ergebnis/€/☺)

E-Mails nicht vor 16:00 Uhr lesen – Fokus: Kunde – Vorgesetzter – eigene Projekte – den Rest: **löschen!** (Wer was von Ihnen will, meldet sich dann schon wieder …)

Zeitfenster zur Entspannung bewusst reservieren und konsequent einplanen.

Umfeld – optimale „Wohlfühlorte" bestimmen.

Netzwerke und Kontakte, von denen Sie lernen und profitieren können.

Konsequenz – Eigenverantwortung aktiv leben.

In unserer doch sehr schnelllebigen und an Effizienz orientierten Arbeitswelt kommt der Mensch und seine Entwicklung oft zu kurz. Die Themen der Digitalisierung werden uns in den nächsten Jahren und Jahrzehnten noch intensiver beschäftigen und direkt Einfluss auf unser Arbeits- und Privatleben haben.

Es ist an der Zeit, sich auf die wahren Werte der menschlichen Existenz zu konzentrieren – jeder von uns hat es in der Hand, sich aus der Masse hervorzuheben und eine Unverwechselbarkeit und somit eine Einzigartigkeit zu erreichen.

Es ist ein Geburtsrecht, ein befriedigendes und erfülltes Leben zu führen – erkennen Sie die Chancen und werden Sie der Mensch, der Sie sein wollen.

Die Möglichkeiten sind real!

Ich freue mich auf den weiteren Dialog mit Ihnen!

Literatur

Fromm, E. (2017). *Authentisch leben*. Freiburg i. Br.: Herder.

Lasko, F. (1996). *Die Magie der Erfolgreichen*. Paderborn: Junfermann.

Meyer, L. (2019). *Werden wer ich bin, Psychologie Heute, Ausgabe 07/2019*, S 16 ff., Weinheim: Verlagsgruppe Beltz.

Reiss, S. (2009). *Das Reiss Profile*. Offenbach: Gabal.

Servincer, T. (2018). Demand to act and use of mental contracting. *Social Psychology, 49*(6).

Tucholsky, K. (31. Juli 1927). Das Ideal. *Berliner Illustrirte Zeitung, 31*, 1256 (Google Search).

Weiterführende Literatur

Collin, C. (2012). *Das Psychologie Buch*. London: Dorling Kindersley.

Geffroy, E. K. (2000). *Ich will nach oben*. Landsberg/Lech: Verlag Modern Industrie.

Harvard Business Manager. (2005). Markenbildung, Heft 3/2005.

James, W. (2017). *The principles of psychology*, Pantianos Classics. Hoboken: John Wiley & Sons.

Joseph, S. (2017). *Authentizität. Die neue Wissenschaft vom geglückten Leben*. Freiburg i.Br.: Herder.

Kleinschmidt, C. (2019). *Meine Zweifel und ich. Psychologie Heute, 5/2019*, S. 16 ff.

Krech, D., & Crutchfield, R. (2008). *Grundlagen der Psychologie, Studienausgabe*. Weinheim: PVU.

Langhoff, L. (2014). *Die Kunst des Feuer Machens*. Offenbach: Gabal.

Lasko, W. W. (1996). *Small Talk und Karriere – Mit Erfolg Kontakte knüpfen*. Wiesbaden: Gabler.

Liebermann, H. (2007). *Der Nasenfaktor*. Wiesbaden: Gabler.

Maschmeyer, C. (2012). *Selfmade*. München: Ariston – Random House.

Maslow, A. (2017). *A theory of human motivation*. Hawthorne: Routledge.

Meyer-Grashorn, A. (2009). *Spinnen ist Pflicht – Querdenken und Neues schaffen*. München: Mvg.

Moos, P. (2004). *Unverwechselbarkeit – Persönliche Idendentität und Identifikation in der vormodernen Gesellschaft*. Köln: Böhlau.

Passmann, S. (13. März 2019). Selbstzweifel: Im Zweifel für den Zweifel. *ZEITmagazin, 12/2019*.

Potreck-Rose, F. (2018). *Von der Freude, den Selbstwert zu stärken*. Stuttgart: Klett-Cotta.

Sawatschenko, P. (2008). *Positionierung – Das erfolgreichste Marketing auf unserem Planeten*. Offenbach: Gabal.

Scheelen, F. M. (2014). *Menschenkenntnis auf einen Blick*. München: Mvg.

Schulte, L. (2011). Fünfe auch mal grade sein lassen, ist die beste Vorbeugung. *WP – Westfalenpost, 205*, Artikel vom 3.9.2011.

Zimbardo, P. G. (1988). *Psychologie*. Berlin: Springer.

Elmar Gorich ist ein Umsetzungsexperte – ein „Macher" mit Leidenschaft und hat langjährig in internationalen, vornehmlich US-amerikanischen Unternehmen, in verschiedenen Executive-Funktionen gewirkt und gilt als ausgewiesener Experte für den Lösungs- und Projektvertrieb.

Über den zweiten Bildungsweg hat Elmar R. Gorich nach seiner Ausbildung zum Industriekaufmann nebenberuflich Betriebswirtschaft studiert und als Dipl.-Betriebswirt und MBA (Master of Business Administration) abgeschlossen. Es folgte eine psychologische Zusatzausbildung als Coach und Supervisor.

Verschiedene Stationen als Senior Partner und Gesellschafter bei namhaften Unternehmensberatungen gaben ihm die Möglichkeit, sowohl bei KMU als auch bei DAX-Unternehmen über viele Jahre Projekte zu planen und umzusetzen sowie Mandate als Coach und Vertriebstrainer zu übernehmen.

Seit 2006 ist Elmar Gorich mit der Unternehmensberatung EGO-Consulting/Advisory & Management Services (www.EGO-Consulting.de) als Management Consultant, Interim-Manager (DDIM Mitglied), Coach und Vortragsredner freiberuflich tätig – schwerpunktmäßig für Lösungsanbieter im IT-/ITC Markt, mit deutlichem Fokus auf die digitalen Trends und die Auswirkungen zukünftiger Geschäftsmodelle.

Seit 2013 ist Elmar R. Gorich auch als Dozent an der Fachhochschule Südwestfalen tätig und betreut dort diverse Vorlesungen und Workshops am Fachbereich Entrepreneurship.

Weitere Informationen unter: www.EGO-Consulting.de

Sichtbarkeit durch Inside-Out

Die acht Erkenntnisse der Sichtbarkeit

Angèle Lange

Inhaltsverzeichnis

Zusammenfassung

Für Sichtbarkeit und langfristigen Erfolg liegt die Quelle im Innen! Wirkliche Sichtbarkeit entspringt der Bewusstheit über die persönlichen Schätze und ist mit der Entscheidung verbunden, die Welt an diesen teilhaben zu lassen. Sie ist mit fast kindlicher, unbefangener Freude verbunden und drückt das, was der jeweiligen Person den meisten Spaß macht, aus. Ein Prozess für Sichtbarkeit, der sich zuerst mit dem Innen, der Persönlichkeit, u. a. durch Selbstreflexion beschäftigt, führt zu Souveränität im Selbstausdruck.

A. Lange (✉)
Berlin, Deutschland

© Springer Fachmedien Wiesbaden GmbH, ein Teil von Springer Nature 2020
P. Buchenau (Hrsg.), *Chefsache Sichtbarkeit*, Chefsache,
https://doi.org/10.1007/978-3-658-30606-9_6

6.1 Einleitung

Als Kind hatte ich nur einen Wunsch, den ich schon mit knapp drei Jahren auf der See-muschel in Bansin auslebte: Ich wollte singen, tanzen und die Bretter, die die Welt bedeuten, erobern. Also stellte ich mich auf die Bühne und sang meiner Großmutter ein tief aus dem Herzen kommendes Konzert. Das ging leicht, ich hatte riesigen Spaß daran und werde das Hochgefühl nicht vergessen.

Allerdings passten meine Wünsche und Träume nicht zu den bitteren Erfahrungen meiner Mutter, die ebenfalls vorhatte, Sängerin zu werden. Nach einem erfolgreichen Musikabitur startete sie ihr Gesangsstudium, das aber abrupt endete, weil ihre Stimme zerbrach. Ihr Resümee daraus war: Mein Kind lernt etwas „Vernünftiges". Da ich meine Mutter sehr liebe, tat ich natürlich, was sie von mir erwartete. Ich war die Klassenbeste, in Mathematik und naturwissenschaftlichen Fächern erbrachte ich Höchstleistungen. In den 1960er-Jahren waren Brillen eher die Ausnahme bei Kindern und ziemlich häss-lich, weshalb ich in die Kiste „Nerd" gepackt wurde, die es damals noch nicht gab. Ich war einfach die „Brillenschlange". Auch lernte ich, dass Sichtbarkeit als Klassenbeste seine Schattenseiten hatte. Heute würde man sagen, ich wurde ziemlich gemobbt in der Schule.

Was das mit mir machte? Ich wurde eher zum Veilchen, das still an einem schattigen Plätzchen in Schönheit duftet und nicht zu den expressionistischen Blumen im Garten gehört. Ich zog mich zurück in die Welt der Bücher, der Natur, malte Bilder, die still und heimlich in meiner Sammelmappe verschwanden. Manchmal hätte ich gerne den Mantel, der einen unsichtbar macht, gehabt. Sichtbarkeit gehörte jedenfalls nicht mehr zu den erstrebenswerten Werten für mich.

Der „vernünftige" Weg brachte mich allerdings doch immer wieder in die Sichtbar-keit. Schon im Abitur gewann ich Preise in wissenschaftlichen Bereichen und stand auf der „Auszeichnungsbühne". Einige „Zufälle", wie der Mut, dem führenden Professor der Fakultät eine Frage zu stellen, eröffneten individuelle Erfolgsmöglichkeiten. Die „selbst-ernannten" Stars mit ihrer expressionistischen Art erhielten diese nicht. Intuitiv erkannte ich, dass es so etwas wie eine „leise" Sichtbarkeit geben musste. Scheinbar strahlte ich etwas aus, auch wenn ich noch nicht wusste, was das war, dass ohne große Aktivi-tät einen Sog erzeugte. Zu dieser Zeit beeindruckte mich die buddhistische Lehre und da wird sichtbar, wer weise ist. Weisheit und Ruhe hatten für mich eine fast magische Anziehung. Einige Jahre vergingen mit einer eher unbewussten „Sichtbarkeit".

Der Durchbruch kam, als ich mich praktisch und mit allen Höhen und Tiefen mit dem Thema Bühne aus der Coachingrolle beschäftigte. Ich begleitete einen Künstler zu einem Konzert und erlebte die Vorbereitung, war mit in der Garderobe. Auch wenn ich keine aktive Bühnenrolle hatte, war ich mit der Energie des Auftritts voll verbunden und die Reaktion des Publikums ließ mich auf der Woge der Begeisterung surfen. Es war gigantisch und irgendwie blieb diese Energie für zwei Tage. Diese Erfahrung war der Anfang einer langen Reise in die Energie der Sichtbarkeit. Ich untersuchte und erprobte alle mir zugänglichen Ebenen der Sichtbarkeit. Da ich die Farbenergien von Goethes Farbkreis in meinem Coaching nutze, lag es nah, dies auch für das Thema Sichtbarkeit zu tun. Zu dieser Zeit, und das hat sicher mit Resonanz zu tun, kamen viele Anfragen im Hinblick auf Sichtbarkeit. Diese hatten ihre Besonderheiten. Ein Mann hatte einige Coachings im Hinblick auf Sichtbarkeit, auch Bühnenreife, bereits genutzt, jedoch aus seiner Sicht sein Ziel nicht erreicht. Wir fanden einen Weg, den Knoten zu lösen. Der Künstler, den ich zu dieser Zeit coachte, hatte ein Problem, vor dem viele Künstler stehen, er war abhängig von der Energie der Bühne. Ich folgte meiner intuitiven Herangehensweise und wir fanden mit meinen Farben immer wieder unfassbar einfache Lösungen.

Gemeinsamkeiten von Sichtbarkeit und Erfolg
Sichtbarkeit und langfristiger Erfolg haben Folgendes gemeinsam: Die Quelle liegt im Innen! Wirkliche Sichtbarkeit entspringt der Bewusstheit über die persönlichen Schätze und ist mit der Entscheidung verbunden, die Welt an diesen teilhaben zu lassen. Sie ist mit fast kindlicher unbefangener Freude verbunden und drückt das, was der jeweiligen Person den meisten Spaß macht, aus. Bevor wir Sichtbarkeit und die Verbindung zu den einzelnen Farben zum Teil an praktischen Beispielen anschauen, möchte ich einige Thesen zur Sichtbarkeit durch Inside-Out formulieren. Mir geht es um die Erkenntnis, dass Innenarbeit ein wichtiger Prozess für die Außenwirkung ist:

1. **Sichtbarkeit braucht ein festes Fundament.**
2. **Sichtbarkeit und persönliche Meisterschaft sind verknüpft.**
3. **Sichtbarkeit braucht Selbstvertrauen.**
4. **Sichtbarkeit braucht Selbstausdruck.**
5. **Sichtbarkeit entsteht durch Anziehung.**
6. **Sichtbarkeit braucht spielerische Leichtigkeit.**
7. **Sichtbarkeit braucht klare Entscheidungen.**
8. **Sichtbarkeit braucht die Bewusstheit über die Ebenen des menschlichen Seins.**

6.2 Wie entsteht ein festes Fundament?

Der weltbekannte und mehrfach preisgekrönte Film „Himmel über Berlin" beginnt mit einem „Als das Kind Kind war" (Wenders 1987). Ich glaube, dass die wichtigste Zutat für eine neue, andere Sichtbarkeit die richtigen Fragen sind. Als Kinder fragen wir ständig „Warum?" Wenn das die Erwachsenen zu sehr nervt, werden wir mit einem „darum" abgespeist, was dazu führt, weniger Fragen zu stellen. Genau die Fragen werden aber für eine authentische Sichtbarkeit des jeweiligen „Stars" gebraucht. Deshalb zuerst ein Schritt zurück in das „Warum?"

Warum beginnt also ein so international beachteter Film mit dem „Als das Kind Kind war"? Ich möchte hier nicht die Sicht von Wikipedia darstellen, sondern Sie bitten, selbst in die Energie der Kindertage zurückzugehen. Kinder sind „unbedacht", voller Fantasie, spielerisch, rein, unbeschwert, voller Lebensfreude. Diese natürliche Ursprünglichkeit ist magisch, hat eine ungeheure Anziehungskraft und vermag zu begeistern. Jetzt stellen Sie sich diese Energie vor, wenn ein Erwachsener sie bewusst einsetzen könnte. Wow, das ist Sichtbarkeit! Das ist wie heller, wärmender Sonnenschein, gelb, gold und orange – das hat Strahlkraft!

Nur leider sind Erwachsene meist voller Bedenken, haben ihre fixen Vorstellungen, sind also sozusagen mit angezogener Handbremse unterwegs. Das ist sogar neurobiologisch erklärbar. Jede Erfahrung wird im Hypothalamus (orange) gespeichert. Das bedeutet, dass jedes Verbot, jede Ablehnung, alle negativen, bremsenden Erfahrungen uns behindern, selbst wenn sie vollkommen ungerechtfertigt waren. Der „Logical" Song von Supertramp (Davies und Hodgson 1979) thematisiert diesen Prozess und da Musik gut Gefühle transportiert, hören Sie doch einmal bewusst diesen Song an, um einen Umkehrprozess zu initialisieren.

Wenn wir also über ein festes Fundament für Sichtbarkeit reden, dann macht es Sinn, für sich in die Wünsche und Träume als Kind zurückzugehen. Das ist oft verbunden mit einer tief nach innen gehenden Arbeit an Emotionen. Es können u. a. Wut, Trauer, Bockigkeit auftreten, bevor sich die Türen zu authentischer Kraft, Zuversicht und Fantasie wieder öffnen lassen. Wirkliche Sichtbarkeit und blockierte Emotionen schließen einander aus. Das Buch „Aussöhnung mit dem inneren Kind" beschreibt detailliert wichtige Erkenntnis- und Arbeitsschritte. Lebendigkeit, Lachen, Lebensfreude – es lohnt sich, diese Innenarbeit anzugehen (Chopich und Paul 1997).

Er sehr schöner Text des Berliner Songpoeten Torsten Riemann setzt die ungebremste und „unbedachte" Wirklichkeit (Riemann 2020) eines Kindes in den Bezug zum Regenbogen, letztendlich einer Welt voller Wunder. Nun schauen Sie sich Ihren Alltag an – ich wette so richtig leicht und voller Wunder ist er nicht, sofern Sie nicht bereits einen umfassenden Bewusstwerdungsprozess und tägliche Reflexion aus der Herzensebene nutzen.

Wie gesagt, ich arbeite in meinem Coaching mit Farbenergien und die Arbeit am Fundament ist eine Arbeit mit der blauen Energie. Es ist schon interessant, dass in Filmproduktionen die sogenannte „Bluescreen-Technik" die Grundlage für viele Special Effects darstellt (https://de.wikipedia.org/wiki/Bluescreen-Technik). Blau macht der Filmwelt das Leben leichter, auch ein Blaufilter vor der Fotokamera lässt graue Regenwolken verschwinden. Schauen wir uns an, wie uns diese Farbenergie im Hinblick auf Sichtbarkeit unterstützen kann:

Es geht um die Rückgewinnung von Urvertrauen, von innerem Frieden und von Vorstellungskraft. Alle Kommunikationsorgane, wie Augen, Ohren, Nase, Stimme liegen im Blau. Auf einem Kundenkonzert gab es den absolut stimmigen Auftritt mit dem Lied „Ave Maria" (Dannheim 2020) in verschiedenen Versionen. Der Abend beeindruckte alle sehr tief. Die Stimme der Sängerin verzauberte mit einem glockenreinen Klang. Sie trug ein hellblaues Chiffonkleid. Da mich interessierte, ob es bewusst gewählt war, habe ich ihr diese Frage gestellt und ihr auch erzählt, wie gut ihr dieses Kleid für diesen Auftritt getan hat. Sie hatte es so empfunden, jedoch nicht vorher gewusst, freute sich im Nachhinein sehr über ihre Intuition.

Ich habe für die Entwicklung von Vertrauen und das Eintauchen in das Gefühl des „Blau" die Übung „Das blaue Kissen". Dabei ist das Ziel Entwicklungsschritte von einfach im Hinblick auf naiv, ohne Erfahrung, am Anfang stehend – ohne großes Vertrauen in die eigene Autorität, über hochkomplex oder Verwirrung auf hohem Niveau – viel Gelerntes und dennoch kein Vertrauen in die eigene Autorität, hin zu genial einfach. Aus Vertrauen entsteht Flow! Bei der direkten Arbeit können u. a. folgende Fragen helfen:

Bin ich in Kontakt mit meinem Herzen? Wie fühlt sich das an?

Was nehme ich war, wenn ich die Hände auf das Herz lege?

In welchem Thema meines Lebens braucht es aktuell Arbeit/eine Hinwendung/Klärung/ Überwindung von Zweifel? Nehmen Sie das, was für Sie am besten passt.

Wo stehen Sie im Hinblick auf das Vertrauen ins Leben?

Können Sie annehmen, was das Leben für Sie bereithält – auch dann, wenn es eine ungeplante Veränderung bedeutet?

Können Sie Vertrauen entwickeln, dass alles seinen Sinn hat, auch wenn Sie es ggf. gerade nicht verstehen?

Wo stehen Sie im Hinblick auf Autoritätskonflikte?

Die Selbstreflexion dient der Entwicklung von Flow! Als Kinder haben wir Flow und eine intuitive Idee, was wir ausdrücken wollen. Wir besitzen so etwas wie ein Mission Statement. Meist sind es Märchen, die uns inspirieren. Durch die Arbeit am Thema Vertrauen und durch die Arbeit mit dem inneren Kind bekommen wir die Rückverbindung in unsere natürliche Ursprünglichkeit, einer der wichtigsten Bausteine des Fundaments.

Die daraus folgende Erfüllung und tiefe Lebensfreude gehören in die komplementäre Qualität – ins Orange. Wenn Sichtbarkeit Erfolg generiert, sind die meisten Menschen nicht vorbereitet. Wieder geht es um das Innen, denn Selbstzweifel, die Angst nicht zu genügen, vermeintliche Defizite wirken selbstzerstörerisch. Wir sind hier im Rot-Orange-Gold und Gelb bezogen auf den Farbkreis unterwegs. Meist sind die Folge Süchte aller Art (orange, unproduktiv). Natürlich ist das Leben das Leben und nicht jede Eventualität kann man im Vorfeld bearbeiten. Allerdings reagiert ein Mensch, der einen Bewusstwerdungsweg eingeschlagen hat, bodenständiger und besonnener. Deshalb ist die Arbeit an negativen Emotionen und Glaubenssätzen essenziell. Blockierungen und Selbstsabotage bei Erfolg sind in der Regel mit Selbstwertproblemen verknüpft, d. h. mit inneren Glaubenssätzen, z. B. Erfolg nicht zu verdienen. Schaut man sich den Weg z. B. langjährig erfolgreicher Künstler an, dann spielt Persönlichkeits- und Bewusstseinsentwicklung eine wesentliche Rolle. Paulo Coelho, Shirley MacLaine und Hape Kerkeling haben ihre persönliche Reise in das Innen auf dem Jakobsweg in erfolgreichen Büchern beschrieben (Coelho 2010; MacLaine und Kruse 2015; Kerkeling 2007). Coelho insbesondere thematisiert z. B. den Weg, den wir gehen, wertzuschätzen und ihm Aufmerksamkeit zu widmen, ebenso die Beobachterebene und ihren Wert, den

Sinn von Entschleunigung, den Ausstieg aus Gewohntem, die Bedeutung von Träumen und Abenteuer, auch den inneren Richter. Sein Buch ist eine gute Brücke in eine Selbstreflexion und eine Anleitung für den Blick nach innen und die Entwicklung von Selbstwert.

Die Arbeit im Bereich des Selbstwertes (gold) hat dabei folgende Facetten:

Wertschätzung der eigenen Talente
Verständnis des eigenen Potenzials erarbeiten
Selbsterkenntnis als Basis für Leichtigkeit
Den eigenen Gefühlen trauen lernen
Der intuitiven Seite Wert und Bedeutung geben
Überwindung von Ängsten durch veränderte Selbsteinschätzung
Sich seiner eigenen Bedeutung und persönlicher Werte bewusst sein
Vertrauen in die eigene Weisheit
Bedeutung des inneren Gleichgewichts
Selbstbewusstsein und Charisma
Authentische Selbstsicherheit entwickeln
Ängste und Unsicherheiten überwinden
Antworten in sich selbst suchen und finden
Beurteilungen und Verurteilungen loslassen
Mitgefühl mit sich selbst aufbauen
Sich selbst der beste Lehrer werden
Selbstausdruck aus dem Inneren

Es ist wie beim Goldschürfen – indem wir uns mit uns selbst beschäftigen, können wir unsere Schätze heben und dann sichtbar präsentieren und erfolgreich vermarkten. Alles, was ich in diesem Beitrag beschreibe, hat mit dem „Was" und nicht mit dem „Wie" zu tun – wie es in dem Beitrag von Julia Engelmann „Stille Wasser sind attraktiv" heißt: „Es geht um den Inhalt, viel mehr als um die Form" (Engelmann und Wasser 2020). Bevor ich mich mit den Talenten beschäftige, möchte ich etwas zur Bedeutung von Einzigartigkeit schreiben. Als ich mich beruflich das erste Mal um Sichtbarkeit kümmerte, ging es um die Beschreibung einer sehr nachgefragten Dienstleistung. In diesem Segment tummelten sich alle Beratungshäuser und unser Unternehmen hatte damals keine vorzeigbare Broschüre für dieses Thema. Ich ließ einen meiner jungen Mitarbeiter mal alle Broschüren der Konkurrenz einsammeln und dann begannen wir zu schauen, was uns ansprach, was wir „kaufen" würden. Wir kamen zu keinem Ergebnis, denn alle beschrieben ihre Methoden und da es dabei nicht so viel Unterschiede gab, hätte letztendlich nur der Preis für die Entscheidung genutzt werden können. Was jedoch maßgeblich den Erfolg eines Projektes beeinflusst, ist das Team, das hier zusammenarbeitet und die einzelnen Menschen mit ihren Ideen und ihrem Engagement. Wir präsentierten uns als Team und waren damit erfolgreich, weil das eben keiner hatte. Wir hatten etwas gefunden, was unsere Einzigartigkeit darstellte und das sprach Kunden an.

Eine Analyse der Talente ist sehr mit der Beschreibung von Einzigartigkeit verknüpft. Können wir beschreiben, was zu uns gehört und was uns ausmacht, eben das „Was", dann sind wir im Finden der richtigen Form, es in die Welt zu bringen, sicher und überzeugen.

6.2.1   Talente erkennen und wertschätzen

Um die eigenen Talente wertschätzen zu können, ist es wichtig, sich ihrer bewusst zu sein und sie benennen zu können. Frage ich in meinen Workshops, wer kreativ ist, dann gibt es Menschen, die sich als kreativ einschätzen und dann vor einer kreativen Aufgabe scheuen. Das kann daran liegen, dass die Kreativität durch erlebte Situationen blockiert ist oder die Person Kreativität als wichtig empfindet und so sein möchte, Kreativität jedoch eher nicht zu den wirklichen Talenten gehört. Wird zum Beispiel in einem künstlerisch kreativen Umfeld ein Kind groß, das Struktur und Ordnung zu seinen Talenten zählt, und erlebt die Wertschätzung von Kreativität, erschließt sich der Wunsch nach dem „so will ich auch sein". Das ist eine Orientierung im Außen, zielführender für eine authentische Sichtbarkeit wäre die Bewusstheit über das wirkliche Talent. Es gibt eine einfache Frage, um zu erkennen, ob ein Talent zu einem gehört oder nicht.

„Ist es meins?" (Heer 2018)
Sich diese Frage zu stellen und dann zu erspüren, ob es sich leicht oder schwer anfühlt, kann jeder für sich üben. Es setzt nur die Entscheidung voraus, dass eine so einfache und unbedeutend erscheinende Frage ein wichtiger Türöffner im Hinblick auf persönliche Entwicklung und Sichtbarkeit ist. Dain Heer hat dieses und weitere einfache und wirksame Werkzeuge in seinem Buch „Sei Du selbst und verändere die Welt" (Heer 2018) beschrieben.

Dazu gehört, die eigenen Gefühle wahrzunehmen und ihnen vertrauen zu lernen. In unserer bisher auf die Rationalität und Logik orientierten Welt werden Gefühle oft verdrängt. Wir lernen schon als Kind, dass Jungs nicht weinen dürfen und Mädchen als Zicken abgestempelt werden, wenn sie zu emotional sind. Sichtbarkeit braucht jedoch Emotionalität! Emotionalität ist sozusagen ein Kauf- und Erfolgsaktivator. Wir sind wieder bei der „Woge der Begeisterung". Begeistert ein Angebot, eine Marke oder eine Person jemanden, wird er darüber reden, es weiterempfehlen.

Doch zurück zu den Talenten: Nehmen wir die kreativ-künstlerische Seite und schauen wir uns das Picasso-Zitat – „Kunst wäscht den Staub des Alltags aus der Seele" (https://zitatezumnachdenken.com/pablo-picasso) an. Die erfolgreichen, „sichtbar" gewordenen Kreativen haben Folgendes gemeinsam:

1. Ein echtes kreatives Talent und
2. die aus dem Herzen kommende Motivation, dieses Talent sozusagen mit „Herzblut" durch intensive Übung immer weiterzuentwickeln.

3. Ein starkes Bewusstsein für sich selbst, z. B. Udo Lindenberg: „Und ich mach mein Ding, egal was die anderen sagen …"

4. Eine tiefe Freude, sich der Welt zu zeigen. Das „Time to Shine" ohne Scheu in Szene zu setzen.

5. Sie lassen sich nicht abbringen von ihrem Weg durch die gut gemeinten Ratschläge zur Ausrichtung auf die Normalität. Sie haben den unbeugsamen Willen, das „Innen nach außen" zu bringen.

6. Sie schützen Ihre Träume vor der Normalität. Sie entfernen sich aktiv von Zweiflern und tun sich mit Gleichgesinnten „Spinnern" zusammen, z. B. Villa Kunterbunt in Hamburg mit Größen wie Waalkes, Lindenberg und Westernhagen (https:// de.wikipedia.org/wiki/Villa_Kunterbunt_(Wohngemeinschaft)).

7. Sie lassen den Verstand leise werden und das Herz laut. Jeder Herzschlag ist dann ein Impuls für neuen Mut und neue Umsetzungskraft.

8. Sie haben den Mut, ihre Leidenschaft jedem, der Unterstützer sein kann, zu offenbaren und rennen dafür jede erdenkliche Tür ein. Heutzutage leben die Castingshows von diesen Mutigen und geben ihnen dafür die Möglichkeit, die ersten Türen zu durchschreiten und Erfahrungen zu sammeln.

9. Sie lieben Ihre kreative Seite und haben Spaß.

10. Sie folgen ihrer Bestimmung!

Ein wunderschöner Werbespot, der diese inneren Aspekte zur Erzeugung von Sichtbarkeit einsetzt, ist der von Shen Yun – auf die Frage

„Was braucht es, um ein Shen-Yun-Tänzer zu sein?"

werden die inneren Entwicklungen, wie Willenskraft, Entscheidung für ständige Übung und Verbesserung, die Ausdauer und der Mut wiederaufzustehen als Lösung für den Umgang mit Niederlagen, Ängsten und Zweifeln wunderbar beschrieben und in Szene gesetzt:

„Es braucht das Eingestehen eurer tiefsten Ängste, um sie zu überwinden. Es bedeutet, über hundert Mal zu fallen, nur um wieder tausend Mal aufzustehen." Weiter heißt es: „Du brauchst einen Kopf ohne Zweifel und ein Herz voller Demut." (Yun 2020)

Interessant in diesem Zusammenhang ist der Verweis auf das Team und die Gemeinschaft – Shen Yun ist das weltbeste Ensemble für klassischen chinesischen Tanz, wobei es um spirituelle Kultur, traditionelle Ästhetik und den bewussten Ausdruck von Gefühlen geht. Körperbewusstsein ist ein für eine authentische Sichtbarkeit ebenso wichtiger Baustein des Fundaments. Aufgrund der guten Dokumentation der chinesischen Weisheitslehren ist Meridian Dao Yin (Cong 2008) eine Grundlage für die Entwicklung von Körperbewusstsein, die weit über andere Methoden hinaus geht. Hier wird die Kraft der Harmonie von „Psyche und Physis" und deren Kultivierung als systemisches „Bauprojekt" beschrieben. Kein Model kann ohne Körperbewusstsein wirkliche Sichtbarkeit erreichen. Das Thema der ausdrucksstarken Bewegung geht dabei von der Grundlage, dass alles in unserem Universum in ständiger Bewegung ist, aus. Nehmen wir nun unsere innere Urangst vor Veränderung – dann entsteht eine Gleichung: Ohne Überwindung der Urangst vor Veränderung ist letztendlich keine fließende Beweglichkeit erreichbar. Allein dies stellt ein umfangreiches Arbeitsgebiet dar. Interessanterweise wird das Herz als „Herrscher des Staates" beschrieben (Seite 12/13). Dem Herz und seinem Ausdruck zu folgen, zieht sich also wie ein roter Faden durch die Themen des Fundaments. Hier stellt sich die Frage nach der Blau-Rot-Verbindung. Rot als Energie ist der Ausdruck unseres instinktiven Wesens. Allein das Buchcover des Buches „Schnelligkeit durch Vertrauen. Die unterschätzte ökonomische Macht" drückt die Kraft dieser Verbindung optisch in Blau-Rot aus (Covey und Merrill 2014). Nicht nur im Farbkreis gibt es eine direkte Verbindung vom Rot ins Blau. Sichtbarkeit aus dem Innen lebt von dieser direkten Verbindung. Sie ist der Ausdruck des authentischen (blau) Seins (rot). Ein schönes Bild dafür ist das Bild des Baums. Jeder Baum ist fest in der Erde verwurzelt (rot) und hat den Kopf im Himmel (blau). Eine Birke, ein Baum mit einer sehr weiblichen Energie, hat einen vollkommen anderen Selbstausdruck als eine Eiche, die eine sehr männliche Energie hat. Jeder dieser Bäume hat seinen speziellen Platz. Birken finden sich in wasserreichen Gegenden. Sie stehen auch meist in Gruppen. Eichen bevorzugen einen repräsentativen Platz am Waldesrand mit Raum für Entfaltung. Es lohnt sich für die tiefe Erforschung persönlicher Eigenschaften Bäume in der Natur zu beobachten. Wenden wir uns dem Rot zu, dann sind wir beim Thema Charisma.

Charisma

Was ist das Geheimnis charismatischer Menschen? Charisma hat Kraft! Charisma erzeugt Sog. Charisma zeugt von Mut. Charisma hat auch Charme.

Vorträge nach dem Mittagessen bei Konferenzen sind bei vielen Vortragenden unbeliebt. Ich habe einen charismatischen Menschen erlebt, für den das scheinbar ein Spaziergang war – die Zuhörer wurden sogar aktiv – alles begann mit einem Lachen und dann zog das Charisma dieses Mannes alle in ihren Bann. Ich habe mit diesem Mann einige Jahre zusammengearbeitet und sein Geheimnis Schritt für Schritt durch Beobachtung entschlüsselt:

Charismatische Menschen sind zuerst einmal sich selbst – d. h. sie stehen zu ihren Macken, können über sich lachen, richten sich wenig nach den Vorgaben anderer oder dem „so sollte Mann oder Frau sein". Sie gehen mit Achtsamkeit an Aufgaben heran, geben diesen eine lebendige Struktur, erzählen selbst bei rationalen, naturwissenschaftlichen Themen eine Geschichte, finden lebendige, vorstellbare Beispiele. Sie sind jederzeit in der Lage, den Funken zu zünden. Sie haben eine hohe Sensibilität, sodass sie spontan und mit dem Gespür für die Situation reagieren können. Sie bringen sozusagen den Himmel auf die Erde durch kraftvolle und sinngebende Worte, die im absoluten Einklang mit der Körpersprache stehen. Sie erzeugen Bilder im Kopf des Zuhörers, bauen einen Spannungsbogen auf, drücken durch eine hohe Aufmerksamkeit eine liebevolle Wertschätzung für die Zuhörer aus. Sie nehmen durch eine nicht übertriebene Emotionalität für sich ein.

Dieser Mann wurde in einem wichtigen Gespräch nach einer Einschätzung in drei Sätzen gefragt. Zuerst entstand eine Pause – charismatische Menschen zentrieren sich nämlich und beherrschen bewusst oder intuitiv die eigene Energie und die der Situation. Dann ging er direkt auf die gestellte Aufgabe ein und sagte Okay … Drei Sätze – lassen Sie mich es so formulieren: Es folgten drei erstklassig formulierte Sätze. Noch nach einem halben Jahr war er als „Der Mann mit den drei Sätzen" im Gedächtnis des viel beschäftigten Topmanagers – das ist erstklassige Sichtbarkeit. Alles, was ich hier beschreibe, kann man nicht durch methodisches Training erlernen. Es braucht, wenn man Charisma erlernen möchte, ein auf die Person ausgerichtetes Coaching, dass all die beschriebenen Aspekte entwickelt. Dabei werden vorhandene Talente bewusst gemacht, Hindernisse überwunden, fehlende Aspekte angesprochen und ein Weg zur Entwicklung bzw. für die Eröffnung ungenutzter Ressourcen gefunden. Deshalb behaupte ich, Charisma kann man lernen.

Nachdem wir einige wesentliche Bausteine des Fundaments angeschaut haben, möchte ich in die Verbindung von Sichtbarkeit und persönlicher Meisterschaft überleiten mit einer Frage: Warum werden bei vielen Anbietern mit einem vergleichbaren Produkt maximal eine Handvoll wirklich sichtbar?

6.3   Sichtbarkeit und persönliche Meisterschaft

Ich möchte als Beispiel, weil es irgendwie jeder nutzt, einen Friseur nehmen. Friseure gibt es wie Sand am Meer. In einer Stadt wie Berlin sind allerdings wirkliche Starfriseure abzählbar und ständig ausgebucht, obwohl der Durchschnittsfriseur vergleichbar wenig kostet. Was macht sie zum Starfriseur und was kann man für die Entwicklung von Sichtbarkeit daraus lernen?

Zuerst einmal sind sie die wahren Meister ihres Faches, was sichtbar durch Trophäen von zahlreichen Wettbewerben wird. Fachliche Expertise und Höchstleistung sind also ein wichtiger Punkt. Sie haben meist super schicke und exklusive Geschäfte, die sehr den persönlichen Geschmack und Stil repräsentieren, wo diese Stars sich sozusagen ihre persönliche Bühne geschaffen haben. Sie haben sich einen bekannten Namen über geschicktes Marketing erarbeitet.

Aber das wirklich entscheidende ist, sie geben ihren Kunden

das wichtige Gefühl der Sicherheit, wirklich gut auszusehen,
also persönliche Bestätigung, ein Erlebnis,
Fürsorge und Aufmerksamkeit und eine
einfühlsame Kommunikation.

Wie gelangt man zu diesen Fähigkeiten, die ja eigentlich nichts mit Haareschneiden zu tun haben? Wiederum geht es um das Innen, um Persönlichkeit, um Selbstreflexion, um Einfühlungsvermögen und Wahrnehmung. Die wichtigste Zutat ist die Liebe zum jeweiligen Beruf, sich berufen fühlen! Das findet sich dann auch als Sichtbarkeitsmerkmal auf der Webseite.

Persönliche Meisterschaft ist also die Verknüpfung von fachlicher Expertise, der persönlichen Entwicklung und dem Gefühl, genau das zu tun, was man liebt und wozu man sich berufen fühlt.

Die Farbe für die persönliche Meisterschaft ist Magenta. Zuerst möchte ich einige Fragen, die für Ihre Eigenarbeit dienen können, im Hinblick auf persönliche Meisterschaft stellen:

Welcher Star fasziniert Sie und warum?
Welche Eigenschaften sind es, die Sie faszinieren?
Spüren Sie, welche fünf Ideen Sie leuchten lassen wie einen Stern!
Kennen Sie das Gesetz der Resonanz?
Wenn Sie dieses Gesetz auf Ihr Leben beziehen, welche Resonanz erzeugen Sie bisher und welche möchten Sie erzeugen?
Was ziehen Sie an?
Wie viel Geduld können Sie mit sich selbst haben?
Kennen Sie den Unterschied zwischen Disziplin und Funktionieren?

Ich habe für die Entwicklung persönlicher Meisterschaft zwei Bilder. Es gibt Menschen, für die das Bild eines Luftballons passt. Sie versuchen Sichtbarkeit durch Aufblasen, weil sie nicht lieben, was sie tun, weil sie sich falsch fühlen und das Problem irgendwie lösen müssen. In dem Moment, wo sie einer „Nadel" begegnen und das passiert schneller als erwartet, ist die Luft raus. Außerdem fühlt sich ein Kunde bei jemandem, der aufgeblasen ist, ziemlich klein und das muss er sich nicht geben, was Ärger vorprogrammiert und Sichtbarkeit eher beschränkt. Ich habe Projektmanager dieser Kategorie so schnell wie möglich aus meinen Projekten entfernt, sofern keine Verhaltensänderung möglich war. Der Weg zu persönlicher Meisterschaft ist hier kilometerweit. Zuerst muss ein Eingestehen her, dass der richtige Mensch am falschen Platz ist. Es wird die Entscheidung für einen kompletten Neubeginn gebraucht. Erreicht man im Coachingprozess Vertrauen und kann gemeinsam an dieser Entscheidung arbeiten, entwickelt sich ein viel entspannterer, glücklicher Mensch. Erst dann kann man an der Sichtbarkeit arbeiten.

Dann gibt es Menschen, die sind wie Sterne, die jedoch nicht zu sehen sind, weil Wolken davorhängen. Diese Wolken erschaffen sie meist selbst. Persönliche Meisterschaft braucht den Kontakt in die Seelenebene. Eine der wichtigsten Fragen ist, wer ist der Chef unseres Lebens? Daran schließt sich die Sinnfrage – Warum bin ich hier – an? Entschleunigung und damit Zeit für die Innenarbeit sind gut investiert. Wenn jemand ein Stern ist, der sich dessen jedoch (noch) nicht bewusst ist und auch nicht leuchtet, dann sind z. B. oft Demütigungen und Zurückweisungen zu suchen, die die Wolken darstellen. Erkenntnis und Freude sind die ersten Ergebnisse der Innenarbeit. Es ist ein guter Weg, sich selbst schrittweise Erfolgserlebnisse zu schaffen, die dann Mut geben zu leuchten. Über einige Zeit habe ich Frauen in diesem Prozess begleitet.

Praxisbeispiele

Zwei von ihnen, die ich als Beispiel wählen möchte, um ihren Weg zu beschreiben, gehörten in die Kategorie der Sterne. Wir haben die Wolken gesucht und bewusst gemacht.

Beispiel 1

Bei der einen war zuerst die Bestätigung des Richtungswechsels wichtig, denn die Familie versuchte, sie in der „Normalität" zu halten und ihre kreativen und spirituellen Fähigkeiten zu blockieren. Dazu kam, dass sie sich wie ein kleiner Vogel vorkam, dem die Flügel gestutzt worden waren und so traute sie sich weder zu fliegen noch einen „Piep" zu sagen. Da sie zudem als alleinstehende Mutter für ihre Töchter sorgen musste, wurde an ihre Verantwortlichkeit appelliert. Das alles waren keine guten Voraussetzungen für persönliche Meisterschaft und Sichtbarkeit. Ihr Vertrauen in die göttliche Führung war der Ansatz, dass sie Vertrauen in sich aufbauen konnte. Sie beschäftigte sich sehr tief mit Wachstumswegen. Ihr war auch klar, dass es Geduld brauchen würde und dass sie ihre Entscheidung vor den Zweiflern schützen musste. Mit Vertrauen als Fundament ging es schrittweise an die Aufgabe, ihr Gespür auszudrücken. Sie nutzte Network-Marketing, um sich ein finanzielles Fundament zu schaffen. Allerdings ging sie dabei nicht den „normalen" Networkkarriere Weg, sondern nutzte ihr Gespür und die jeweils richtigen Produkten aus mehreren Networks. Mit ihrer Unterstützung konnten Menschen ihre Schönheit und Gesundheit auf natürlicher Weise entwickeln, verbessern oder wiederfinden. Für ihren Weg passt der Film „Avatar" – das tun, was die Seele uns sagt (2010). ◄

Beispiel 2

Die Zweite hatte aus der Familie heraus ihren Beruf und ihre Berufung bereits verknüpft. Sie hatte auch die Entscheidung für die Entwicklung von Sichtbarkeit aus dem Innen heraus bereits getroffen. Da sie im Dienstleistungsbereich arbeitet, wo es eben wie bei Friseuren riesige Preisunterschiede gibt, war eine Frage die des passenden Preissegmentes in Verbindung mit der für sie passenden Sichtbarkeitsstrategie. Die Frage: „Wie viel ist meine Arbeit wert?" hat auch mit dem „Wie viel bin ich mir wert?" zu tun und somit waren wir mitten im Prozess der Selbstwertentwicklung. Das sind Prozesse, die wiederum mit der goldenen Farbenergie in Verbindung stehen. Gold ist die Farbe, die das tiefe Glücklichsein repräsentiert und den Selbstwert. Menschen, die die Weisheit der Wertschätzung für das, was im Leben wirklich trägt, entwickelt haben, strahlen dies auch aus. Sie haben auch kein Problem für ihre Leistung das entsprechende Geld zu verlangen und anzunehmen. Durch diese Entwicklung entwickelte sich die Ausstrahlung, die einen erweiterten Kundenkreis anzog. ◄

In der vedischen Weisheitslehre ist jeder Mensch ein Stück Gold. Wenn er dieses Gold aus dem Innen zum Strahlen bringt, dann ist Sichtbarkeit spielerisch leicht erreichbar. Gold repräsentiert die wirklichen Schätze und die haben unterschiedlichste Facetten in ihrer Bedeutung und unterscheiden sich auch in den jeweiligen Lebensphasen. Gesundheit, Familie, Freunde, die richtige Lebensumgebung, materielle Sorgenfreiheit, kulturelle und die Persönlichkeit entwickelnde Erlebnisse gehören ins Gold. Die damit verbundenen Werte/die darin liegende Wertschätzung ist sehr sinngebend (Rotanteil des Goldes). Eng verbunden mit Werten und Sichtbarkeit sind z. B. Statussymbole, die jedoch meist fehlenden Selbstwert ersetzen sollen. Jemand, der seinen Selbstwert entwickelt hat, wird durchaus schöne und auch teure Dinge u. a. wegen des Designs schätzen, jedoch meist mit einem Understatement-Charakter. Natürlich hat das auch etwas mit der gewählten Sichtbarkeitsstrategie zu tun und die muss zur Persönlichkeit passen. Lady Gaga und Understatement passen nicht bzw. es passt nicht in die aktuelle Lebensphase. Jedoch kann man beobachten, wie sie an ihrer persönlichen Meisterschaft arbeitet. Die tiefe emotionale Botschaft von „A Star is Born" war jedenfalls einen Oscar wert (Cooper und Gaga 2019). Fassen wir zusammen: Persönliche Meisterschaft hat einen entwickelten Selbstwert – den sozusagen goldenen Kern. Berufung und Liebe wird empfunden und mit Leichtigkeit und Souveränität ausgestrahlt. Magenta repräsentiert Eigenschaften, wie Disziplin, Aufmerksamkeit und Achtsamkeit, Respekt, Charme, liebevolle Fürsorge und ist die Farbe für den Ausdruck der Seele.

6.4   Wie lässt sich Selbstvertrauen entwickeln?

Selbstvertrauen braucht, wie das Wort ausdrückt, ein Selbst und Vertrauen in dieses. Ohne die Antwort auf die Frage, wer bin ich wirklich, ist kein Selbstvertrauen zu erreichen. Gerade für das Thema Sichtbarkeit ist die Bewusstheit über sich selbst eine Grundvoraussetzung. Diese Frage ist sehr gut über intuitives Schreiben zu beantworten. Üben Sie intuitives Schreiben, indem sie ein leeres Blatt Papier nehmen und erst mal schreiben, was Ihnen in den Sinn kommt ohne Bewertung und ohne nachzudenken. Wenn Sie das Gefühl haben, dass ihre Intuition schreibt und nicht der Kopf, dann stellen sie sich die Frage, wer bin ich wirklich und schreiben sie auf, was kommt. Es ist wichtig, dafür Zeit und Ruhe zu haben. Wenn sie es dann lesen und sie wiederum das Gefühl haben, ja, das bin ich, dann haben sie eine sehr wichtige Antwort für sich gefunden. Das ist ein Prozess und wenn Sie die Frage, wer bin ich wirklich, sicher beantworten können, dann ist das Vertrauen der nächste Schritt. Dahinter steht die Frage, traue ich mich das, was mich ausmacht, der Welt mit Freude zu zeigen oder möchte ich gefallen? So hart das klingen mag, dieses „oder" entscheidet über die Ausstrahlung!

6.5   Wie lässt sich Selbstausdruck entwickeln?

Viele Menschen denken, das Selbstausdruck immer extrovertiert ist. Dem ist nicht so, vielmehr ist eine realistische Einschätzung dieser persönlichen Seite wichtig und die darauf ausgerichtete Strategie der Sichtbarkeit. Es gibt eine Sichtbarkeit aus dem Sein heraus. Wer einmal dem Dalai Lama begegnet ist, wird diese Begegnung nicht vergessen. Ich habe 2002 das Kalachakra in Graz besucht und fand dort viele innere Antworten für meine spezielle Sicht auf die Sichtbarkeit: „Unter der Leitung Seiner Heiligkeit, des XIV. Dalai-Lama nahmen 15.000 am Buddhismus Interessierte aus 70 Nationen an dem Zeremoniell in Graz teil. Es war ein beeindruckendes Ereignis, sowohl spirituell als auch für die Menschen der Stadt", erinnert sich Altbürgermeister Alfred Stingl. „Bei dem Treffen gab es kein einziges negatives Vorkommnis; es war wie ein Segen über der Stadt." (2002)

Es schloss sich für mich der Kreis, der 1978 mit dem Kauf eines sehr kleines Buches „Das Leben Buddhas" (1980) begonnen hatte. Für mich ist es wichtig, zuerst zu erspüren, was in einer Situation gebraucht wird, um dann meine Erfahrungen einzubringen. Dies hinterlässt meistens einen tiefen Eindruck und Menschen erinnern sich noch Jahre später an mich. Es hat viel Zeit in Anspruch genommen, bis ich zu dieser Eigenschaft stehen konnte. Bis dahin hatte ich mich dafür verurteilt, dass ich zwar gefühlsmäßig wusste, was gebraucht wurde, es jedoch nicht sofort in Worte fassen konnte. Auch war Smalltalk nie mein Ding. Über das Wetter zu reden, fand ich so sterbenslangweilig und die Fragen, die ich gerne gestellt hätte, waren meist zu direkt und deshalb unangebracht. Unsere Zeit jetzt wird reif für eine „leisere" Sichtbarkeit. Eine Sichtbarkeit, die dennoch durchaus etwas zu sagen hat.

Die Selbsteinschätzung in Bezug auf introvertiert/extrovertiert fängt bei extrovertierten Menschen oft an zu wackeln, sobald vor einem Auditorium eine Präsentation erfolgen soll. Neben der realen Einschätzung sind Hemmschwellen und der Umgang mit Ablehnung ein wichtiges Thema. Hemmschwellen und die Angst vor Ablehnung oder Zurückweisung zählen mit zu den größten Hindernissen im Hinblick auf die Entwicklung von Sichtbarkeit. Sie wirken meist unterbewusst und sind dann plötzlich da, wenn man sie am wenigsten gebrauchen kann.

Welche Form der Innenarbeit hilft hier?

Partnerübung

„Bei rauer See eine Felsenküste ansteuern", die darauf beruht, dass sich der Übende zuerst in eine liebevolle Energie hineinversetzt und dann über Anerkennung, Freundlichkeit und Humor die ablehnende Haltung eines Gesprächspartners umzudrehen versucht. Eine liebevolle Absicht innerhalb eines Gespräches wirkt Wunder und durch die Übung entsteht ein neues Selbstgefühl bei einer Ablehnung. Im Innen läuft nämlich ein Dialog ab, der die liebevolle Absicht anerkennt und wenn es dann bei einer Ablehnung bleibt, trotz mehreren „Anlandungsversuchen", dann wird es nicht mehr als persönliche Ablehnung gesehen. ◄

Selbstausdruck beruht auf Selbstbewusstsein und deshalb ist die Sammlung aller uns einzigartig machenden Eigenschaften von so großem Wert. Unsere schnelle, extrovertierte Welt hat sich sehr weit von der Natur entfernt. In der Rückverbindung mit der Natur liegt ein wesentlicher Schlüssel für die Entwicklung von Selbstausdruck. Ich möchte Ihnen einige Übungen für einen kreativen Selbstausdruck weitergeben.

Machen Sie einen Spaziergang in die Natur, in einer Zeit, wo viele Blumen blühen. Ein botanischer Garten ist ebenso geeignet und schauen Sie, von welchen Blumen Sie sich angezogen fühlen und was diese ausdrücken. Im Winter schauen Sie sich in einem großen Blumengeschäft um und dann recherchieren Sie die Bedeutung der Blumen, die Sie ansprechen. Sie werden sehr viel über sich lernen. Um Ihnen die Kraft dieser Übung zu verdeutlichen, möchte ich einige Beispiele geben:

Gänseblümchen haben eine hohe Leuchtkraft, sind bescheiden und widerstandsfähig.

Frühlingsblüher, wie Schneeglöckchen oder Krokusse, verkörpern Durchbruchsenergie und Kraft, denn sie trotzen dem harten Boden zum Winterende und zeigen sich in ihrer Zartheit.

Die Pfingstrose vermag aus einer kompakten Knospe ein wahres Feuerwerk an Blühkraft zu entfalten. Recherchiert man ihre umfassende Bedeutung in China und Japan, kann man für sich selbst viele Facetten der eigenen Persönlichkeit entdecken. Als Rose ohne Dornen steht sie auch für Friedlichkeit.

Die Lilie gehört zu den expressionistischen, hoheitsvollen Blumen. Sie verkörpert Reinheit, Eleganz und wurde oft als Wappenblume benutzt.

Diese Beispiele sollen Sie anregen, kreativ aus dem Innen Ihren Selbstausdruck zu entwickeln.

Generell hilft der Aufenthalt in der Natur für die Selbstreflexion und die Sammlung der uns einzigartig machenden Attribute. Schauen Sie, was für Sie persönlich am leichtesten geht. Vielleicht sind Bäume besser geeignet. Auch Bäume haben einen sehr unterschiedliche Selbstausdruck. Eine Birke hat eine sehr weibliche Energie, gedeiht am besten in wasserreichen Gegenden und oft sind es Gruppierungen von Bäumen, die auf natürliche Weise entstehen. Eine Eiche braucht Platz und steht deshalb lieber allein, auch ist ihre Signatur viel mächtiger und regelrecht strategisch. Seien Sie fantasievoll und kreativ.

Da Farbe unser Leben in allen Bereichen durchzieht, möchte ich Ihnen eine Selbstreflexion in Farbe anbieten. Wo möglich habe ich einen bekannten Star, der diese Farbenergie ausdrückt, als Beispiel angegeben. Diese Beispiele sollen Ihnen ermöglichen, die Energie zu erspüren und daraus folgend ihre persönliche Energie zu reflektieren (Tab. 6.1).

Tab. 6.1 Farbtabelle für Selbstreflexion

Farbe	Sichtbarkeitsthema	Beispiel für Künstler	Sichtbarkeitsthemen und Entwicklungs-aufgaben
Blau	Vertrauen, Autorität, Fokus, Zeitlosigkeit Kommunikations-verhalten	Louis Armstrong, Neil Diamond, Udo Jürgens	Vertrauen in sich selbst als Fundament verstehen und aufbauen; innere Stimme hören; inneren Frieden entwickeln, der nach außen wirkt; souveränes Auftreten; göttlicher Ausdruck (Zeit überdauernd), die Sinne trainieren; Aufmerksamkeit
Türkis	Einzigartigkeit, persönlicher Beitrag, Beziehung von Nähe und Distanz	Udo Lindenberg	Kreativität und Gefühl als die Trieb-kräfte der Sichtbarkeit verinnerlichen; Einzigartigkeit annehmen und aus-drücken lernen; Intuition für die Ver-wirklichung der Lebensaufgabe nutzen; persönlichen Beitrag entwickeln; sich selbst beobachten in der Reaktion auf Nähe und Distanz; das richtige Maß für sich finden
Grün	Präsenz und Herzensausdruck	Julia Roberts	Herz in seiner umfassenden Intelligenz und Anziehungskraft begreifen; sich selbst Raum geben für Herzensent-scheidungen, da daraus Resonanz für nachhaltigen Erfolg entsteht; Beziehungen über das Herz entwickeln; Natürlichkeit im Selbstausdruck entwickeln, indem man in sein Herz hineinspürt
Oliv	Persönliche Reife, auch persönlicher Verfeinerungs-prozess	Sean Connery	Reifung erfordert Geduld und Aus-dauer; weibliche Seite als bewahrende Kraft für sich verstehen und nutzen lernen; Zyklen als natürlich begreifen und angemessen auftreten (reifer werdender Selbstausdruck mit ent-sprechender Bewusstheit); Angst vor dem Altern überwinden
Gelb	Leichtigkeit, Fantasie Erkennt-nis, Intuition, Freude	Birdy Cameron Diaz Julia Engelmann	Kindsein wieder zulassen und zu Klarheit, Einfachheit, Freude, Fantasie zurückkehren; Leichtigkeit wieder erreichen; Konditionierungen hinter-fragen; Ballast abwerfen; Lebensfreude stärkt die Sichtbarkeit
Gold	Selbstwert und Strahlen aus dem Innen	Vincent van Gogh	Weisheit weitergeben, ebenso die tiefe Erfahrung: dem bewusst gewordenen inneren Reichtum folgt der äußere Reichtum

(Fortsetzung)

Tab. 6.1 (Fortsetzung)

Farbe	Sichtbarkeitsthema	Beispiel für Künstler	Sichtbarkeitsthemen und Entwicklungsaufgaben
Orange	Begeisterungsfähigkeit und Komik, kreative Schöpferkraft	Lady Gaga Freddy Mercury Otto Waalkes	Mitreißende, funkensprühende Begeisterung erzeugen; Humor, der über tiefe Lebenseinsicht wirkt und der für jeden greifbar ist; exstatische Lebensfreude, die alle innere Erfüllung ausdrücken
Koralle	Sich neu erfinden, sensibler Ausdruck, Verletzlichkeit	Madonna	Liebe als die Kraft, die uns und die Welt mit Sinn erfüllt, ausdrücken auf subtile, sensible oder extravagante Art. Neuen Ausdruck durch Grenzerfahrungen oder Zurückweisung finden, aus Misserfolgen wie Phönix aus der Asche hervorgehen und diese für das Finden neuer Kreativität nutzen; ein neues Lebensgefühl eines sich verbunden Fühlens ausdrücken. Sich selbst als sinnvoll empfinden und ohne Angst und Kampf die eigene Verletzlichkeit und Empfindsamkeit zeigen
Rot	Charisma	Catherine Zeta-Jones Shakira	Charisma und Mut, Passion, Begeisterung und Dynamik einsetzen. Bewusstheit für die Kraft des Seins und des Loslassens entwickeln
Magenta	Seelenausdruck, persönliche Meisterschaft	Michael Jackson Pablo Picasso Wolfgang A. Mozart	Persönliche Meisterschaft durch Liebe, Hingabe und Disziplin und Übung erreichen; Kunst als Sprache der Seele verstehen lernen; Schönheit, die aus dem Herzen kommt, in das Leben integrieren
Violett	Wandlungsfähigkeit und Magie	Adele Graf von Monte Christo Goethes Faust	Einstimmung auf die ständige Wandlung von allem Existierenden im Universum; Spiritualität als Teil des Menschseins integrieren; Vertrauen in den Sinn von ständigem Wandel finden; Kampf und Drama zugunsten einer magisch wirkenden Sichtbarkeit hinter sich lassen
Königsblau	Diplomatie, Macht, Verantwortung	Harrison Ford Karl Lagerfeld	Wahre Macht ausdrücken; königliche Ausstrahlung und dabei der demütig Gebende/Dienende sein; ruhige, friedvolle Reflexion der eigenen Talente und Fähigkeiten; Annehmen der Geschenke, die durch Sichtbarkeit kommen; Hingabe und intuitives Verstehen

6.6   Wie entsteht Anziehung?

Dr. David Simon, der Freund und Mitbegründer des Chopra Centers for Wellbeing, geht auf die Energie der kreativen Schöpferkraft (orange) ein, indem er die kurzfristige Befriedigung durch Statussymbole, wie ein großes Haus, ein neues Auto oder ausgefallenen Schmuck als „Wellen der Aufregung" beschreibt. Die aus dem Innen kommende Energie der Leidenschaft und die schöpferische Kreativität, worauf auch immer sie sich richtet, erzeugt hingegen Anziehung! „Lebe erfüllt mit einer Fülle von Liebe, Leidenschaft, Kreativität und Bedeutung, und dann werden diese Symbole Dich ‚jagen'." (Chopra 2020)

Schauen wir uns die Sichtbarkeit in einem Massenmarkt an, wie z. B. Hunde- oder Katzenfutter. Im Supermarkt und im Regal der Tiermärkte finden sich viele Produkte der großen Marken mit entsprechender Sichtbarkeit. Dennoch gibt es Anbieter, die sich in diesen Markt hineinwagen, weil sie etwas „anders" machen wollen. Sie schauen sich die Zutaten genau an und sind ganz einfach und praktisch orientiert – ein richtig gutes Futter und der Hund oder die Katze haben wunderbares Fell, sie sind gesund und aktiv. Das ist auch Sichtbarkeit, und zwar von Qualität! Tierbesitzer, die ihre Tiere lieben, wollen die beste Nahrung für ihr Tier. Deshalb haben kleine Unternehmen, die genau diesen Weg gegangen sind, gute Wachstumsraten und der Hundebesitzer, der seinen Hund liebt, wird durch die Nachbarin, YouTube oder die Rezensionen im Internet sehr schnell zu diesen Unternehmen finden. Für die Unternehmen lassen sich enorme Werbekosten sparen. Es gilt also die Anziehung erzeugenden Faktoren für sich zu finden und Produktqualität ist ein solcher Faktor. Wie beschreibe ich Produktqualität, wenn es z. B. um eine Dienstleistung geht? Wieder sind wir beim Sammeln von allem, was uns einzigartig macht, was uns für andere spannend macht, wo wir etwas anders machen, wo unsere Leidenschaft uns trägt. Anziehung ist mit der Farbe Orange verknüpft. Wenn sie absichtslos ungefähr 1 h und nur mit oranger Farbe oder Stiften sich einfach auf diese Farbe einlassen, werden sie überrascht sein, was sie erleben. Vielleicht ist das für Sie ein Schlüssel für das Wegräumen bestehender Blockaden.

6.7   Zurück zur spielerischen Leichtigkeit

Ich empfehle Ihnen, sich zuerst auf Ihre Weise Freude zu erschaffen. Machen Sie sich eine Liste, woran Sie Freude haben. Etwas, das Sie träumen lässt, wo Ihre Fantasie Sie beflügelt, wo ein Lächeln Ihr Gesicht weichmacht. Leichtigkeit ist mit der Farbe Gelb verknüpft. Denken Sie an Zitronenfalter, an Schmetterlinge generell, an Osterglocken, an die Sonne. Gehen Sie zurück zu den Träumen, die Sie als Kind oder Teenager hatten. Versuchen Sie alle beschränkenden Gedanken loszulassen. Stellen Sie sich vor, Sie könnten alles tun, was Ihnen Spaß macht und dieses Gefühl kosten Sie richtig aus und versuchen es zu speichern. Wenn Ihnen das gelingt, dann fragen Sie Ihr Herz,

wie Sie zu diesem Gefühl gelangen können und schreiben alles auf, was Ihnen einfällt. Ich habe diese Übung selbst immer wieder genutzt und sie hat mich über Jahre
begleitet. Als Ergebnis bin ich gerade dabei, in Leichtigkeit und Freude mein Meisterstück zu erschaffen. Ich denke, dass ich Sie ab dem nächsten Jahr in eine liebevoll
erneuerte historische Farm in Norwegen einladen kann, sei es um diese Übung in der
Natur zu erleben oder damit Sie ihre Sichtbarkeitsstrategie durch Inside-Out spielerisch
entwickeln können.

6.8   Was sind die zu treffenden klaren Entscheidungen

In dem Moment, wo wir an einer Sichtbarkeitsstrategie arbeiten, kommen auch schon
die Zweifler von außen und die Gegenargumente vermeintlich guter Ratgeber. Treffen
Sie also eine klare Entscheidung für sich selbst! Stehen Sie zu dem, was sich für Sie
richtig anfühlt! Es muss für Sie stimmen, nicht für den Rest der Welt! Als ich meine
Firmenbroschüre zu unserem speziellen Beratungsangebot vorstellte, gab es viele Frage-
zeichen in den Gesichtern. An sich hatte ich Glück, dass ich mich einfach getraut hatte,
es so zu machen und nicht viel gefragt hatte. Sieben Jahre später kam eine große Agentur
und präsentierte genau diese Idee für die Darstellung der Gesamtfirma im Internet.
Manchmal brauchen neue Ideen Zeit sich zu etablieren. Im Hinblick auf Ihre Sichtbarkeit sind Ihre kreativen Entscheidungen Ihr Alleinstellungsmerkmal und Ihr Zeitvor-
sprung, also entscheiden Sie sich für das, was Sie von sich zeigen wollen und als richtig
empfinden! Das gilt auch für Kleidung bei einem wichtigen Sichtbarkeitstermin. Auch
wenn es einen Dresscode gibt, schauen Sie, dass sie sich mit dem, was Sie tragen, wirklich großartig finden. Denn das, wie Sie sich fühlen, strahlen Sie aus dem Innen aus. Entscheiden Sie im Zweifelsfall für „weniger ist mehr“. In meinen „Veilchenzeiten“ wäre
ein rotes Kleid für mich nicht tragbar gewesen, heute liebe ich rot. Alle Entscheidungen
sollten sich für Sie richtig und gut anfühlen. Bei Darstellungen für die Webseite lesen Sie
Satz für Satz und gehen Sie in die Energie, die bei Ihnen ankommt. Entscheiden Sie sich
für Ihr Gefühl! So treffen Sie die richtigen klaren Entscheidungen. Wieder sind wir im
Innen! Inside-Out, dann wird Ihre Sichtbarkeitsstrategie erfolgreich!

6.9   Bewusstheit über die Ebenen des menschlichen Seins

Wir sind mehr als das, was wir sehen, anfassen oder erspüren können. Wir haben alle
eine mediale, spirituelle Ebene, egal, ob wir uns dessen bereits bewusst sind oder noch
nicht. Die damit verbundene tiefe Einsicht (orange) befreit unsere kreative Schöpferkraft.
2007 kam Kurt Tepperwein in mein Seminarzentrum in Berlin, um einen Abendvortrag
zu halten. Seine persönliche Anziehung sorgte dafür, dass diese Veranstaltung innerhalb
von Stunden ausverkauft war. Er kam zu mir in die Küche, um sich eine große Suppenkelle und einen Schaumlöffel geben zu lassen. Ich werde nie vergessen, wie einfach,

praktisch, lustig und wahr er begann. Er sagte: „Wir sind alle Schöpfer und schöpfen kann man nur mit einem Schöpfer (er hob die Suppenkelle, einen Schöpfer) und nicht hiermit!" Er zeigte den mit Löchern versehenen Schaumlöffel. Bewusstheit befreit die kreative Schöpferkraft und wir können der Welt ohne Löcher zeigen, wer wir wirklich sind. Ich bin sicher, dass Sichtbarkeit aus dem Innen diese Welt zu einem schönen Ort machen kann. Darauf freue ich mich.

Schlussbemerkung

Ich bin ein sehr praxisorientierter Mensch. Risikoprojekte aus dem Risiko zu bringen, erfordert dies. Zudem interessiert mich das tiefer liegende, sinngebende. Alle beschriebenen Schritte, um Sichtbarkeit aus dem Innen in das Außen zu bringen, sind vielfach praktisch erprobt. Aus vielen Menschen, die mit mir diesen Weg gegangen sind, sind in der Zeit gute Freunde geworden. Das ist in der Zeit der vielen Likes und der wenigen persönlichen Kontakte für mich ein wichtiger Wert. Wenn sich zwischen der Online-Welt, für deren Durchsetzung ich mich sehr eingesetzt habe, und der Offline-Welt eine Balance finden wird, dann wird Sichtbarkeit für alle, die sich mit ihr beschäftigen, eine Freude werden, denn dann zeigt jeder, was er der Welt zu geben vermag. Das erzeugt ein Vermögen! Erfahrung vermehrt sich durch Austausch und ich freue mich, wenn Sie meine Impulse dazu inspirieren.

Literatur

Avatar. (2010). Aufbruch nach Pandora [DVD].

Chopich, E. J., & Paul, M. (2018). Aussöhnung mit dem inneren Kind. Berlin: Ullstein.

Chopra, D. (2020). Meditationstexte. https://deepakchoprameditation.de/?ref=250705&gclid=Cj0KCQjwybD0BRDyARIsACyS8mtArF02eac34Hz_UnXTxiFbrrBfgqnJld4aKhOCrH_BGtpaWJ8CLfEaAvCxEALw_wcB.

Coelho, P. (2010). Auf dem Jacobsweg. Zürich: Diogenes.

Cong, L. (2008). *Meridian Doa Yin*. Wien: Springer.

Cooper, B., & Gaga, L. (2019). A star is born [DVD].

Covey, S. M. R., & Merrill, R. R. (2014). Schnelligkeit durch Vertrauen Gabal.

Dannheim, F. (2020). CD Mariengrüße.

Das Leben Buddhas. (1980). Leipzig: Insel.

Davies, R., & Hodgson, R. (1979). Supertramp logical song. https://www.youtube.com/watch?v=low6Coqrw9Y&list=RDlow6Coqrw9Y&start_radio=1&t=0.

Engelmann, J., & Wasser, S. (2020). Sind attraktiv. https://www.youtube.com/watch?v=Di3qsGl4vaM.

Heer, D. (2018). *Sei Du selbst und verändere die Welt*. München: Scorpia.

Kalachakra in Graz. (2002). https://www.shedrupling.at/de/unsere-zentren/sdl/kalachakra2002.php.

Kerkeling, H. (2007). Ich bin dann mal weg: Meine Reise auf dem Jakobsweg. Berlin: Malik.

MacLaine, S., & Kruse, T. (2015). Der Jakobsweg: Eine spirituelle Reise Edition Lebensweg.

Riemann, T. (2020). Liedtexte.

Wenders, W. (1987). Himmel über Berlin **ASIN:** B07MWXTT33, Deutschland.

Yun, S. (2020). https://de.shenyun.com/de.

Angèle Lange, Jahrgang 1958, schloss 1981 ihr Studium als Wirtschaftsinformatikerin mit Diplom in Ostberlin ab, zu einer Zeit, als die zukünftige Tragweite der IT noch den wenigsten bewusst war. 1988, nach ihrer Übersiedlung nach Westberlin, studierte sie Methoden der künstlichen Intelligenz und begann ihre Karriere in einem Innovationsunternehmen.

Pioniergeist, die Verknüpfung von Analytik, Gefühl und Intuition sind die Antriebskräfte ihres Erfolges. Neben ihrer Arbeit als leitende Angestellte erforschte sie ab 2000 intuitive Methoden aus der Natur und Spiritualität tiefer im Hinblick auf die Nutzbarkeit im Führungsalltag. Sichtbarkeit war in ihren Coachings für Führungskräfte und Kreative immer wieder ein Thema.

Von 2005 bis 2019 arbeite sie selbstständig als Projektmanagerin in Risikoprojekten und als Coach. Mit ihrem auf Goethe, gängigen Weisheitslehren und verfügbaren Schwingungswerkzeugen aus der Natur basierenden Vorgehen führte sie in Einzel- und Teamcoachings Führungskräfte, Kreative und Unternehmensinhaber in ihren nachhaltigen Erfolg und ihre Einzigartigkeit. Aktuell arbeitet sie an der Erschaffung eines neuen Ortes für Bewusstseinsentwicklung und die Rückverbindung mit der Natur. Das soll ihr persönliches Meisterstück werden und ein Beitrag für die wichtige und notwendige Bewusstseinsentwicklung sein.

Weitere Informationen unter: https://www.linkedin.com/in/ang%C3%A8le-lange-575aa724/.

Top-Liga

Erfolg und Sichtbarkeit durch exzellente Qualität

7

Gabriele Janetz

Inhaltsverzeichnis

Zusammenfassung

Ein erfolgreicher Unternehmer führt und steuert und tut dies so, dass es nach innen und außen sichtbar ist. Es geht um Ihr Handeln und nicht um ein schickes Logo oder eine tolle Homepage. Wenn Sie nicht bereit sind, zu führen, zu motivieren und zu begeistern, dann lassen Sie das mit dem Unternehmertum. Es sein denn, Sie sind Steuerberater.

Lassen Sie Wandel immer zu und richten Sie Ihr Unternehmen von Anfang an auf den Change aus. Suchen Sie Mitarbeiter, die zu Ihnen und Ihrer Vision passen und nicht nur welche, deren Qualifikation passt. Bestenfalls brennen die Mitarbeiter für Ihre Idee.

Sie und Ihre Mitarbeiter müssen Ihr Angebot und Ihre Kunden lieben. Dann geben auch alle ihr Bestes.

G. Janetz (✉)
Garmisch-Partenkirchen, Deutschland

© Springer Fachmedien Wiesbaden GmbH, ein Teil von Springer Nature 2020
P. Buchenau (Hrsg.), *Chefsache Sichtbarkeit,* Chefsache,
https://doi.org/10.1007/978-3-658-30606-9_7

Sollten Sie nach dem ersten Invest merken, dass Ihre Vision eine schöne Idee ist, aber es dafür keinen Markt gibt, dann schießen Sie nicht unendlich viel Geld nach, denn es macht keinen Sinn, ein totes Pferd zu reiten.

Wenn Sie die nachfolgenden Schritte beherzigen, dann schaffen Sie es in die Top-Liga, und das mit den Werkzeugen des Qualitätsmanagements und des EFQM-Modells, das ich Ihnen in diesem Kapitel übersetzen werde.

7.1   Einleitung

Jeder, der sich selbstständig machen und ein Unternehmen gründen will, träumt davon, nicht nur frei und selbstbestimmt zu sein, sondern künftig in der Top-Liga mitzuspielen. Nicht zwangsweise mit einem gigantischen Verdienst verbunden, aber mit einer Sichtbarkeit am Markt und einem Namen, den man in seinem Bereich kennt.

Leider gelingt das oft nicht und dafür gibt es in der Regel entscheidende Gründe:

1. Der Firmeninhaber kennt und/oder versteht seine Zahlen nicht so, dass er sein Unternehmen mit diesen steuern kann. Schon gar nicht durch schwierige Zeiten.
2. Er hat keine klare und attraktive Vision und folglich auch keine wirksame Strategie.
3. Er macht gar kein Marketing oder massive Marketingfehler.
4. Er ist kein Unternehmer, der managt, sondern (immer noch) großteils Fachkraft.
5. Er hat seine Zielgruppe nicht klar definiert.
6. Er versteht und mag seine Zielgruppe nicht.

Schaut man sich die Gründe genauer an, sind die Unternehmen weder nach innen noch nach außen sichtbar. Zur Top-Liga gehören sie schon gar nicht und wenn, dann bestenfalls durch Zufall, weil sie Produkte oder Dienstleistungen anbieten, die momentan am Markt gefragt sind. Langfristig ist der Erfolg im Normalfall aber nicht, denn die Konkurrenz schläft bekanntlich nicht.

Die Firmen, die in der Top-Liga mitspielen, arbeiten strategisch an ihrem Erfolg und überlassen nichts dem Zufall. Gibt es existenzbedrohende Vorfälle, wie z. B. beim Dieselskandal, dann hat man im Risikomanagement mehr oder minder bewusst falsche Prioritäten gesetzt.

Die Marktführer nutzen für ihren Erfolg in der Regel die Werkzeuge des Qualitätsmanagements und des Excellence-Verfahrens. Zudem scheuen sie sich nicht, sich am Markt zu messen und nehmen gerne und oft an Wettbewerben teil. Sie machen nicht nur ihr Produkt oder ihre Dienstleistung sichtbar, sondern auch ihr Management. Sie lassen sich prüfen, bewerten und zertifizieren und auf den Bühnen für ihre Erfolge feiern, wie z. B bei Great Place to Work[®] oder der Initiative Ludwig Erhard mit seiner Preisverleihung.

„Das macht für ein kleines Unternehmen keinen Sinn", ist der falsche Ansatz. Es ist egal, wie groß ein Unternehmen ist. Die Ansätze sind identisch und auch eine One-Man-Show kann die Werkzeuge nutzen.

Eine klare Vision und Strategie, ein abgestimmtes Angebot auf eine eindeutig definierte Zielgruppe bringen das Start-up zum Erfolg und helfen etablierten Firmen am Markt zu bestehen.

Begleiten Sie mich auf einen Ausflug in die Welt des Qualitätsmanagements und der Excellence. Erfahren Sie, wie Sie Systeme und Strukturen schaffen. Für sich selbst Freiheit und Selbstbestimmung. Und für Ihr Unternehmen Erfolg.

7.2   Step 1: Erfolgreich und sichtbar – die Vision

Der Satz „Wer Visionen hat, sollte zum Arzt gehen" von Helmut Schmidt bezog sich damals nur auf eine besondere Begebenheit und sollte daher besser zu den Akten gelegt werden.

Man stelle sich vor, Thomas Alva Edison hätte keine klare Vision gehabt und an seiner Vision nicht festgehalten. Wir säßen heute alle im Dunkeln.

Die Gründer von Start-ups haben in der Regel den Drang, selbstbestimmt ihre Ideen umzusetzen und möchten diese schnell und unkompliziert in die Welt bringen. Endlich frei von den Zwängen der Hierarchie eines Unternehmens, denen man als Angestellter unterworfen ist.

Und der erste Schritt ist, seine Idee zum Leben zu erwecken. Hierzu gehört es, von Beginn an eine glasklare, anziehende und attraktive Vision des Unternehmens zu haben. Diese bekommt man jedoch nicht am Schreibtisch vor dem PC mit einem Mindmapprogramm oder Ähnlichem. Gehen Sie an Plätze, an denen Sie sich wohlfühlen. Vielleicht mit der Unterstützung einiger guter Bücher. Ein Umfeld, in dem Sie ungestört kreativ sein können. Harry Potter entstand auch nicht im Büro.

Wenn man diese erste Vision hat, dann geht es daran, sie zu Papier zu bringen. Die Fragen, die Sie sich stellen müssen, lauten:

Was genau soll mein Unternehmen leisten?
Was ist meine Zielgruppe?
Was macht mein Unternehmen interessant für meine Zielgruppe?
Was unterscheidet mein Angebot von anderen Angeboten?
Was ist der Zweck meines Unternehmens?
Wie soll meine Unternehmenskultur aussehen?

Warum ist diese Vision so immens wichtig? Solange Sie als Unternehmer selbst nicht genau wissen, was Ihr Unternehmen ausmacht und wo die Reise hingehen soll, sondern nur unpräzise Vorstellungen haben, kann es weder ein Kunde noch ein Mitarbeiter verstehen.

Der nächste Schritt ist dann die Umsetzung. Wenn das Unternehmen keine großen Güter, wie z. B. die Ausstattung einer Bäckerei oder dergleichen braucht, geht dies mit relativ wenig Geld. Sie brauchen zu Beginn kein teureres Logo oder eine aufwendige Homepage. Weniger ist da oft mehr.

Und wer jetzt meint, dass die Erstellung einer glasklaren und attraktiven Vision nur für Start-ups wichtig ist, ist auf dem Holzweg. Jeder Unternehmer, der mehr als 50 h arbeitet und jedes Mal zusammenzuckt, wenn die Bank anruft, muss sich die Zeit nehmen und seine Vision neu überdenken. Ansonsten ist es wie mit dem kaputten Sägeblatt, welches die Arbeit des Holzfällers erschwert, der aber keine Zeit hat, das Sägeblatt zu erneuern.

Kein Erfolg ohne glasklare, attraktive Vision.

7.3 Step 2: Erfolgreich und sichtbar – die Zielgruppe

Das klingt im ersten Moment ganz simpel. Aber die Entscheidung, wer Ihr Kunde sein soll, ist außerordentlich wichtig für Ihren Erfolg.

Bei dieser Entscheidung lassen sich viele Unternehmer von Angst leiten. Der Gedanke: „Je mehr unterschiedliche Gruppen mein Produkt anspricht, desto besser" ist definitiv falsch. Ein großer, undifferenzierter Kundenkreis ist auch immer ein großes Risiko. Nehmen wir z. B. Porsche: Das ist kein Auto für jedermann.

Seien Sie mutig und entscheiden Sie sich für Ihre Zielgruppe. Auch hier wieder die einfachen Fragen:

Wer ist mein Traumkunde?

Was erwartet er von mir und meiner Leistung?

Was sind seine Anforderungen und Wünsche, und zwar auch die, die er selbst (noch) gar nicht kennt?

Wichtig ist dabei, dass Sie Ihre Kunden mögen, ja, vielmehr sogar lieben, denn nur für Menschen, die ich mag, kann ich im Service sein und entwickle gerne neue Produkte und Dienstleistungen. Alles andere wird Sie schnell langweilen und frustrieren.

Und dabei zählt Ihre Kreativität. Steve Jobs hat erkannt, dass wir alle ein Smartphone wollen, obwohl uns das noch gar nicht klar war.

> „Es ist ganz schwierig, Produkte für Zielgruppen zu entwickeln. Sehr oft wissen die Menschen gar nicht, was sie wollen – bis du es ihnen gezeigt hast."
> (Steve Jobs)

Und Ihr Kunde erwartet keinen Perfektionismus. Was er wirklich will, ist, dass Sie immer Ihr Bestes geben und versuchen, seine Wünsche zu verstehen. Sie sollen für ihn da sein.

Jetzt wird es schwer, denn Sie müssen Feedback und Kritik zulassen. Nicht nur aus Fehlern lernt man, sondern auch aus den Rückmeldungen der Kunden. Fördern Sie die Bereitschaft, Ihnen Feedback zu geben. Dazu gehört auch, dass Sie sich für jegliches Feedback bedanken und dem Kunden mitteilen, was die Rückmeldung bewirkt hat. Eine vertrauensvolle und offene Zusammenarbeit mit den Kunden fördert nicht nur die bessere Qualität Ihres Angebotes, sondern schafft auch Kundenbindung. Empfehlungen sind das beste Marketing.

Ein Beispiel

In einer Flasche Schnaps, die ich gekauft hatte, waren einige Fruchtfliegen. Auf ein Mail inklusive Beweisfotos von mir an die Infoadresse des Unternehmens meldete sich am nächsten Tag der Chef selbst, und zwar nicht rechtfertigend. Sondern mit einer simplen Erklärung und Entschuldigung verbunden mit einem Hinweis auf den Folgeprozess im Unternehmen. Als Ersatz waren gleich sechs Flaschen auf dem Weg zu mir. Schon wenn man dort einkauft, spürt man, dass man als Kunde wichtig ist. Aber auch, dass die Mitarbeiter dort gerne arbeiten. Sie haben in mir einen glücklichen und zufriedenen Kunden, der das Unternehmen gerne empfiehlt, deren Produkte kauft und verschenkt. ◄

Kennen Sie Ihre Vision und die Erwartungen, Bedürfnisse und Wünsche Ihrer Kunden, ist die passgenaue Werbung ein absolutes Muss für den weiteren Erfolg. Sprechen Sie Ihre Kunden an und grenzen Sie Menschen aus, die Sie gar nicht ansprechen wollen. Qualität in der Sichtbarkeit kann und darf polarisieren.

Sie müssen Ihre Kunden mögen, besser sogar lieben.

7.4 Step 3: Erfolgreich und sichtbar – die Strategie

Wenn Vision und Zielgruppe stehen, heißt der nächste Schritt Strategie. Ähnlich wie die Vision entwickelt man eine sinnvolle Strategie nicht am Schreibtisch, sondern eher in einer angenehmen Atmosphäre. In diesem Stadion kann man bereits Mitarbeiter ins Boot holen.

Zunächst gilt es – resultierend aus der Vision – einige simple, aber äußerst relevante Basisstrategien zu bestimmen, die die generelle Ausrichtung Ihres Unternehmens bestimmen.

Von Beginn an müssen Sie entscheiden, ob Sie z. B. ein Billiganbieter für die breite Masse oder eher Exklusivanbieter für eine kleine Gruppe sein wollen. Das widerspricht sich nicht mit der Zielgruppe, denn auch ein Billiganbieter hat eine klare Zielgruppe, der jedoch mehr Menschen angehören müssen, da man auf Masse verkauft.

Die Basisstrategien sind u. a.:

a) Stellung am Markt: Marktführer oder Mitanbieter
b) Angebot: Breite Palette oder hochspezifische Waren bzw. Dienstleistung
c) Kunden: Möglichst jeden oder spezielle Gruppen
d) Preis: Billiganbieter oder Preisführer
e) Geografische Ausrichtung: Regional oder international
f) Qualität: Minderwertig, normal oder hochwertig
g) Image: Marktneutral oder offensiv
h) Wirtschaftliche Ausrichtung: kostenorientiert oder investitionsorientiert.
i) Innovation: passiv oder proaktiv
j) Dienstleistung: Standard oder premium (Abb. 7.1)

Sie sehen, die Ausrichtung ist nicht unbedingt schwarz oder weiß, sondern hat viele Graustufen. Allerdings sind viele Ausrichtungen abhängig voneinander, denn Sie können auf Dauer nicht höchste Qualität liefern und gleichzeitig der Dumpinganbieter sein. Das erwartet der Markt auch gar nicht (Abb. 7.2).

Sagen Sie es klar, knapp und präzise: In diesem Beispiel eines Restaurants mit Verkauf regionaler Produkte wird klar, dass es hochwertige Speisen gibt, die frisch zubereitet werden. Wer hier auf die Schnelle einen billigen Burger haben möchte, ist falsch. Schon der Name des Unternehmens zeigt, welche Vision dahintersteckt. Es soll alles „Sinn" machen und zudem die Sinne ansprechen. Es macht Sinn, regional zu kaufen, denn das belastet die Umwelt nicht unnötig. Es macht Sinn, frisch zu kochen, denn es ist gesünder usw.

Die Gründer dieses Unternehmens haben lange und intensiv darüber nachgedacht, was sie anbieten wollen. Dazu musste auch die Lokalität stimmen und die regionalen Anbieter die passenden Waren anbieten. Das alles war ein Prozess, der Zeit gekostet hat, aber der Erfolg, den die Gründer von Beginn an hatten, hat ihnen recht gegeben. Die Kunden fühlten sich angesprochen und kamen vom ersten Tag an.

Ausrichtung des Unternehmens

Qualität: normal ├────────┼────┤├─────┤ hochwertig

Abb. 7.1 Die Ausrichtung des Unternehmens

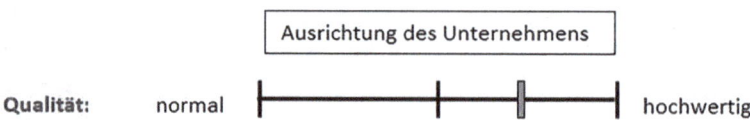

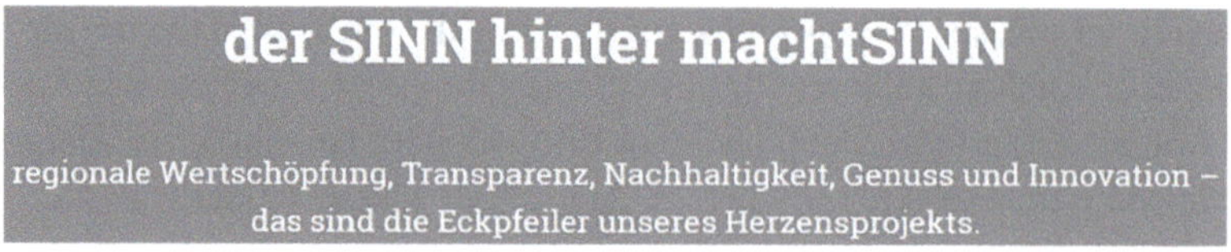

Abb. 7.2 Der Sinn

Die Fragen, die Sie sich jetzt stellen müssen, sind:

- Was will ich in den nächsten drei bis fünf Jahren erreichen?
- Wie ist Ihr Weg dahin?
- Welche Zwischenziele gibt es?

Diese Ziele müssen spezifisch, messbar, ambitioniert, realistisch und terminiert sein.

Das heißt für Sie auch, Menschen zu benennen, die verantwortlich für die Erreichung der Ziele sind. Das ist nämlich nicht immer Chefsache, sondern darf und muss delegiert werden – ohne jedoch die Kontrolle abzugeben. So machen Sie Betroffene zu Handelnden.

Warum? Ohne klare Maßnahmen und Verantwortungen für die Zielerreichung fühlt sich niemand zuständig und es kommt so viel dazwischen, dass immer alles nur aufgeschoben wird.

Und natürlich dürfen Sie, ja, Sie müssen sogar die Ziele immer mal wieder anpassen. Denn manche Ziele sind bei näherer Betrachtung unattraktiv. Dann sollten Sie nicht daran festhalten. Und gehen Sie nicht zu kleinkariert oder detailliert vor, denn damit verliert man oft den Blick für das Ganze und killt alle Visionen.

▶   Entwickeln Sie eine Strategie mit realistischen, attraktiven Zielen aus Ihrer Vision

7.5   Step 4: Erfolgreich und sichtbar – die Struktur und das System

Struktur schaffen. System und Prozesse festlegen. Das hört sich im ersten Moment nach absoluter Langeweile und überbordender Bürokratie an. Dazu wird es auch kommen, wenn Struktur, System und Prozesse um ihrer selbst willen geschaffen werden. Ein häufig entstehendes Problem, wenn Prozesse von Mitarbeitern geschrieben werden, die gar nicht selbst in diesem Prozess arbeiten bzw. keine Ahnung davon haben.

Der erste, moderne Schritt ist, dass Sie sich überlegen, wie das System des Unternehmens sein soll. Das hat etwas mit Macht und der eigenen Haltung zu tun. Gibt es klassische Hierarchien? Sind diese flach oder mit diversen Unterstrukturen?

In letzter Zeit versuchen sich manche Unternehmer an soziokratischen oder holokratischen Aufbauten. Mitunter sehr erfolgreich. Letztendlich kommt es aber nur darauf an, dass jedem Mitarbeiter ganz klar ist, wie der Aufbau in seinem Unternehmen ist und in welchen Grenzen er agieren kann und darf. „Wir machen mal und keiner kennt seine Rechte und Pflichten" ist zum Scheitern verurteilt. Damit Sie als Unternehmer Ihre Position leben können, muss auch dies gut geplant und kommuniziert werden.

▶ **Definition**
Holokratie ist ein von dem Unternehmer Brian Robertson aus Philadelphia (USA) entwickeltes Organisationssystem, bei dem Entscheidungsfindungen durch alle Ebenen hindurch transparent und partizipativ getroffen werden, bei dem die Unternehmensspitze mehr oder minder entmachtet ist.

Soziokratie ist eine Organisationsform, mit der Organisationen verschiedener Größe – von der Familie, über Unternehmen bis zum Staat – konsequent Selbstorganisation umsetzen können. Durch seine Prinzipien wird sichergestellt, dass ein Ignorieren von Spannungen strukturell vermieden wird und im Sinne von gemeinsamen Zielen nachgesteuert wird. Die Mitglieder einer Organisation entwickeln Mitverantwortung sowohl für den Erfolg des gesamten Unternehmens als für jeden einzelnen Mitarbeiter.

Wenn die Unternehmensstruktur und somit das Organigramm steht, müssen klare und verständliche Prozesse erstellt werden. Dies ist nichts anderes als die Beschreibung des Ablaufes der Tätigkeiten im Unternehmen. Wenn Sie hier schlampen, dann verschwenden Sie unnötig materielle und personelle Ressourcen. Hier ein paar Kontrollfragen:

Was soll wie gemacht werden?
Welches Ergebnis wird erwartet?
Was erwarten die Mitarbeiter, die mit dem Ergebnis des Prozesses arbeiten sollen?
Welches Ergebnis erwarten die Kunden?
Wie viele Prozesse hat ein Unternehmen?
Welche sind voneinander abhängig? Und wie?
Was sind die wichtigsten Prozesse im Unternehmen?

Diese Fragen müssen Sie als Unternehmer nicht komplett allein beantworten. Holen Sie dazu Ihre Mitarbeiter ins Boot. Und bitte nicht an den Schreibtisch mit einer vorgefertigten Prozessbeschreibung. Auch hier gilt wieder der Grundsatz der guten Atmosphäre. Eine Pinnwand und Karten sind ein probates Mittel, um Prozesse erst einmal zu erarbeiten. Sie erkennen dann auch schnell, wo es hakt.

Wenn Sie Prozesse mit den Mitarbeitern erarbeiten und die Mitarbeiter der jeweiligen Schnittstellen dazu holen, sind die Prozesse auf einmal keine Papiertiger mehr, sondern im Grunde nur Notizen für gelebte Arbeitsabläufe.

Beispiel

Nehmen wir z. B. einen Hausbau. Da erstelle ich einen Plan. Erst den Keller ausheben und Wände einziehen, bevor ich das Erdgeschoss baue. Oder erst den Elektriker die Leitungen legen lassen und dann den Maler holen, der die Wände verputzt und streicht.

Den Sinn dieser Abläufe hinterfragt niemand. ◄

Und auch bei Prozessen gilt: Immer mal wieder prüfen. Denn in jedem Unternehmen ändert sich ständig etwas und somit verändern sich die Abläufe und müssen angepasst werden, um nicht zu Papiermüll zu werden. In der Fachsprache heißt das Review.

Funktionierende Prozesse sind für den Kunden an der Qualität des Angebotes spürbar. Und Sie sehen es am Gewinn. Da Sie weniger Ausschuss und bestenfalls zufriedene Mitarbeiter haben. Sie beschäftigen Menschen, die produktiv miteinander arbeiten, statt ihre Zeit mit Streitereien und Stress zu verschleudern.

7.6 Step 5: Erfolgreich und sichtbar – die Kultur

Schon bei der Schaffung Ihrer Unternehmensvision kreieren Sie gleichzeitig die Kultur, die in Ihrem Unternehmen – nach innen und außen – gelebt werden soll. Der Umgang miteinander. Der Umgang mit dem Angebot. Der Umgang mit den Kunden. Der Umgang mit der Natur.

Sie haben automatisch eine Idee im Kopf. Diese muss nur differenziert werden.

Die große Frage ist aber: Wie bringen Sie diese Idee, Ihre Vision und damit einhergehend die Kultur in Ihr Unternehmen?

▶ **Seien Sie ein Vorbild!**

Was aber heißt das für die Praxis?

Leben Sie Beispiele vor, wie Sie Ihre Kultur verstehen. Jeden Tag. Das erfordert Disziplin und Übung. Transparenz bedeutet z. B., dass Sie offen mit der Belegschaft auch mal über Zahlen sprechen, über mögliche Risiken und Chancen. Wertschätzung heißt, dass Sie sich Zeit für Ihre Mitarbeiter nehmen und nicht nur deren Leistungen sehen, sondern auch den Menschen.

Trainieren Sie Ihre Vorbildfunktion. Das können Sie üben und umsetzen, indem Sie sich täglich selbst Aufgaben geben: Haben Sie Mitarbeiter, denen es privat nicht gut geht? Dann nehmen Sie sich bewusst Zeit für diese Mitarbeiter. Gehen Sie an einem anderen Tag bewusst auf Ihre Mitarbeiter zu und fragen Sie nach Verbesserungen. Das Gleiche gilt auch für die Kunden. Erfragen Sie bewusst Feedback. Aber bitte nicht durch einen Massenfragebogen! Hier ist Kreativität gefragt!

Wenn Sie wissen, dass Sie leicht überreagieren, dann lassen Sie bitte Ihre Launen nicht an den Mitarbeitern aus. Notfalls hängt in Ihrem Büro ein Boxsack.

Welche Werte könnte es denn in Ihrem Unternehmen geben?
Förderung von Kreativität
Offenheit und Transparenz
Wertschätzender und respektvoller Umgang
Nachhaltigkeit
Förderung von Ideen und Feedback
Agilität
Mitbestimmung
Verlässlichkeit
Aufrichtigkeit ◀

Wenn bei Ihnen z. B. Mitbestimmung, Offenheit und die Förderung von Ideen auf der Werteliste stehen, ist es notwendig, dass Sie die Mitarbeiter auch bei der Entwicklung der Werte mitbestimmen lassen. Zudem erhöht dies die Akzeptanz der Unternehmenskultur und die Bereitschaft, diese auch zu leben.

Die Kultur des Unternehmens ist nicht nur für Sie, sondern auch für die Mitarbeiter Übungssache. Ermutigen Sie Mitarbeiter, die (manche) Unternehmenswerte bereits leben, oder erkenntnisreiche Dinge dazu erlebt haben, zum sog. Storytelling. Das ist die beste und einprägsamste Wissensvermittlung, die es gibt.

Das kann eine Geschichte über einen Unternehmer sein, der durch sein eigenes Verhalten jede mühsam aufgebaute Kultur innerhalb weniger Minuten wie ein Kartenhaus zusammenfallen lässt. Es kann aber auch die Story sein, wie ein Mitarbeiter durch eine Idee einen kompletten Change im Unternehmen ausgelöst hat, und so den Unternehmenswert enorm steigerte. Oder einfach nur eine Geschichte darüber, dass man sich über die Karte und die Schokolade zum Geburtstag gefreut hat. Die moderne Technik macht es möglich, z. B. ein simples Video. Frei nach dem Motto: „Tue Gutes und rede darüber." Durch diese – auf den ersten Blick – banalen Storys bewirken Sie eine Veränderung im Verhalten. Denn jeder hält sich automatisch den Spiegel vor.

Und auch Sie sollten die Story Ihrer Vision erzählen. Nutzen Sie dieses Mittel, um Menschen dafür zu begeistern, Ihnen zu folgen. Übrigens: Zahlen, Daten und Fakten begeistern eventuell einen Bilanzbuchhalter, aber nicht die Massen.

Manchmal ist Führung auch unsexy: Wenn jemand dauernd gegen alle Werte verstößt oder aber weder zur Vision noch zur Zielgruppe passt, dann passt dieser Mensch nicht zu Ihrem Unternehmen. Konsequenz kann in solchen Fällen schmerzhaft sein. Lassen Sie hier die Transparenz nicht aus den Augen und erklären Sie den Schritt. Ihre Mitarbeiter werden es Ihnen danken.

7.7   Step 6: Erfolgreich und sichtbar – die Messlatte

Wenn Sie alle Schritte befolgt haben, dann steht Ihrem erfolgreichen Unternehmen nichts mehr im Weg.

Nun kommen wir auf den ersten Grund zurück, warum Unternehmen bankrottgehen. Der Unternehmer kennt seine Zahlen nicht. Oder er versteht sie nicht.

Neben den betriebswirtschaftlichen Zahlen, die Sie alleine schon aus steuerlichen Gründen erheben müssen, geht es hier auch um die Ergebnisse Ihrer Prozesse. Ist Ihr System leistungsfähig? Haben Sie Kennzahlen, die Ihnen frühzeitig zeigen, dass etwas im Unternehmen in Schieflage geraten ist?

Prüfen Sie Ihr System, ob es wirklich funktioniert. Dazu schauen Sie Ihr Vorgehen an, das sich im großen Ganzen im Prozess widerspiegelt. Ist dieser Prozess so, dass er die Vision des Unternehmens und die Strategie unterstützt? Hier ein paar Fragen zu Reflektion:

Wird nach dem Prozess gearbeitet oder ist er ein Papiertiger?

Wird das System und mit ihm alle Prozesse angepasst, wenn nötig?

Ist Flexibilität möglich?

Was sagen denn die Kennzahlen aus? Gibt es enorm viele Beschwerden, die zeigen, dass dem Angebot die nötige Qualität fehlt?

Produzieren Sie extrem viel Ausschuss?

Lernen Sie aus Ihren Kennzahlen?

Verbessern Sie Ihr Angebot und Ihr System anhand der Kennzahlen?

Gerade hier werden viele Fehler gemacht. Es werden Kennzahlen ermittelt, mit denen man nichts anfangen kann. Zum Beispiel „Anzahl der Rückmeldungen". Die Zahl alleine sagt gar nichts aus, denn es können positive und negative Rückmeldungen sein.

Warum ist das Messen so wichtig?

Beispiel

Ich habe ein Unternehmen beraten, in dem der Unternehmer der Meinung war, dass alle Mitarbeiter hochzufrieden sind. Ein kurzer Blick auf die Kennzahlen zeigte aber eine hohe Fluktuation und einen recht hohen Krankenstand. Der Unternehmer hatte Führungskräfte befragt, die als Grund nannten, dass die Mitarbeiter sich weiterentwickeln wollten oder umgezogen seien. Ein Bestandteil der Kultur dieses Unternehmens war „Wertschätzung". Das Ergebnis einer Mitarbeiterbefragung hat dann viele Führungskräfte in Schockstarre versetzt. Die Mitarbeiter fühlten sich in keiner Weise wertgeschätzt. Danke schien ein Fremdwort zu sein. Bei Beförderungen wurde nach Nase entschieden und bei Stress innerhalb der Belegschaft schaute die Führung weg. Der Unternehmer jammerte nur, dass er zu viel zu tun habe und er alles erledigen müsse. Die Führungskräfte gaben als Rückmeldung, dass sie im Berufsalltag keine Zeit für Führungsaufgaben hätten und diese sowieso überbewertet würden.

Die Konsequenz konnte man dann an weiteren Kennzahlen ablesen: Unzufriedene Kunden, die als Feedback gaben, dass die Mitarbeiter einen überlasteten, genervten und unfreundlichen Eindruck machen. Zielvorgaben der Mitarbeiter wurden nicht erreicht. Mitarbeitergesprächen fanden nur zu 60 % statt. Die Liste ist noch sehr lang.

Es zeigt aber eines sehr deutlich, es wurde aus dem Bauch heraus gemessen. Kennzahlen wurden erhoben, aber nicht wirklich bewertet. Gesteuert wurde gar nicht. Ganz bedeutend: Der Unternehmer hat selbst mitgearbeitet und nicht gesteuert und gelenkt. Die Führungskräfte waren keine Führungskräfte, sondern Vorgesetzte. Wo ist der Unterschied? Führungskräfte führen und haben Messmittel zum Steuern und Vorgesetzte sitzen einfach nur vorne. ◄

Bei Messungen müssen Sie nicht nur prüfen, ob alles wie geplant läuft. Sie müssen sich auch mit anderen vergleichen und dabei den Fokus auf die Zukunft Ihrer Vision richten. Fragen hierzu sind:

Gibt es Veränderungen im Markt, auf die Sie reagieren müssen?
Passt Ihre Vision noch oder müssen Sie diese und auch die Strategie anpassen oder ihr einen neuen Schub geben?
Ist die Kultur noch die richtige?
Was ist mit Ihrer Zielgruppe? Muss diese erweitert oder verkleinert werden?

Sie sehen: Ein erfolgreiches Unternehmen ist in Bewegung und die einzelnen Schritte bilden einen Kreis.

Wenn Sie die oben genannten Schritte beherzigen, dann schaffen Sie es in die Top-Liga und das mit den Werkzeugen des Qualitätsmanagements und des EFQM-Modells, dass ich Ihnen in diesem Artikel einfach nur übersetzt habe.

Weiterführende Literatur

Merath, S. (2008). *Der Weg zum erfolgreichen Unternehmer*. Offenbach: Gabal.
Moll, A., & Saousen, K. (2019). *Excellence-Handbuch, Grundlagen und Anwendung des EFQM Modells 2020*. Kissing: Bavaria.

Gabriele Janetz verankert Themen wie Qualitäts-, Prozess-, Projektmanagement und Führung in Unternehmen – und verbindet diese mit Spaß.

Ihre Passion: Management als integrierter Bestandteil von Leadership.

Seit vielen Jahren unterstützt sie Unternehmer bei der Umwandlung ihrer Ideen in erfolgreiche Unternehmen. Sie unterstützt bei der Strukturierung von Firmen und Projekten, damit aus Papiertigern gelebter Spaß an der Arbeit wird. Mitarbeiter als Fans ihres Unternehmens. Menschen mit gesunder Life-Balance, die sich mit ihrer Aufgabe identifizieren – und eine haben.

Zu ihren Projekten zählen Kliniken und Ärzte ebenso wie Hotels und Veranstalter von Großevents. Denn exzellente Führung mit funktionierenden Strukturen ist überall das Thema.

Bei Großveranstaltungen zeigt sie auch schon mal vor Ort, wie echtes Leadership in der Praxis funktioniert.

Als zertifizierte Qualitätsmanagerin, Auditorin, EFQM-Assessorin, TQM-Coach, Risikomanagerin und Projektmanagerin bringt sie reichlich Fachexpertise und Erfahrung – auch aus ihren eigenen Unternehmen – mit.

Ihr Motto: Das Leben ist zu kurz für stressige oder langweilige Arbeit!

Mehr Informationen unter: www.gabriele-janetz.de

Nehmen Sie sich Ihre Bühne!

Wie Du angstfrei und authentisch auftrittst und damit erfolgreich bist

8

Monika Schubert

Inhaltsverzeichnis

Zusammenfassung

Eine Beispielgeschichte als Zusammenfassung, worum es in meinem Buchbeitrag geht: Sie ist aufgeregt und nervös. Gleich wird sie aufgerufen. Der Saal der Hamburger Elbphilharmonie ist bis auf den letzten Platz gefüllt. Sie wird einen Vortrag zu Digital Leadership halten. Ein Anflug von Selbstzweifel lässt sie kurz schaudern. Dann steht sie auf, strafft sich, lächelt in sich rein und geht auf die Bühne. Noch vor einigen Jahren wäre das für Ricarda undenkbar gewesen. Sie ist vor jeder

M. Schubert (✉)
Berlin, Deutschland

© Springer Fachmedien Wiesbaden GmbH, ein Teil von Springer Nature 2020   123
P. Buchenau (Hrsg.), *Chefsache Sichtbarkeit,* Chefsache,
https://doi.org/10.1007/978-3-658-30606-9_8

noch so kleinen Präsentation tausend Tode gestorben. Vor anderen Menschen zu sprechen, war für sie eine Qual, und sie war mit ihren Vorträgen nie zufrieden. Sie hat andere bewundert, die mitreißende und lebendige Vorträge hielten. Sie selbst glaubte von sich, dass sie dafür nicht geeignet sei. Zu introvertiert, zu schüchtern, zu unsicher, nicht charismatisch genug. Jetzt steht sie als gefeierte Rednerin auf der Bühne. Elegant, sicher und locker erzählt sie ihre Geschichte. Die Menschen lauschen ihr gebannt. Sie ist ganz nahbar, charmant und lacht. Es gelingt ihr, die Aufmerksamkeit aller im Saal zu fesseln. Dann ist sie fertig. Tosender Beifall brandet auf. Sie steht da, dankbar und glücklich. Wie hat sie das geschafft? Wie ist es dieser scheuen Frau gelungen, ihre Ängste zu überwinden? Was hat dazu geführt, dass Ricarda heute locker und souverän auftritt und andere authentisch begeistern kann? Und wie kann Ihnen das ebenfalls gelingen?

8.1   Einleitung

Ich führe Sie auf den nächsten Seiten durch folgende Kapitel:

1. **Die Sichtbarkeitskiller**
   Wir decken Ängste und Glaubenssätze auf und schauen uns die Monster an, die uns vor Nervosität schlottern lassen und unsere Ausstrahlung blockieren.
2. **Ihr ganz persönlicher Wow-Effekt**
   Sie erkennen die Strahlkraft Ihrer Persönlichkeit und spüren, wie Sie Ihr Licht anknipsen können.
3. **Die Hauptrolle spielen**
   Sie verstehen die Kraft Ihrer inneren Werte und Träume und gehen für Ihre Bestimmung los.
4. **Jede Bühne füllen**
   Sie lernen nützliche Werkzeuge, um Körper, Atem und Stimme zu ölen. So sind Sie jederzeit bereit zu sein, das Wort zu ergreifen.
5. **Authentisch begeistern**
   Sie erfahren die Kunst, im Moment zu sein und wie Sie mit Humor und Begeisterung die Herzen der Menschen erreichen.

8.2   Die Sichtbarkeitskiller

Lassen Sie uns in diesem Kapitel alles anschauen, was Sie daran hindert, locker und leicht aufzustehen, das Wort zu ergreifen und Sie Ihre Bühne zu nehmen. Lassen Sie uns die Monster anschauen:

Bekannt?

Ich bin steif und verkrampfe.

Ich bin nicht gut genug.

Ich habe keine Ausstrahlung.

Was denken die anderen von mir (Abb. 8.1). ◄

Bekannt?

Ich bin total langweilig.

Ich habe Lampenfieber und bin nervös.

Das ist mir total peinlich.

Ich fühl mich sauunwohl. vor anderen zu stehen (Abb. 8.2). ◄

Bekannt?

Wenn alle mich ansehen, will ich im Boden versinken.

Ich kann das nicht.

Ich will da ganz schnell wieder weg.

Ich komme mir doof vor.

Hilfe (Abb. 8.3)! ◄

Abb. 8.1   Der Horror-Smiley.
(Alle Grafiken: Heeg Heike,
www.c-hochdrei.de)

Abb. 8.2 Der Verstecken-Smiley. (Alle Grafiken: Heeg Heike, www.c-hochdrei.de)

Abb. 8.3 Der Schämen-Smiley. (Alle Grafiken: Heeg Heike, www.c-hochdrei.de)

8.3   Die Angst hat uns am Wickel

Wir alle haben Angst vor Verletzung. Ob beruflich oder privat. Denn wir alle haben Erfahrungen gemacht, die uns verletzt haben, meist von Menschen, die wir nahe an uns rangelassen haben oder denen wir sogar vertraut haben. Daher haben wir verschiedenste Strategien entwickelt, wie wir Verletzung und Ablehnung vermeiden können. Einige der gängigsten sind:

Wir halten uns die anderen vom Leib.
Wir bleiben auf Distanz.
Wir vermeiden es, Schwäche zu zeigen, um uns nicht angreifbar zu machen.

Wenn Sie aufstehen und sich vor andere hinstellen, um etwas zu sagen, kannst können Sie sich nicht mehr schützen. Sie sind ausgeliefert wie auf dem Präsentierteller. Sie können sich auch nicht sicher sein, was die anderen denken, ob sie Ihnen gut oder schlecht gesonnen sind. Alle können Sie sehen, beurteilen, kritisieren, ablehnen, mit Tomaten bewerfen und verletzen. Die Situation entzieht sich Ihrer gewohnten Schutz-kontrolle, denn Sie sind aus Ihrer Komfortzone herausgetreten.

Sie sind zwar aufgestanden, aber der Reflex, sich zu schützen und keine Schwäche zu zeigen, bleibt. Das führt dazu, dass Sie vermeiden, sich letztendlich ganz zu zeigen. Der Körper ist verschlossen. Sie zeigen wenig Emotion. Sie halten sich zurück. Da diese Haltung im beruflichen Kontext sehr oft vorkommt, denken mittlerweile viele Menschen, dass professionelles Auftreten bedeutet, sie müssten emotionslos, kalt, sachlich, unnah-bar und nüchtern sein.

Das ist ein Teufelskreis. Wenn Sie sich bei einer Präsentation, auf der Bühne oder im Bewerbungsgespräch nicht wohlfühlen, weil Sie sich schützen und nicht angreifbar sein wollen, dann strahlen Sie diese Angst und Unsicherheit auch aus. Sie können andere Menschen dann nicht mitreißen, weil Sie ständig mit Ihrer eigenen Gefühlslage beschäftigt sind und am liebsten so schnell wie möglich wieder aus der Sichtbarkeit ver-schwinden möchten.

Ich werde Ihnen im Verlauf dieses Beitrages aufzeigen, welche konkreten Techniken Ihnen helfen können, mit diesem Dilemma umzugehen und den Teufelskreis zu durch-brechen.

An dieser Stelle möchte ich Ihnen folgende Gedankenanstöße geben:
Schauen Sie sich Ihre Ängste an. Wie fühlen sie sich an und welche Gedanken stehen
    dahinter? Seien Sie dabei ehrlich zu sich.

Machen Sie sich bewusst, dass es ein Schutzreflex ist, der Sie zurückhält.

Fragen Sie sich, was könnte schlimmstenfalls passieren, wenn Sie sich zeigen:

Werden Sie wirklich mit Tomaten beworfen?

Verlieren Sie Ihren Job?

Lachen Sie die anderen aus?

Was sind Ihre schlimmsten Befürchtungen?

Was könnte passieren, wenn Sie sich zeigen und Sie sich Ihren Ängsten stellen?

Können Sie eine neue Erfahrung machen?

Sind Sie dann lockerer und machen einfach Ihr Ding?

Vielleicht könnte es Ihnen ja sogar Spaß machen?

Ängste machen uns auf unsere Verletzbarkeit und Dünnhäutigkeit aufmerksam. Sie wollen, dass wir uns um uns kümmern. Sprechen Sie mit ihnen. Fragen Sie sie, was sie brauchen. Hören Sie ihnen zu. Sie können in einen liebevollen Kontakt zu ihnen gehen und sie werden sich Ihnen anvertrauen.

Solange Sie sie nicht sehen wollen, sie Sie stören oder Sie sie weghaben wollen, werden sie Sie quälen und Sie jagen. Die beste Art mit ihnen umzugehen ist, sie liebevoll wie ein kleines, verletzliches Kind in den Arm zu nehmen. Dann werden sie sanft und zart.

▶   **Das ist befreiend.**

8.4   Ihr ganz persönlicher Wow-Effekt

In diesem Kapitel geht es darum, dass Sie sich Ihrer Einzigartigkeit bewusst werden.

Die wenigsten Menschen sind sich ihrer einzigartigen Strahlkraft bewusst.

Wir vergleichen uns ständig mit anderen und in diesem Vergleich schneiden wir meistens schlechter ab: Wir denken, dass wir nicht so gutaussehend, nicht so erfolgreich, selbstbewusst, cool, kompetent oder unterhaltsam sind wie andere. Wir können den eigenen Selbstwert ohne äußerliche Attribute selten formulieren. Wir definieren uns über Leistung, Kompetenzen, Titel, Status, Einkommen, Position, manche auch über den Partner oder das Auto. Wir glauben, dass wir andere beeindrucken müssen, um geliebt zu werden. Wir müssen etwas darstellen, um jemand zu sein.

Wäre es nicht großartig, wenn Sie sich Ihrer einzigartigen Schönheit und Größe bewusst sind und sich gestatten können, einfach Sie selbst zu sein? Was bringen Sie mit, wenn Sie zur Tür reinkommen und niemand weiß, wer Sie sind oder was Sie machen. Was traut man Ihnen zu, ohne Sie weiter zu kennen oder warum lieben Menschen Sie auf den ersten Blick?

Für Schauspier ist dieses Bewusstsein zwingend notwendig, denn sie werden aufgrund ihrer Persönlichkeit besetzt und nur zweitrangig aufgrund ihres Könnens. Ihr Können ist die notwendige Voraussetzung, die man von ihnen erwartet, aber kein Besetzungsgrund. Besetzt werden sie, weil sie mit ihrer Persönlichkeit, ihrem Aussehen, ihren Gefühlen, ihrem Sein eine geschriebene Figur zum Leben erwecken. Sie geben ihnen das „gewisse Etwas", wecken Sehnsüchte, sind Identifikationsfiguren und können, einfach weil sie so sind, durch ihre Figuren verzaubern, zumindest für zwei Kinostunden. Denken wir nur an die Stimme der Marlene Dietrich, den Blick von Marlon Brando oder das Lächeln von Julia Roberts.

Wenn Schauspieler beruflich Erfolg haben wollen, müssen sie wissen, was ihr persönlicher Wow-Effekt ist, welche Projektionen sie auslösen und was so faszinierend an ihnen ist, dass Millionen von Zuschauern nur wegen ihnen ins Kino gehen.

Wenn sie diese Aspekte nicht kennen oder nicht akzeptieren, weil sie wegen ihrer schauspielerischen Leistung besetzt werden wollen und nicht aufgrund ihrer Ausstrahlung, bleiben sie unsichtbar. Sie wissen nicht, was sie einzigartig macht und sie strahlen es daher auch nicht aus. Das nenne ich den „Burka-Effekt". Menschen, die sich ihrer Einzigartigkeit nicht bewusst sind, laufen rum wie unter einer Burka. Man sieht sie nicht.

Den Wow-Effekt hat jeder Mensch. Er ist keine Besonderheit von Filmstars. Ein Star ist das Produkt filmischer Inszenierung, sorgfältiger Imagepflege und kommerzieller Maschinerie. Den Wow-Effekt haben die jeweiligen Schauspieler mitgebracht, quasi von Geburt auf.

Was ist Ihr Julia-Roberts-Lächeln oder Ihr Marlon-Brando-Blick?

Oder anders ausgedrückt, was sind die dominanten Aspekte Ihrer Persönlichkeit?

Es gibt verschiedene Möglichkeiten, darüber mehr Klarheit zu bekommen. Stellen Sie sich selber die Frage:

Was macht mich aus?
Was sind meine besonderen Eigenschaften und Fähigkeiten?

Machen Sie sich selber ein Bild von sich.
Sie können dafür auch Bilder und Assoziationen verwenden, wie zum Beispiel:

Wenn meine Persönlichkeit eine Farbe wäre, welche Farbe wäre ich dann?
Wenn meine Persönlichkeit ein Tier wäre, welches Tier wäre ich dann?
Wenn meine Persönlichkeit eine berühmte Persönlichkeit, Kindheitsheld wäre, wer wäre ich dann?

Schreiben Sie zu allen Aspekten drei Eigenschaften und drei Fähigkeiten auf und schauen Sie mal, welche Aspekte immer wieder vorkommen.

Fragen Sie Ihre Freunde und Ihre Familie, was sie besonders an Ihnen schätzen. Wie zum Beispiel:

Welche Eigenschaften und Fähigkeiten machen mich aus?
Was denkt Ihr denn, welche Farbe, Tier, Land, berühmte Persönlichkeit, Kindheitsheld meiner Persönlichkeit entspräche?

Auch dafür können Sie die oben genannten Bilder und Assoziationen verwenden.

Vergleichen Sie die Aspekte, die Sie selber gefunden haben, mit dem, was Ihnen Ihre Freunde mitgeteilt haben und legen Sie sie nebeneinander:

Welche Eigenschaften und Fähigkeiten tauchen immer wieder auf?
Ist es Ihre Herzlichkeit oder Ihre Strukturiertheit?
Können Sie gut zuhören oder sind Sie eher der Unterhalter?
Sind Sie mutig oder besonnen?
Sind Sie eine Beschützerin oder eine Kämpferin, ein Abenteurer oder ein Stratege?

Es geht darum, dass Sie ein Gefühl für sich bekommen, wie Sie auf andere wirken.
Ich weiß, das ist alleine nicht so leicht. Jeder hat sich selber gegenüber einer Menge blinder Flecken und es ist einfacher, das in einem Workshop oder Coaching zu bearbeiten und macht außerdem auch mehr Spaß. Trotzdem möchte ich Sie ermutigen, sich die Fragen selber zu stellen und ein Gefühl für sich zu entwickeln. Denn wenn Sie zu sich stehen, sich annehmen, so wie Sie sind, wenn Sie wissen, was Sie liebenswert und attraktiv macht, dann können Sie das auch ausstrahlen. Sie wirken authentisch und die Menschen vertrauen Ihnen.

Praxisbeispiel 1

Vor ein paar Jahren kam eine junge Schauspielerin zu mir. Sie war ganz verzweifelt und wusste nicht mehr, was sie machen sollte. Sie war jung, talentiert, gutaussehend, hatte eine gute Agentur und wurde oft zum Casting eingeladen. Doch es klappte nie. Die Begründungen waren: Wir fanden Dich schon gut, aber Deine Stimme passt irgendwie nicht oder Du warst toll, aber Deine Haare passen nicht zur Figur. Das Auffällige bei den Begründungen war, dass immer irgendetwas an ihrem äußeren Erscheinungsbild nicht stimmte. Das hatte die Schauspielerin so verunsichert, dass sie selber gar nicht mehr wusste, wer sie ist und wie sie wirkte. Wir arbeiteten eine Weile zusammen und sie machte sich bewusst, was die dominanten Aspekte ihrer Persönlichkeit sind und formulierte es so:
„Ich bin eine ehrgeizige, leidenschaftliche Prinzessin."
Sie war froh über diese Klarheit. Sie sagte: „Jetzt gehe ich einfach los, zeig mich und mach mein Ding."

Bald wurde sie wieder zum Casting eingeladen. Sie wurde noch am gleichen Tag für die Rolle genommen. Besonders witzig war dabei die Bemerkung: „Aber die Haare färbst Du Dir bitte blond."

Die junge Frau hatte die ganze Zeit versucht, die Erwartungen der Besetzer zu bedienen und sich dabei nicht gezeigt. Daher die merkwürdigen Rückmeldungen in Bezug auf ihr Äußeres. Etwas stimmte nicht. Das Innere und das Äußere passten nicht zusammen. Als sie damit aufhörte, die Erwartungen der anderen erfüllen zu wollen und verstanden hatte, was die Dominanz ihrer Ausstrahlung ist, konnte sie einfach ihr Ding machen und mit ihrer ganzen Persönlichkeit überzeugen. ◄

Praxisbeispiel 2

Bei einer anderen Gelegenheit kam eine Dozentin zu mir. Sie bereitete sich auf einen Vortrag vor, um an der Hochschule für Musik eine Professur zu bekommen. Sie haderte mit ihrer Schüchternheit. Sie hatte ein bestimmtes Bild davon, wie ein guter Vortrag auszusehen hat und wie sie selber dabei sein müsste. Dummerweise passte das Bild von dem, wie sie sein wollte und wie sie tatsächlich war, überhaupt nicht zusammen. Daher kam sie zu mir, mit der Hoffnung, dass ich ihr behilflich sein könnte, so zu agieren, wie sie es sich in ihrer Idealvorstellung wünschte. Durch unsere Arbeit ist es ihr gelungen, ihre Schüchternheit anzunehmen und zu erkennen, dass sie aufgrund ihrer zurückhaltenden Art sehr bezaubernd und charmant wirkt. Jetzt konnte sie sich auf das konzentrieren, was wirklich wichtig war, nämlich die Begeisterung für Monteverdi. Das hat sie so befreit, dass sie am Ende ihren Vortrag sogar frei gehalten hat. Natürlich hat sie die Professur auch bekommen. ◄

Der persönliche Wow-Effekt ist kein Ergebnis eines Selbstoptimierungsprozesses. Sie können ihn nicht trainieren, operieren oder kaufen. Ihre bezaubernde einzigartige Ausstrahlung passiert einfach, wenn Sie sich annehmen, wie Sie sind mit Ihren Ecken und Kanten, Ihren Macken und Schwächen. Wenn Sie sich selber lieben und wertschätzen können. Wenn Sie erkennen, dass Sie ein wunderbares, entzückendes, liebenswertes Wesen sind und ein Geschenk für die Welt. Dann knipsen Sie Ihr Licht an und strahlen.

Sie hadern nicht mehr mit sich selber, sondern möchten Ihr Potenzial in die Welt bringen und sichtbar machen. Sie stehen auf, weil Sie etwas zu sagen haben. Sie möchten sich einbringen, gestalten und sich verwirklichen. Sie wollen Ihr Ding machen.

Ricarda hat erkannt, dass es gerade die Mischung aus Zurückhaltung, Eleganz und Empathie ist, die ihren persönlichen Wow-Effekt ausmacht. Dadurch, dass das für sie ganz selbstverständlich ist, geht sie jetzt auf die Bühne und versucht nicht mehr, jemand anderes zu sein, sondern zeigt sich.

Auch Sie können das erkennen und die Perspektive auf sich grundsätzlich ändern:

Hören Sie auf, sich mit anderen zu vergleichen.
Erkennen Sie Ihre Einzigartigkeit.
Nehmen Sie sich an.

Das klingt schrecklich banal. Und doch liegt gerade darin die größte Herausforderung, denn es geht um Selbstliebe. Ich nenne es auch:

„Die Kunst sich selbst in und auf den Arm nehmen zu können."

Probieren Sie es einfach mal aus:

Sobald Sie bemerken, dass Sie sich wieder mal mit anderen vergleichen, nehmen Sie es wahr, lächeln sich an oder zwinkern sich zu.
Wenn Sie sich mal wieder über sich ärgern und streng zu sich sind, halten Sie ein, seien Sie gnädig mit sich, nehmen sich in den Arm und trösten sich.

Selbstliebe ist nichts anderes, als das eigene innere Licht zu sehen und dafür Sorge zu tragen, dass es strahlen kann. Das ist das Wesen Ihres persönlichen Wow-Effekts (Abb. 8.4).

Abb. 8.4 Der Wow-Effekt-Smiley. (Alle Grafiken: Heeg Heike, www.c-hochdrei.de)

8.5   Die Hauptrolle spielen

Wir lieben Menschen mit einer klaren und authentischen Ausstrahlung. Sie überzeugen uns, weil sie für etwas einstehen. Sie sind sichtbar und wir vertrauen ihnen.

Wofür stehen Sie ein?
Wofür brennen Sie?
Was wollen Sie hinterlassen?
Welche Rolle wollen Sie spielen?

Wir schauen uns in diesem Zusammenhang die Bedeutung von Werten, Mission und Vision an und welche Auswirkungen diese auf Ihre persönliche Sichtbarkeit haben.

Die meisten Menschen sind sich ihrer Werte nicht bewusst. Der Grund dafür ist, dass sie nie darüber nachgedacht haben, was ihnen wichtig ist. Wenn Sie sichtbar sein möchten und als authentische Persönlichkeit wahrgenommen werden wollen, brauchen Sie Klarheit in Bezug auf Ihre Werte und eine eigene Vorstellung darüber, wie Sie glücklich und erfüllt leben wollen. Es gilt die Frage nach der eigenen Bestimmung zu klären und die Hauptrolle im eigenen Leben zu spielen.

Was ist Ihre Mission
Alle Helden und Heldinnen sind von Werten angetrieben und haben eine Mission, für die sie kämpfen: Gerechtigkeit, Freiheit, Verbundenheit, Wissen, Menschlichkeit etc.

Werte sind Ausdruck unserer Mission und bestimmen unsere Entscheidungen. Eine Mission ist eine Art innerer Kompass. Sie gibt Orientierung, Inspiration, Motivation, Klarheit und Kraft:

Orientierung
Jeden Tag treffen Sie große und kleine Entscheidungen. Werte geben Ihnen dafür Maßstäbe und helfen Ihnen, sich auszurichten. Das zeigt sich bei der Partnerwahl oder dem Kauf eines Buches genauso wie bei beruflichen Entscheidungen.

Inspiration
Was auch immer Sie gestalten wollen, Ihre nächste Präsentation, die Strategie Ihrer Karriere oder einen Pressetermin. Sie entwickeln aufgrund Ihrer Werte kreative Ideen und finden Lösungen, die Ihnen entsprechen.

Motivation
Warum stehen Sie morgens auf? Was begeistert Sie an dem, was Sie tun? Was berührt Ihr Herz und zaubert Ihnen ein Lächeln ins Gesicht? Und was motiviert Sie auch in Krisen und Durststrecken? Das Wissen tief in Ihrem Herzen. Das Wissen, wofür Sie brennen und was Sie antreibt.

Klarheit

Wenn Sie wissen, wofür Sie stehen, können Sie sich auch authentisch kommunizieren und müssen sich nicht die ganze Zeit den Kopf darüber zerbrechen, was die anderen wohl von Ihnen erwarten und sich versuchen anzupassen. Sie können und wollen zu sich stehen. Das gibt Selbstbewusstsein.

Kraft

Werte geben Ihnen die Kraft, Krisen zu meistern und sich großen Herausforderungen mutig zu stellen. Sie lassen sich von Ängsten und Zweifeln nicht abhalten, Ihren Weg zu gehen und Ihre Bestimmung zu leben.

Unser Leben ändert sich und so auch das Verhältnis zu unseren Werten. Wir kommen im Laufe des Lebens immer wieder an Punkte, wo es notwendig ist, zu überprüfen, wofür gehe ich los. Was ist mir wirklich wichtig? Als junger Mensch waren vielleicht Abenteuer und Freiheit bedeutsame Maßstäbe. Später werden Sicherheit, Familie und Karriere wichtiger. Sind die Kinder aus dem Haus, kann sich alles noch mal grundlegend ändern.

Daher ist es gerade in Zeiten des Um- und Aufbruchs notwendig, die eigene Mission neu zu definieren, und zu klären, wofür Sie losgehen und wofür Sie stehen. Hier ein paar Impulsfragen:

Was treibt Sie an?
Für welche Werte gehen Sie los?
Was ist Ihre höhere Bestimmung?
Wie wollen Sie sie erreichen?
Wofür wollen Sie wahrgenommen werden?

Ricarda hat für sich herausgefunden, dass „Wachstum" und „Begeisterung" ihre zentralen Grundwerte sind. Das hat zu einem veränderten Selbstverständnis ihres Führungsstils geführt. Es gibt ihr die Kraft, Veränderungsprozesse auf den Weg zu bringen und auch unbequeme Entscheidungen zu treffen. Sie kann ihr Team motivieren und dafür begeistern, Neues zu wagen, indem sie es selber vorlebt. Sie hat einen inneren Kompass. Ihre Mission war es letztendlich auch, die ihr den Mut gegeben hat, sich mit ihren Ideen sichtbar zu machen und auf die Bühne zu gehen.

Jeder Mensch hat eine Berufung im Leben. Das drückt sich auch in unseren Träumen aus und gibt uns die Kraft, große Schwierigkeiten zu bewältigen. Und dann werden Helden geboren.

Was sind Ihre Träume?

Mahatma Gandhi träumte von einem freien Indien. Mit gewaltfreiem Widerstand und zivilem Ungehorsam führte er die Unabhängigkeitsbewegung an. Dadurch kam es zum Ende der britischen Kolonialherrschaft in Indien.

Margarete Steiff war seit ihrem zweiten Lebensjahr an den Rollstuhl gefesselt. Das bedeutete im 19. Jh. kaum Aussicht auf ein selbstbestimmtes Leben. Doch genau das war ihr Traum, für den sie alles in Bewegung setzte. Sie wurde mit ihrer Spielzeugwaren-firma zu einer der größten Unternehmerinnen ihrer Zeit.

Visionen sind kein Grund zum Arzt zu gehen, sondern Traumbilder, die uns wichtige Informationen geben, wie wir uns ein glückliches und erfülltes Leben vorstellen. Sie zeigen uns auf, was an Glück und Erfüllung in unserem Leben schon existiert und wofür wir Sorge tragen müssen, damit wir unser Leben glücklich gestalten können.

Ich lasse meine Klienten gerne Traumbilder malen und analysiere sie dann mit ihnen, um herauszufinden, wohin sie sich entwickeln möchten und was ihnen wirklich wichtig ist. Ich stelle dabei gerne die Frage, was auf diesem Bild schon existiert und was nicht. Das kann dann auch zu radikalen Entscheidungen führen, so wie im Fall einer Klientin, die alle Zelte abgebrochen hat und nach Los Angeles ausgewandert ist. Ihr Traumbild war so klar, wo sie leben und arbeiten möchte, dass sie daran nicht mehr vorbeisehen konnte.

Andere erkennen, dass alles Glück, was sie sich wünschen, in ihrem Leben schon komplett vorhanden ist: Partner, Kinder, Beruf. Das bringt sie dazu, dankbar und wert-schätzend damit umzugehen. Dadurch können sie Zufriedenheit entwickeln: „Es muss gar nicht immer mehr sein. Es ist gut so, wie es ist."

Einmal stand eine Klientin ein Jahr nach unserer gemeinsamen Arbeit vor meiner Tür und zeigte grinsend auf ihren sich leicht wölbenden Bauch mit den Worten:

„Schau mal, Vision."

Wenn Sie das Bild Ihres glücklichen Lebens kennen, können Sie die Hauptrolle darin spielen. Sie gestalten Ihr Leben, Sie wissen, was Ihnen wichtig ist und sind in der Lage, dafür Sorge zu tragen. Ähnlich wie Ihre Mission, geben Ihnen Ihre Träume innere Orientierung und Kraft.

Wie wollen Sie sich einbringen?
Was wollen Sie vorleben?
Was wollen Sie weitergeben?

Ricarda hat für sich herausgefunden, dass es Teil ihrer Vision ist, die Angst zu überwinden und sich zu trauen, rauszugehen und ihr Ding zu machen. Für sie war es ein wichtiger Schlüssel, dass sie das nicht für sich alleine macht, sondern für ihre Tochter und alle jungen Frauen, damit auch die für sich einstehen, sich zeigen und sichtbar werden. Die Kraft dieser Vision hat ihre Angst und Unsicherheit besiegt. Es gibt etwas, das größer und wichtiger ist, für das es sich lohnt einzustehen und über sich hinauszuwachsen.

Jeder von uns kann innerhalb seiner Möglichkeiten heldenhaft handeln und die Hauptrolle spielen. Sagte Nelson Mandela und zitierte dabei aus Marianne Williamsons „Return to Love".

> „Unsere tiefste Angst ist nicht, dass wir unzulänglich sind, unsere tiefste Angst ist, dass wir unermesslich machtvoll sind. Es ist unser Licht, dass wir fürchten, nicht unsere Dunkelheit. Wir wurden geboren, um die Herrlichkeit zu verwirklichen, die in uns ist. Sie ist nicht nur in einigen von uns – sie ist in jedem Menschen."
> (Williamson M. (2019))

8.6   Jede Bühne füllen

In diesem Kapitel erfahren Sie die drei goldenen Regeln für Ihre Bühnenpräsenz. Ich gebe Ihnen konkrete Werkzeuge in die Hand, wie Sie mit einem sicheren und souveränen Auftreten jeden Raum füllen können. Diese Techniken geben Ihnen Sicherheit und helfen Ihnen, trotz Angst und Lampenfieber souverän und überzeugend aufzutreten und jede Bühne mit Ihrer Präsenz zu füllen. Darüber hinaus ist ein konkretes Präsenztraining zu Körper und Stimme immer empfehlenswert. Im Detail gehe ich nun auf die drei goldenen Regeln Achse, Raum und Kontakt ein:

8.6.1   Die Achse

Alles beginnt damit, wie Sie sich hinstellen.

Beobachten Sie einfach mal, wie Sie normalerweise dastehen. Sind Ihre Füße übereinandergestellt, knicken Sie in der Hüfte ein, stützen Sie sich mit der Hand am Becken ab, wo sind Ihre Arme? Die Art und Weise, wie wir uns hinstellen, drückt aus, was wir dabei empfinden und wie wir uns fühlen. Verlegen, unsicher, ungewohnt, unangenehm, peinlich. Wenn wir uns so fühlen, dann spiegelt sich das in unserer Körperhaltung wider. Die Haltung ist verbogen, wackelig und unklar, die Bewegungen fahrig und unkoordiniert. Wenn wir eine solche Person bei einer Präsentation sehen, haben wir unmittelbar Mitleid, weil wir alle bemerken, dass sich diese Person unwohl in ihrer Haut fühlt.

Eine gängige Kompensation dieser Unsicherheit ist Starre und Steifheit. Daraus hat sich mittlerweile sogar eine Vorstellung entwickelt, dass Professionalität gleichzusetzen ist mit nüchterner Unnahbarkeit.

Ich habe im Abschn. 8.2 über den Teufelskreis der Angst gesprochen und wie das Bedürfnis, sich zu schützen, den Körper verschließt. Dadurch entsteht eine Wand zwischen Ihnen und den anderen. Begeisterung, Emotionalität oder Berührung ist unter diesen Voraussetzungen nicht möglich.

Schauen wir uns also an, was Sie tun können und wie Sie die Gesetze der Physik nutzen können:

▶   **Übung**

Spannen Sie sich zwischen Himmel und Erde und richten Sie dabei Ihre Achse auf. Stellen Sie sich gerade hin, die Beine sind hüftbreit geöffnet und Ihr Gewicht ist gleichmäßig auf beiden Füßen verteilt. Wenn Sie wollen, können Sie die Augen für einen Moment schließen. Nehmen Sie wahr, wie Ihre Füße fest auf der Erde stehen und stellen Sie sich vor, dass Sie über Ihre Füße tief in die Erde verankert sind.

Klettern Sie dann in Ihrer Wahrnehmung die Beine hoch. Nehmen Sie Ihre Unterschenkel wahr und Ihre Knie. Achten Sie darauf, dass sie locker und nicht durchgedrückt sind. Gehen Sie weiter über die Oberschenkel zum Becken. Richten Sie dann Ihre Wirbelsäule auf. Beginnen Sie mit dem Steißbein übers Kreuzbein, 5 Lendenwirbel, 12 Brustwirbel und 7 Halswirbel. Nehmen Sie jeden Wirbel wahr und klettern Sie langsam Wirbel für Wirbel nach oben. Der Kopf liegt auf dem obersten Wirbel auf. Die Schultern und Arme hängen locker neben dem Körper.

Stellen Sie sich eine Verlängerung der Wirbelsäule bis zum Scheitelpunkt vor und vom Scheitelpunkt weiter in den Himmel. Nehmen Sie wahr, wie Sie zwischen Himmel (Scheitel) und Erde (Füße) gespannt sind. Verwenden Sie dafür keine Kraft, sondern nehmen Sie es einfach wahr. Nehmen Sie wahr, wie der Brustkorb ganz organisch geöffnet ist und wie Ihr Atem fließen kann.

Öffnen Sie jetzt die Augen und bemerken Ihren Blick, der horizontal ausgerichtet ist. Sie sind in Ihrer Achse aufgerichtet und organisch aufgespannt. Wenn Sie sich jetzt im Raum bewegen, halten Sie diese Achse und den Blick zum Horizont und bemerken Sie Ihre Stabilität. Sie können zum Vergleich jetzt die Achse aufgeben und die Spannung aus dem Körper nehmen. Schauen Sie mal, wie der Körper sofort schlaff wird, einknickt, die Hüfte schief wird und der Brustkorb einfällt.

8.6.2   Der Raum

Ihr Körper ist Ihr eigenes Energiefeld. Er befindet sich immer in einem Raum. Er ist in diesem Raum verortet und füllt mit seiner Energie den Raum. Das ist eine einfache physikalische Tatsache.

▶   **Übung**
Stellen Sie sich also hin, spannen Sie Ihre Achse und nehmen Sie einfach wahr, wo Sie genau im Raum stehen. Auch dafür ist es gut, die Augen für einen Moment zu schließen. Nehmen Sie ganz genau wahr, wo Sie stehen, den Abstand zur Decke, zu den Wänden rechts und links, den Abstand vom Rücken zur Wand und nach vorne zur Wand.

Der Raum ist voller Energie und Sie stehen mitten in dieser Energie. Von Ihrem Körper gehen Energiestrahlen aus und halten Sie im Raum. Sie füllen mit Ihrer Energie den Raum. Bewegen Sie sich und stellen Sie sich dabei vor, wie Sie die Energie im Raum bewegen. Breiten Sie die Arme aus. Die energetische Verlängerung der Arme geht bis zu den Wänden.

Das ist Ihr Raum. Machen Sie sich das bewusst. Während Sie sich im Bewusstsein Ihrer Energie im Raum bewegen, können Sie das auch laut aussprechen: „Mein Raum."

Auch diesmal können Sie den Unterschied testen. Geben Sie Ihre Achse und Ihre Energie auf und stehen Sie ohne Halt im Raum. Nehmen Sie den Unterschied war. Nehmen Sie wahr, wie Sie sofort haltlos und verloren sind. Es ist Ihre Entscheidung, sich Ihren Raum zu nehmen und den Raum mit Ihrer Energie zu füllen. Sie nehmen damit niemandem etwas weg. Jeder kann sich den Raum nehmen und den Raum füllen. Es ist genug Raum da. Indem Sie sich Ihren Raum nehmen, sind Sie sichtbar und präsent. Sie können es überall ausprobieren: auf Partys, bei Meetings, in Museen oder öffentlichen Hallen. Testen Sie den Unterschied. Bewegen Sie sich mit aufgerichteter Achse und dem Bewusstsein Ihres Raumes. Wie fühlt es sich an? Wie reagieren die anderen Menschen auf Sie? Und testen Sie auch das Gegenteil, die Abwesenheit Ihrer Achse und die Halt-losigkeit im Raum.

Sie können die Techniken der Achse und des Raumes jederzeit anwenden. Sie funktionieren immer. Es sind einfache physikalische Gesetze, die keiner Psychologie bedürfen.

Sie bringen Sie in Kontakt mit sich und dem Raum. Das hat eine direkte Auswirkung auf Ihr Empfinden. Sie sind in Kontakt mit sich und dadurch entsteht Selbstbewusstsein und ein natürliches Standing.

So sind Sie bereit, jederzeit das Wort zu ergreifen und können jede Bühne füllen (Abb. 8.5).

8.6.3 Der Kontakt

Sichtbar sein heißt, in Kontakt gehen. Was ist damit gemeint? Kontakt kommt vom lateinischen „contingere" und heißt „berühren". In Kontakt gehen, bedeutet, sich berühren zu lassen und andere zu berühren.

Abb. 8.5 Der Bühnenfüllen-Smiley. (Alle Grafiken: Heeg Heike, www.c-hochdrei.de)

„Um zu berühren und sich berühren zu lassen, sind „Kontaktfähigkeit" und eine „Kontakt-grenze" nötig. Ich muss dazu bereit und fähig sein, etwas anzufassen oder genau anzu-schauen. Dazu ist ein gewisses Maß an „Aggression" nötig. … Ohne Aggression kann man nicht einmal einen Apfel essen. Viele Menschen haben im Laufe ihres Lebens gelernt, mit der destruktiven Seite der Aggression auch die positive Seite des „Anpackens" zu unter-drücken. … Sie haben Angst, sich zu „verlieren" oder verletzt zu werden, wenn sie sich wirklich auf Kontakt einlassen. … Wir können Kontakt auch unter der Perspektive der Energie betrachten. Bei einem elektrischen Schalter fließt nur dann Energie, wenn Kontakt zwischen den beiden Polen besteht. Dann entstehen Spannung und die Energie kann in Fluss kommen. Wenn Du jemandem direkt in die Augen siehst, ohne Dich hinter einer inneren Mauer zu verstecken, kann ein mächtiger Strom an Energie fließen. Dazu brauchst Du den Wunsch und den Mut, Dich auf Kontakt einzulassen, aber auch die Kraft und die Klarheit, die eigenen Grenzen setzen zu können."

(Mittermaier F. (2009)).

Wenn Sie auf die Bühne gehen oder einfach nur das Wort ergreifen, dann müssen Sie das mit dem Wunsch und dem Mut verbinden, andere berühren zu wollen. Und an dieser Stelle sage ich bewusst „Sie müssen". Wenn Sie das nicht tun, dann sollten Sie sich vor-her fragen, warum ergreife ich überhaupt das Wort, und was habe ich wirklich zu sagen?

Selbst wenn Sie anderen „nur" Informationen mitteilen möchten, gilt es klarzustellen, dass diese Informationen auch bei den anderen ankommen und sie erreichen und das erfordert von Ihnen den Wunsch, diese Informationen wirklich verständlich rüberbringen zu wollen.

Im Coaching fordere ich meine Klienten oft auf, den Inhalt so zu erzählen, als würden sie zu einem Kind sprechen, vielleicht der eigenen Tochter oder dem eigenen Sohn. Augenblicklich werden auch komplizierte Inhalte verständlich und sie bauen sofort eine emotionale Beziehung auf und sind im Kontakt. Denn sie lieben ihre Kinder und erzählen ihnen gerne eine spannende Geschichte. Sie investieren Energie, damit sie ihre Kinder zum Lachen oder zum Staunen bringen. Sie können die eigenen Inhalte und Themen mit Begeisterung rüberbringen und bauen Spannung auf.

Das können Sie direkt auf den beruflichen Kontext übertragen.

Gehen Sie bewusst mit Ihrem Publikum in Kontakt, schauen Sie es an und halten die Spannung.

Bemühen Sie sich darum, Ihr Publikum zu erreichen, auch wenn Sie in gelangweilte und skeptische Gesichter blicken. Investieren Sie Energie und nehmen es sportlich. Kämpfen Sie um Ihr Publikum und ziehen Sie sich nicht beleidigt zurück. Halten Sie Ihre Achse, den Raum und bleiben Sie in Kontakt.

Was begeistert Sie an Ihren Themen und Inhalten? Wofür wollen Sie Ihr Publikum begeistern?

Erzählen Sie eine spannende Geschichte. Sie können Ihr Publikum auf eine spielerische Weise verzaubern und mit ihm flirten, selbst in einer Aufsichtsratssitzung.

Wenn Sie das praktizieren, werden Sie eine fundamentale Veränderung merken. Es geht nicht mehr um Sie, sondern es geht darum, dass Sie die anderen erreichen. Ihr Fokus verlagert sich von Ihnen zu den anderen. Das ist eine Befreiung und setzt enorme Energie frei. Durch die Achse und Ihr Bewusstsein für den Raum sind Sie mit sich in Kontakt. Wenn Sie Ihre Energie jetzt einsetzen, um die anderen zu berühren, kann es sein, dass Ihnen ein tosender Applaus entgegenkommt, so wie bei Ricarda in der Hamburger Elbphilharmonie.

8.7   Authentisch begeistern

Jetzt sind Sie bereit. Sie haben Ihre Ängste überwunden, kennen Ihre Einzigartigkeit, wissen, wofür Sie brennen und haben sich mit den drei goldenen Regeln fit gemacht. Sie sind gut vorbereitet und die Bühne wartet auf Sie. Sie spüren Ihr Herz bis zum Hals schlagen. Jetzt gilt es zu fliegen und diesen Moment zu leben und zu lieben.

M.K. Lewis, einer meiner wichtigsten Schauspiellehrer, sagte in seinen Workshops immer:

> „Bevor Du jetzt rausgehst und die Szene spielst, wirf alles hinter Dich, was Du gelernt und geprobt hast und sag Dir: Ich habe keine Ahnung, was ich jetzt gleich machen werde. Und dann geh raus und leb den Moment."
> (Lewis M.K. (1983))

Das ist alles, was jetzt zählt.

Sie haben etwas zu erzählen, Sie brennen, Sie haben ein Anliegen, Sie sind begeistert und wollen Ihre Begeisterung mit Ihrem Publikum teilen. Sie wollen sie erreichen, im Herzen berühren, aufrütteln, mitnehmen, überzeugen, unterhalten, zum Lachen und Weinen bringen, gewinnen, treffen, motivieren, mit ihnen in Kontakt treten, sich verbinden und diesen Moment feiern.

Wenn Sie jetzt versuchen, perfekt zu sein, haben Sie verloren.
Wenn Sie versuchen, das zu wiederholen, was Sie gestern geprobt haben, haben Sie verloren.
Wenn Sie sich an Ihrem auswendig gelernten Text festhalten, haben Sie verloren.

▶   **Das Leben ist jetzt.**

Es geht immer um Leben und Tod. Es gibt kein dazwischen. Entweder Sie kriegen Ihr Publikum oder nicht. Es ist charmant, wenn Sie dabei Fehler machen. Es ist bezaubernd, wenn Sie Ihre Gefühle zeigen. Es ist mitreißend, wenn ich Ihre Energie spüre. Es ist berührend, wenn Sie mich treffen. Es ist aufregend, wenn Sie riskieren. Es ist nahbar, wenn Sie wackeln. Es macht Spaß, wenn Sie mich zum Lachen bringen. Es ist gewinnend, wenn ich Ihre Wahrheit erkennen kann.

Das Publikum spürt, ob es wirklich gemeint ist. Es spürt, ob Sie riskieren oder auf Nummer sicher gehen. Es spürt, ob Sie sich zurückhalten, Angst vor Nähe haben oder es mit Ihrer Begeisterung und Ihrer Persönlichkeit wirklich erreichen möchten. Es spürt Ihre Energie.

Also hängen Sie sich rein, geben Sie sich hin, zeigen Sie sich und fliegen. Dann können Sie andere im Herzen und im Kopf berühren und einen nachhaltigen Eindruck hinterlassen. Dann werden Sie erkannt, weil Sie sich als Mensch gezeigt haben. Dann kann es Ihnen gelingen, andere zu motivieren und mitzureißen.

Wenn Ricarda die große Bühne der Elbphilharmonie betritt, liegt ein intensiver Weg hinter ihr. Sie hat gelernt, sich anzunehmen und zu lieben. Sie weiß, wofür sie brennt und möchte dies mit anderen Menschen teilen. Sie weiß, wie sie den Raum füllen kann und vertraut sich. Sie hat ihre Angst vor Ablehnung besiegt.

Ein Anflug von Selbstzweifel erinnert sie für einen Moment an früher, als die Angst zu versagen, ihr noch die Kehle zuschnürte. Doch die Ängste packen sie nicht mehr. Die Stimmen der Selbstabwertung haben keine Macht mehr über sie. Sie weiß, dass sie das jetzt nicht nur für sich macht, sondern für ihre Tochter und alle anderen jungen Frauen, damit die sich ebenfalls trauen, ihre Ängste zu besiegen und sichtbar sind. Sie weiß, dass es um mehr geht als die eigene Anerkennung. Sie spürt es. Da ist ein Kribbeln, ein Lächeln, ein Staunen. Sie kann ihr Herz vor Aufregung pochen hören, es schnürt ihr nicht mehr die Kehle zu, es tanzt. Da sind Freude und eine tiefe Wärme, die sie durchströmt. Noch einmal zittert sie kurz. Dann strafft sie sich und steht auf, bereit zu fliegen (Abb. 8.6).

Abb. 8.6 Der Begeistern-Smiley. (Alle Grafiken: Heeg Heike, www.c-hochdrei.de)

Weiterführende Literatur

Barrett, R. (2019). *ALLES, was ich über Werte gelernt habe* (S. 12 ff.). Hamburg: Book-on-demand.

Kleinschmidt, C. (2019). *Kämpfer und Prinzessinnen. Spiegel Wissen 4/2019* (S. 54). Hamburg: Spiegel.

Mittermair, F. (2009). *Neue Helden braucht das Land* (S. 24 ff.). Babensham: Eagle.

Monika Schubert ist Coach, Beraterin und Speaker für Persönlichkeit, Performance und Veränderung und lebt in Berlin.

Nach einer Weltreise studierte sie zuerst Soziologie, Politologie und Wirtschaft. Doch es zog sie mehr zum Avantgarde-Theater als zur Wissenschaft.

Sie hat Hauptrollen gespielt, ist durch Europa und Lateinamerika getourt, hat eigene Produktionen auf die Beine gestellt und mit den Größen des internationalen Welttheaters zusammengearbeitet. Nach 30 Jahren Tätigkeit als Schauspielerin und Schauspielcoach ist sie eine namhafte Expertin in der Filmbranche.

Seit über 15 Jahren berät und coacht sie Persönlichkeiten, die in der Öffentlichkeit stehen und Verantwortung tragen in Präsenz, Auftritt, Wirkung und Standing. Sie ist für Unternehmen und Top-Entscheider eine außergewöhnliche Impulsgeberin, bei der Gestaltung von Change-Prozessen und Kulturwandel.

Sie ist Mitglied von sustainable natives eG, einer Genossenschaft für nachhaltige Unternehmensberatung. Sie ermöglicht, Erfolgsstrategien der künstlerischen Avantgarde für unternehmerische Veränderungsprozesse nutzbar zu machen: gemeinsam Kräfte bündeln, Grenzen überwinden, innovative Wege einschlagen, um Zukunft zu gestalten. Monika Schubert inspiriert anders, weiblich, charismatisch und ehrlich, verbunden mit jener Prise Humor, die Selbsterkenntnis wachsen lässt und Handeln erzeugt.

Mehr Informationen unter: www.monikaschubert.de.

Die Magie der Anziehungskraft

Wer sieht mich und wie?

9

Claus Walter

Inhaltsverzeichnis

Zusammenfassung

Eine Erhöhung der Sichtbarkeit ist nur mit einer starken Ausstrahlung aus dem Herzen heraus möglich. Die Ausstrahlung und Anziehungskraft aus dem Herzen wirkt 5000-mal stärker als die intellektuelle Ebene und spricht jeweils direkt die Gefühlsebene der Mitmenschen an. Emotionen spielen heute mehr denn je eine Schlüsselrolle, um Menschen überhaupt noch zu erreichen bzw. um sich selbst aus der Menge herauszuheben und sichtbar zu machen. Dieses Kapitel ist eine Weiterführung und Vertiefung meines Beitrags im Buch „Chefsache Menschlichkeit". Es verrät Ihnen die

C. Walter (✉)
Hinwil, Schweiz

© Springer Fachmedien Wiesbaden GmbH, ein Teil von Springer Nature 2020   143
P. Buchenau (Hrsg.), *Chefsache Sichtbarkeit*, Chefsache,
https://doi.org/10.1007/978-3-658-30606-9_9

Geheimnisse der Anziehungskraft und Ausstrahlung, durch die Sie eine erhöhte Sichtbarkeit in allen Lebensbereichen bewirken können.

9.1   Einleitung

Gerne lade ich Sie als Leser ein, in die Magie einzutauchen, welche hinter der Sichtbarkeit und Anziehungskraft steht. Ich lade Sie ein, sich ganz einzulassen, vieles neu oder
anders zu sehen, zu erkennen und damit Aha-Effekte für sich selbst zu gewinnen. Sie
können auch sagen: „Der Walter ist ein Spinner, aber vielleicht ist da doch etwas dran
an dem, was er schreibt." Vielleicht haben auch Sie schon das ein oder andere Unerklärliche oder Ihnen mysteriös Erscheinende in Ihrem Leben erlebt. Vielleicht haben Sie sich
schon öfters Fragen gestellt, wie: „Warum passieren mir manchmal so komische Dinge
in meinem Leben?" oder „Bin ich unsichtbar?" bzw. „Warum sieht mich denn keiner?"
    Grundsätzlich hilft uns der Duden, den Blick zu erweitern und zu öffnen, um die
Bedeutung hinter dem Wort „Sichtbarkeit" zu erfassen:
    „Erkennbarkeit; sichtbare, deutliche Beschaffenheit", die …
    mit den Augen wahrnehmbar, erkennbar und
    deutlich [erkennbar], sichtlich, offenkundig ist.

Es schälen sich also zwei starke Begriffe heraus:

I. Die **Erkennbarkeit** (Deutlichkeit, Durchschaubarkeit; erkennbare Beschaffenheit)
II. Die **Beschaffenheit** (das Beschaffensein einer Sache, (selten:) einer Person)

Für uns interessant ist jedoch das im Duden genannte Beispiel der „äußeren, inneren,
chemischen, seelischen Beschaffenheit", weil diese sich direkt auf die Sichtbarkeit eines
Menschen auswirkt.
    (Duden 2019a).

9.2   Die Magie der Sichtbarkeit und Anziehungskraft

Somit ist als erstes Fazit die Sichtbarkeit eines Menschen von seinem „Äußeren", sprich
körperlichen, biochemischen, energetischen Zustand als auch von seinem „Inneren",
d. h. seinem emotionalen, mentalen und seelischen Zustand gleichermaßen abhängig.
Der erste Zustand ist somit **bewusst** im Äußeren sichtbar, der zweite Zustand des
Inneren dagegen **unterbewusst**, für das Auge eher unsichtbar vorhanden.

Somit gibt es immer zwei Schlüsselfaktoren, welche für das Wachstum und die Erfolge eines Menschen relevant sind. Auf beide Schlüsselfaktoren möchte ich gerne in diesem und im zweiten Abschnitt eingehen.

9.2.1 Sichtbarkeit: Die Summe aus Unterbewusstsein und Bewusstsein

Abb. 9.1 zeigt, wie sich die prozentualen Verhältnisse beim Menschen aufteilen zwischen …

- dem Bewusstsein (äußere Sichtbarkeit) = 10 % und
- dem Unterbewusstsein (innere Unsichtbarkeit) = 90 %.

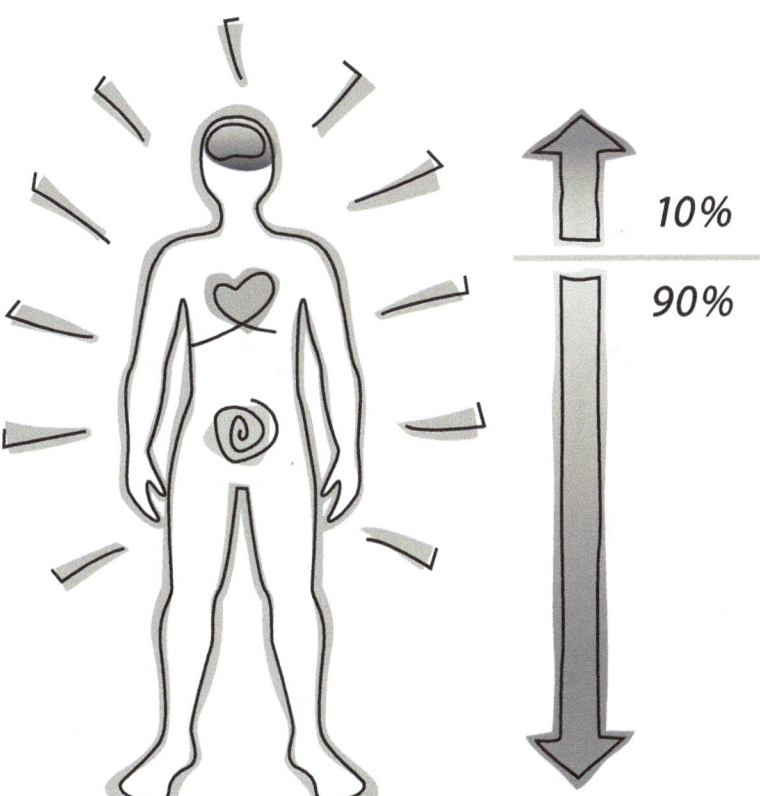

Abb. 9.1 Das Unterbewusstsein und das Bewusstsein des Menschen

Damit jede Person für sich ein größtmögliches Wachstum und Erfolge erzielen kann, ist es logischerweise sinnvoll, sich intensiv auch mit den 90 % unterbewussten Anteilen zu befassen. Somit dient eine Persönlichkeitsentwicklung jedem Menschen dazu, seine größtmögliche Sichtbarkeit zu erreichen. Die Sichtbarkeit – und damit die Erfolge im Leben – gehen daher stets einher mit der individuellen Sinnhaftigkeit und den Kompetenzen, die für diese Person stimmig sind. Es entstehen dadurch ein innerer Einklang, Ruhe und Balance in ihrem Leben.

9.2.2   Sichtbarkeit: Was sehe ich, was sehe ich nicht?

Sie kennen ja Sätze wie: „Hast Du diese Frau (oder diesen Mann) gesehen? Die (oder der) hat ja eine starke Ausstrahlung!" „Ja, genau, sie (oder er) hat ein besonderes Charisma, das ist mir auch gleich aufgefallen." Wer so etwas sagt, hat die starke Ausstrahlung und das besondere Charisma einer Person wahrgenommen, sprich gesehen oder gespürt. Doch woher kommt dieses Charisma?

Als charismatisch empfindet man Menschen, die aus ihrer Individualität heraus einen harmonischen Dreiklang ausstrahlen. Dieser Dreiklang setzt sich aus einer freien, klaren und wahren Einheit von Kopf, Herz und Bauch der Person zusammen (Abb. 9.2).

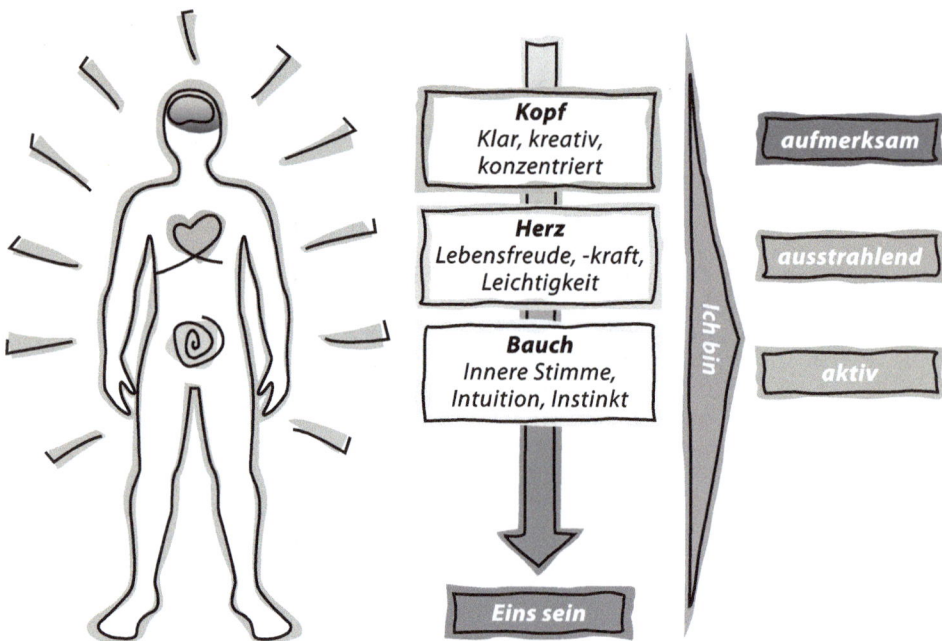

Abb. 9.2   Der Mensch als eine Einheit

Das Innere einer Person, sprich deren Gedanken, Gefühle, Intuitionen, Kompetenzen und Gaben sind nicht sichtbar. Wenn sie jedoch innerlich in Balance, Ruhe und Frieden (ein weiterer harmonischer Dreiklang), sprich mit sich selbst eins bzw. in Einklang ist, wird dies unmittelbar und jederzeit im Außen für andere Menschen spürbar und sichtbar sein. Der Mensch als Naturwesen kann gleichzeitig mit seinen „drei Hirnen" …

Mentalhirn (Kopf, Gehirn),
Gefühlshirn (Herz),
Bauchhirn (Unterleib, Solarplexus)

… und in Verbindung mit seinen fünf Sinnen alles aus dem sowohl Bewussten als auch dem Unterbewussten auf- und wahrnehmen. Er „sieht" quasi doppelt:

direkt: über die Augen
und
indirekt: über seine intuitive Gefühlsebene.

Um sich der Großartigkeit und Einzigartigkeit eines Menschen bewusst zu werden, helfen uns immer wieder kleine Ausflüge in die Quantenphysik, die Herz-Resonanz oder die morphogenetischen Felder, um die Erkenntnisse daraus für das Verständnis und diverse Aha-Effekte nutzen zu können.

Die Quantenphysik lehrt uns, dass alles (Mensch, Tier, Pflanze, Gegenstände) aus Information, Frequenzen/Schwingung und Energie besteht. So ist zum Beispiel ein Mensch materialisierte Energie, bestehend aus einem…

physischen Körper (sichtbarer Körper, bestehend aus Zellen (blaue Punkte im Körperfeld) und
energetischen Körper (unsichtbarer Körper, bestehend aus Aurafeldern (rosa und blau-
       farbiges Feld um ihn herum).

Dipl.-Ing. (FH) Walter Thurner hat es in seiner Informationsschrift „Ein Gespräch mit Quanten" sehr treffend auf den Punkt gebracht. Darin beschreibt er:

Materie hat nur 4 % Anteil am Universum.
Unsichtbare Materie ist zu ca. 23 % indirekt feststellbar.
Unsichtbare Energie ist zu ca. 73 % indirekt feststellbar.

Das, was wir sehen und wahrnehmen, ist nur ein Hauch vom Ganzen im Vergleich zu dem, was uns verborgen ist.
       (Thurner Walter 2019)

Was nach außen hin wahrgenommen bzw. sichtbar wird, ist eine Einheit des sichtbaren und unsichtbaren „Spiegelbildes" des ganzen Wesens einer Person.

Der Mensch als ganzes Wesen wird somit immer besser erfassbar. Erst in den letzten Jahren erschließt sich dank der wissenschaftlichen Erkenntnisse der Quantenphysik, Herz-Intelligenz, Kohärenz und der morphogenetischen Felder immer mehr die ganze Großartigkeit des Menschen auch im unterbewussten Bereich.

Daher leite ich gerne weiter zum „Wunderwerk Mensch", welche Kräfte sonst noch durch ihn wirken und wie er im Netzwerk mit anderen Menschen, Tieren, Pflanzen und Gegenständen vernetzt ist.

9.2.3 Anziehungskraft: Was ziehe ich an? Alles, was sichtbar ist?

Der Mensch verfügt über ein einzigartiges wundervolles Organ: sein Herz.

Das Herz hat mehrere Funktionen, es ist …

1. das Zentrum der Gefühle,
2. ein körperliches Organ,
3. ein Bindeglied zwischen Menschen über die Herz-Resonanz und der Initialenergie und
4. ein „Magnet" (Herzmagnet).

Nach dem Gesetz der Resonanz sind Menschen, Tiere, Pflanzen, Naturelemente und Gegenstände über Schwingung (= Herz-Resonanzen) miteinander verbunden. Innerhalb des Herz-Resonanz-Feldes (grünes Feld um den Menschen) befindet sich das Energiefeld (blaues Feld), vergleichbar mit dem Datenspeicher eines Computers (Abb. 9.3). Darin und auf Zellenebene (Zellerinnerungen, blaue Punkte) sind emotionale Themen, wie positive und negative Gefühle, Ängste, Wut, Aggressionen oder Schockerlebnisse gespeichert. Hinzu kommen Verhaltensweisen und Überzeugungen eines Menschen selbst und zurückliegender Generationen seiner Ahnen – oder noch weiter zurück. Dies alles hat eine positive oder negative Wirkung auf die Sichtbarkeit dieses Menschen.

Was ist die Herz-Resonanz bzw. der Herz-Magnet?
Jeder Mensch „sendet" und „empfängt" Informationen – ähnlich einer Sendeantenne.

Die Sendeantenne des Menschen ist sein elektromagnetisches Feld des Herzens, auch Herz-Resonanz-Feld genannt (Abb. 9.3). Es erstreckt sich mit einem Durchmesser von rund zweieinhalb Metern rund um das Herz. Innerhalb des Herz-Resonanz-Feldes wirken zwei Impulse: die elektrische Kraft des Herzsignals (EKG) und sein Magnetfeld (Anziehung). Die elektrische Kraft (EKG) ist 60-mal stärker, das Magnetfeld ist sogar 5000-mal stärker als die entsprechenden Signale des Gehirns.

Dieses Herz-Resonanz-Feld transformiert die im Energiefeld (blaues Feld um den Menschen) und auf Zellenebene (Punkte im Menschen) gespeicherten Informationen in

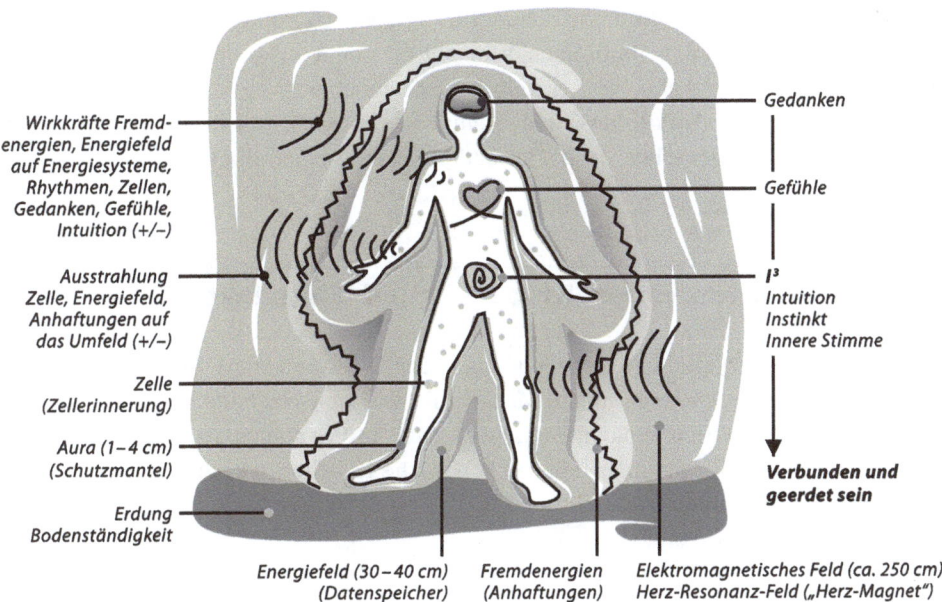

Wirkkräfte Fremd-
energien, Energiefeld
auf Energiesysteme,
Rhythmen, Zellen,
Gedanken, Gefühle,
Intuition (+/−)

Ausstrahlung
Zelle, Energiefeld,
Anhaftungen auf
das Umfeld (+/−)

Zelle
(Zellerinnerung)

Aura (1–4 cm)
(Schutzmantel)

Erdung
Bodenständigkeit

Gedanken

Gefühle

I³
Intuition
Instinkt
Innere Stimme

Verbunden und
geerdet sein

Energiefeld (30–40 cm)   Fremdenergien   Elektromagnetisches Feld (ca. 250 cm)
(Datenspeicher)   (Anhaftungen)   Herz-Resonanz-Feld („Herz-Magnet")

Abb. 9.3 Der Mensch mit seinem physischen und energetischen Körper sowie seinem Energie- und Herz-Resonanz-Feld

elektrische und magnetische Wellen und übt, wie ein Magnet entsprechende Anziehungskraft aus (Abb. 9.3).

Allerdings verhält sich das Herz-Resonanz-Feld entgegengesetzt zur bekannten Funktionsweise eines Magneten. Während sich beim „normalen" Magneten die gegensätzlichen Pole (Plus und Minus) anziehen, zieht beim Herzmagneten Gleiches Gleiches an. Negative Schwingungen ziehen demnach Negatives und positive Schwingungen Positives an.

Allerdings empfinden wir die negativen Schwingungen der Herz-Resonanz stärker als die positiven. So bleiben auch heute noch Erlebnisse, wie z. B. negative Emotionen, Ängste, Aggressionen, ein Schock oder ein Trauma in anhaltender Erinnerung und wirken vergleichbar mit den magnetischen Störfeldern auf einen herkömmlichen Kompass: Sie beeinflussen ihn in seiner ursprünglichen Anziehungskraft und wirken störend auf seine Sichtbarkeit.

Der Herzmagnet zieht somit das an, was an Informationen in uns schwingt, ob wir wollen oder nicht. Je älter eine Person wird, desto schneller erlebt sie die angezogenen wiederkehrenden Muster in Form von immer gleichen oder sehr ähnlichen Konflikten oder Erlebnissen. Dies bleibt so lange, bis die Person dies erkannt und jene Konflikte bzw. Erlebnisse versöhnt, aufgelöst und damit neutralisiert hat. Danach erst kann der Herzmagnet andere Informationen positiver Art anziehen, aufnehmen und speichern.

Für die Sichtbarkeit und Anziehungskraft bedeutet dies, dass jeder Mensch mit sich selbst erst ganz im Reinen sein sollte, damit er freien Herzens das ausstrahlen und anziehen kann, was er selber gerne möchte. Weil sich unmittelbar nach einer Versöhnungs-, Auflösungs- und Neutralisierungsarbeit die Erkennbarkeit und Beschaffenheit des Menschen positiv verändern, hat sie einen direkten Einfluss auf die Sichtbarkeit.

9.3   Das Geheimnis der Sichtbarkeit und Wirksamkeit

Hinter der Sichtbarkeit liegt das Geheimnis der Wirksamkeit. Oftmals erscheint es unerklärlich, warum ein bestimmter Mensch als wirksam erscheint oder eine so hohe Wirksamkeit in der Öffentlichkeit, Berufswelt oder im Privatleben hat oder zeigt. Nachfolgende Fragen und Erklärungen können helfen, die Geheimnisse der Wirksamkeit eines Menschen zu entschlüsseln.

Fragen Sie sich doch einmal:

- Ich wirke, wie ich bin. Was wirkt denn genau?
- Ich bin die oder der ich bin. Wie wirke ich denn überhaupt?
- Ich bin nur da und wirke. Warum wirke ich immer?
- Ich wirke auch, wenn ich gar nichts sage oder mache. Was wirkt trotzdem?

Eine Erklärung der Bedeutung von „Wirken" und „Wirksamkeit":

- Durch eine **innewohnende Kraft,** aufgrund seiner Beschaffenheit (Abschn. 9.1 Einleitung: äußeren, inneren, chemischen, seelischen Beschaffenheit) eine bestimmte Wirkung haben oder ausüben
- Durch seine **Erscheinungsweise, Art** einen bestimmten Eindruck auf jemanden machen
- Nicht unbeachtet bleiben, sondern eine positive Wirkung erzielen; beeindrucken

(Duden.de 2019b)

▶ **Fazit** Aus jedem Menschen wirkt die Kraft der Summe all seiner Talente, Kompetenzen, Fähigkeiten, seines Wissens und seiner Art, sprich seines individuellen Wesenskerns.

So findet jede Person individuell Anklang, Beifall, Gefallen oder Zuspruch bei unterschiedlichen Menschen. Sie „erhält Zuspruch", „hinterlässt einen Eindruck", manchmal wird auch „eine gute Figur abgegeben". Im besten Falle „stößt" die Person mit ihrer Kraft und Art „auf Resonanz" oder „erzeugt Resonanz" mit ihrem Tun bei anderen Menschen.

(Duden.de 2019c)

9.3.1 Wirksamkeit des Menschen: Was steckt genau dahinter?

Gerne möchte ich mit Ihnen nun tiefer auf das Thema Wirksamkeit eingehen. Dabei gilt es den Menschen aus einem anderen Blickwinkel neu zu betrachten. Stellen Sie sich den Menschen als ein „Informationsfeld" vor, in dem in Form von „Informationen" alles gespeichert ist, was mit ihm oder auch nicht mit ihm zu tun hat – sowohl auf Zellenebene im physischen als auch im energetischen Körper (siehe vorhergehenden Abschn. 9.2.3). Auf Zellenebene werden diese Informationen oft mit „Zellerinnerungen" oder in der Wissenschaft der Epigenetik auch als „Eigenschaften einer DNA" bezeichnet.

Sowohl auf Zellenebene (blaue Punkte, „innen") als auch im Energiefeld (blaues Aurafeld, „außen") können Informationen von uns selbst, unseren Ahnen, Ursprungsfamilien (vier bis sieben Generationen zurück) als auch von karmischen Themen aus Vorleben oder von fremdenergetischen Belastungen gespeichert sein. Schocks, Traumata, emotionale Verletzungen, Ängste, Enttäuschungen, Scham, Schuldgefühle, Zweifel, Verzweiflung u.v.m. sind oft tief sitzend und tief verwurzelt im gesamten Informationsfeld des Menschen präsent, das heißt, nicht nur im Gehirn oder Herzen (Sinusknoten und Herzmuskel), sondern oftmals auch in den Faszien (weiße Muskelhäute um die Muskeln) oder den 13 Körpersystemen des Menschen (wie z. B. Herz-Kreislauf-System, Nervensystem, Lymphsystem usw.) wie meine Forschungen gezeigt haben. Wenn es sich dabei um negative Informationen handelt, wirken diese im physischen Körper oder von außen vom energetischen Körper aus auf den Menschen negativ ein. Wie bereits erwähnt, werden sie oft als stärker empfunden und wirken viel länger nach als die positiven Informationen – je nach Schweregrad über viele Generationen oder sogar karmische Vorleben hinweg (Abb. 9.4).

Wenn diese negativen Informationen nie versöhnt, aufgelöst und damit neutralisiert wurden, wirken sie noch bis heute und in der Zukunft weiter. Dank der Erkenntnisse aus der Psychosomatik – der Sprache des Körpers über Körpersymptome – können die Ursachen für Krankheiten und Folgen von Unfällen inzwischen „übersetzt" werden. So haben Menschen an Körperstellen oder in Körpersystemen Blockaden, Störungen oder Erkrankungen, welche auf jene Ursachen hinweisen, die noch in ihnen gespeichert sind. Solange die Ursachen noch nicht oder nicht effektiv und nachhaltig neutralisiert worden sind, bleiben die Körpersymptome erhalten. Wenn Behandlungen nur rein auf der Symptomebene und nicht auf der Ursachenebene vorgenommen werden, kommen die negativen Informationen immer wieder zurück und erinnern den Menschen jedes Mal daran, dass etwas aus der Vergangenheit noch offen, noch nicht ins Reine gebracht worden ist.

Gehen wir noch einen Schritt weiter. Stellen Sie sich das „Informationsfeld" des Menschen wie ein Mosaikbild vor, das sich aus ganz vielen Zellerinnerungen und Seelenanteilen aus Ahnenreihen und Vorleben zusammensetzt (Abb. 9.5). Wenn einst negative Handlungen, Aussagen, Gedanken oder Gefühle von diesen Seelenanteilen erlebt wurden, so sind diese heute noch immer als Informationen auf der Erde vorhanden und in den Zellerinnerungen der Menschen gespeichert. Sie wirken bis heute.

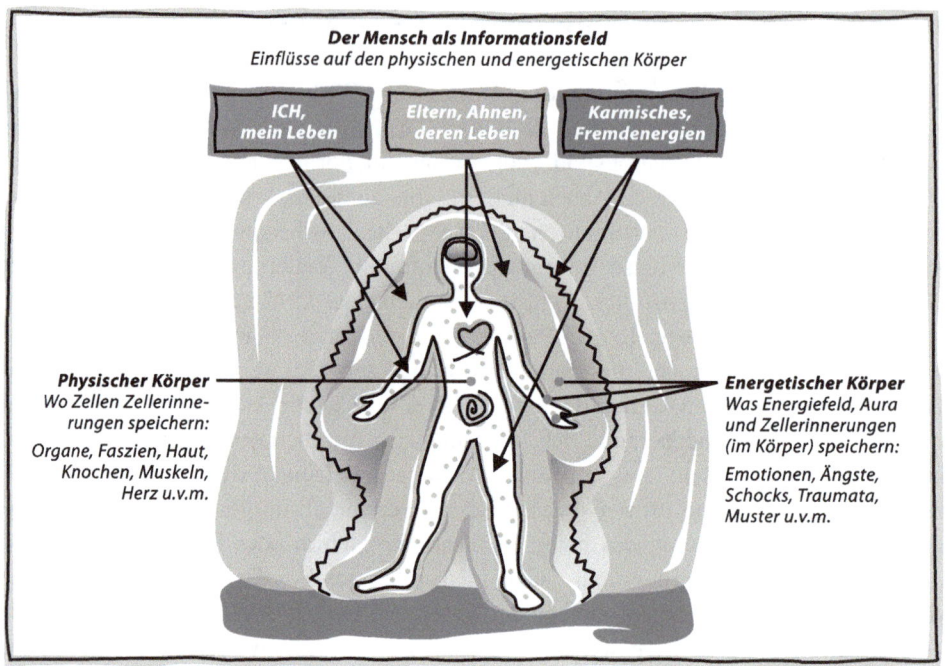

Abb. 9.4 Der Mensch als Informationsfeld

Ein Erklärungsbeispiel

Wenn sich in einem gefüllten Apfelkorb drei schlechte Äpfel befinden, haben diese drei Äpfel einen negativen Einfluss auf alle guten Äpfel im Korb. Erst wenn die schlechten oder faulen Äpfel aussortiert wurden, kann sichergestellt werden, dass der Apfelkorb als Langzeitlagerort dienen kann. ◀

Diese Speicherungen in den menschlichen Zellerinnerungen konnten einige Wissenschaftler in ihren Forschungsarbeiten auch heute noch nachweisen. Zum Beispiel waren dies Ängste oder Panikattacken, die unsere Klienten spürten, obwohl sie nie selbst Ereignisse erlebt hatten, welche die Ursache dafür hätten sein können. Sie empfanden diese Gefühle als (für sie) „unerklärlich", nicht zuzuordnen oder gar völlig unverständlich. Dank intensiver Recherchearbeiten mit vergleichbaren Gefühlserlebnissen aus historischen Quellen konnten die Ursachen für diese Gefühle gefunden werden. Sie stammten aus ganz anderen Zeiten. Meine Klienten konnten mir ihre Gefühle so exakt beschreiben, dass wir diese entweder in ihrer Ahnengeschichte fanden oder sie exakt auf bösartige und negative Handlungen wie Folterungen und andere Strafen, die z. B. im Mittelalter gebräuchlich waren, zutrafen. Für diese Menschen waren die negativen Folgen derartiger Ursachen oft über Jahre hinweg ohne nachhaltige Besserung spürbar.

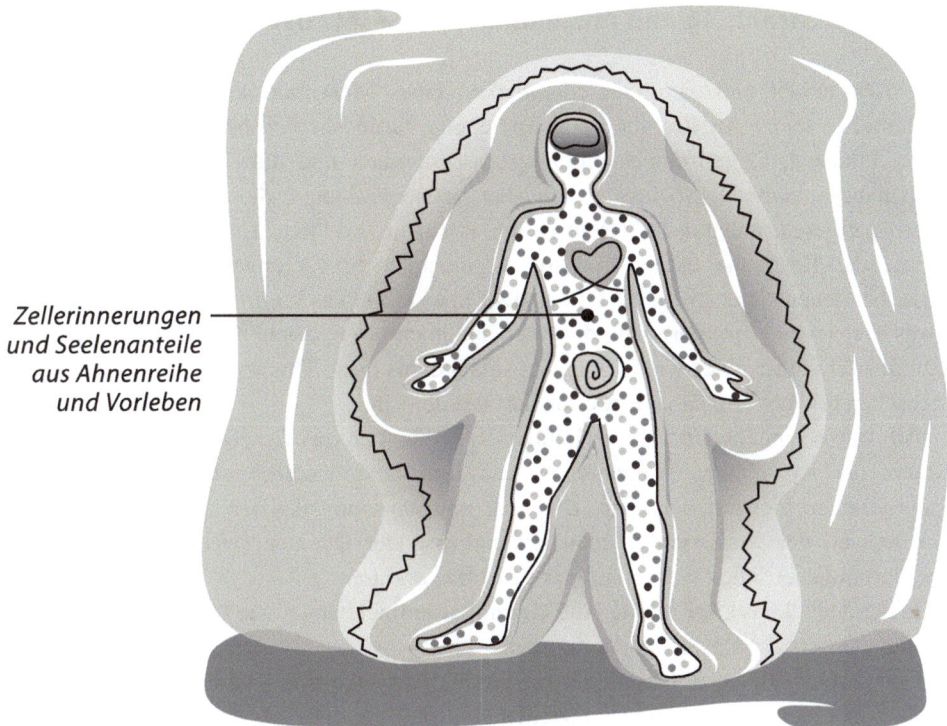

Zellerinnerungen und Seelenanteile aus Ahnenreihe und Vorleben

Abb. 9.5 Das Zellenmosaikfeld des Menschen

Zudem werden solche negativen Informationen durch Programme beeinflusst, die im Gehirn gespeichert sind. Das können Zwangs-, Kontroll-, Trigger-, Alarm-, Sabotage-, Zerstörungs-, Unterdrückungs- und/oder Blockadeprogramme sein, die von uns selbst, unseren Ahnen, aus karmischem Vorleben oder von Fremdenergien stammen. Sie laufen meist im Unterbewusstsein ab und wirken sich auf die Körpersysteme und Körpersteuerungen des Menschen, sein Verhalten und seine Wirksamkeit negativ aus. All diese Programme sind mit den Informationen aus den Ahnenreihen, aus einem oder mehreren karmische Vorleben oder mit Fremdenergien verstrickt, verwirrt und vernetzt. Dadurch wirken sie heute noch sehr stark, obwohl wir in einer anderen Zeit leben und „eigentlich ganz anders" sind.

Fazit: Negative Informationen und Programme wirken oft unwissentlich, unerklärlich und unberechenbar negativ auf die Wirksamkeit eines Menschen ein, was in der Folge wiederum negativ auf seine Sichtbarkeit wirkt.

9.3.2   Ausstrahlung und Anziehung: Das Gesetz der Resonanz

Die Wirksamkeit und damit die Sichtbarkeit eines Menschen stehen in direkter Verbindung mit seiner Ausstrahlung und Anziehung. Grundsätzlich hängt alles (Menschen, Tiere, Pflanzen, Gegenstände) miteinander zusammen und alles ist miteinander verbunden bzw. vernetzt. So lassen sich alle Zusammenhänge, die einem Menschen im Leben passieren, anhand des Gesetzes der Resonanz erklären. Eine Person erfährt das Gesetz der Resonanz häufig in Form sogenannter Spiegelungen oder Spiegelerlebnisse, bei denen sie etwas in ihr Leben zieht bzw. mit etwas konfrontiert wird, das sie an etwas Vergangenes erinnern soll, das bis heute noch offen, das heißt, nicht versöhnt oder neutralisiert wurde. Dies wiederholt sich solange, bis diese Themen im Resonanzfeld des Menschen erkannt und danach neutralisiert worden sind.

All das ist eingebettet in fünf Naturgesetze, die auch das Gesetz der Resonanz (oder Gesetz der Anziehung) beinhalten. Diese fünf Naturgesetze gelten neben anderen Naturgesetzen hier auf der Erde. Die Erde selbst ist physikalisch aufgebaut und lässt sich anhand der wissenschaftlichen Erkenntnisse der Quantenphysik, Herz-Resonanz, der morphogenetischen Felder und der Kohärenz erklären.

In der Abb. 9.6 erkläre ich nun die Gesamtzusammenhänge, wie die fünf Naturgesetze mit dem Gesetz der Resonanz interagieren.

Den rechten Block, 5. Gesetz der Anziehung, habe ich Ihnen bereits in Abschn. 9.2.3 erklärt. Mit dem Herz-Magneten ziehen wir das an, was als Informationen in uns (Informationsfeld/Mosaikbild) gespeichert ist (Abb. 9.5). Wie die Zusammenhänge

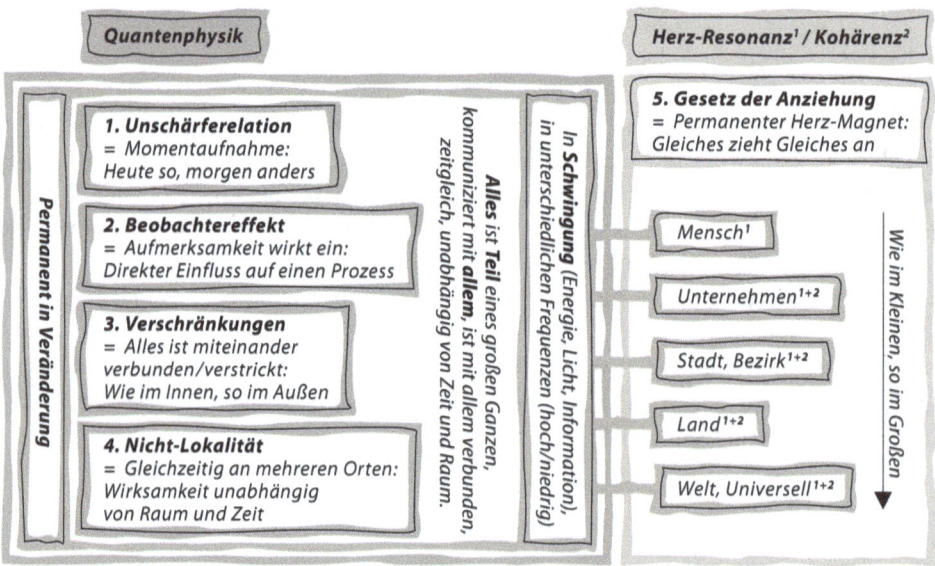

Abb. 9.6 Die fünf Naturgesetze

dieser Informationen aus Sicht der Quantenphysik bezogen auf uns Menschen sind, erklärt der linke Block in der Abb. 9.6:

Die Unschärferelation

Es lassen sich nie gleichzeitig alle Aspekte eines Menschen erfassen. Der Mensch ist jeden Tag anders.

Beispiel

Beim Hausarzt oder im Krankenhaus können durch Untersuchungen auch bei der Nutzung der besten medizinischen Geräte niemals vollständig alle Informationen erfasst, sondern immer nur Teilaspekte des Ganzen gemessen werden. ◄

Der Beobachtereffekt

Die Absicht, die innere Grundeinstellung und das Bewusstsein eines Menschen kann ein Projekt, eine Aufgabenerledigung oder eine Behandlung positiv oder negativ beeinflussen.

Beispiel

Gehen Mitarbeitende und Führungskräfte mit einem positiven, von Herzblut und Lösungsorientierung getragenen Bewusstsein in ein Meeting oder eine Verhandlung, dann nimmt der Ausgang dieses Treffens auch meist einen positiven Verlauf. ◄

Die Verschränkungen

Alles, was jemals Masse- oder Energiekontakt hatte, ist und bleibt für ewig quantenverschränkt! Das heißt, sie sind energetisch und informativ miteinander verbunden bzw. schließen sich ein. Wir Menschen sind demnach miteinander verbunden und mit allem verschränkt. Und man spürt derartige Momente meist dann sehr gut, wenn man besonders feinfühlig ist und zu den verschränkten Wesen eine emotional intensive Beziehung hat.

Beispiel

Der eine denkt an den anderen und der andere ruft ihn an. Oder jemand möchte eine Frage klären und findet in einem Impuls genau die passende Antwort im Internet oder in einer Zeitung. ◄

Die Nicht-Lokalität

Das Prinzip der Nicht-Lokalität besagt, dass ein Atom oder ein subatomares Teilchen nicht nur an einem Ort, sondern gleichzeitig an mehreren Orten oder in anderen Dimensionen vorhanden sein kann.

Der Mensch ist wie jede Pflanze, jedes Tier, jede Sache ein Bestandteil in diesen universellen Dimensionen. Er ist eben nicht nur ein materielles, sondern auch ein emotionales und geistiges Wesen. Über die Grenzen seiner physischen Existenz hinaus befindet er sich gleichzeitig in weiteren Dimensionen. Er kann über seinen Körper mit dem Herz-Resonanz-Feld Informationen anziehen, die er in seiner materiellen Welt gerade nicht findet.

Beispiel

Denken Sie z. B. an den Satz in einem Meeting: „Oh, das ist mir gerade in den Sinn gekommen" oder „Mensch, da bringst du mich auf einen guten Gedanken." Die Person war in Resonanz (Schwingung) mit einem speziellen Thema oder einer Aufgabe und hat Wissen aus einem anderen Resonanzfeld erhalten. Dies war möglich, weil sie gleichzeitig – bewusst oder unbewusst –emotional und geistig in verschiedenen Dimensionen präsent sein kann. ◄

▶   **Zusammenfassung zu diesen Naturgesetzen** Alles ist mit allem verbunden, kommuniziert zeitgleich und unabhängig von Zeit und Raum. Gleichzeitig schwingen diese Informationen in unterschiedlichen Frequenzen und sind permanent in Veränderung. Unser Bewusstsein mit den Informationen, die in uns gespeichert sind, formt und schafft daher unsere eigene Realität, unsere Beschaffenheit und damit unsere Sichtbarkeit.

9.3.3   Authentizität: Die wahre, echte, glaubwürdige, zuverlässige Sichtbarkeit

Authentisch zu sein ist der Wunsch eines jeden Menschen. Ob ein Mensch als ungeschönt, unverfälscht und echt wahrgenommen wird, hängt mit seiner Ausstrahlung und seiner echten Sichtbarkeit zusammen. Eine wahre und klare Authentizität hängt von einem frei ausstrahlenden Wesenskern eines Menschen ab. In der Abb. 9.7 sehen Sie, was alles an Negativem auf einen Menschen und seinen Wesenskern einwirken kann. Der Wesenskern ist dadurch oftmals geschwächt, gestört oder wird manipuliert und seine kraftvolle und freie Sichtbarkeit ist nicht mehr vollends gewährleistet. Gesamthaft wird dabei nicht nur der Wesenskern eines jeden Menschen negativ beeinflusst, sondern auch seine Herz-Resonanz, seine Intuition und seine persönliche DNA. Durch diese „Verfälschungen" des wahren Wesenskerns zieht der Mensch im Gesetz der Resonanz auch verfälschte oder negative Themen oder Informationen an, welche nicht seinem eigentlichen inneren Wesenskern entsprechen. Der Mensch wird somit fehlgeleitet oder es passieren ihm eben jene Dinge, die er als unerklärlich oder für ihn nicht nachvollziehbar wahrnimmt.

Wie in den vorherigen Kapiteln beschrieben, ist es wichtig, dass jeder Mensch sowohl frei ist von allen negativen Informationen, die in seinem persönlichen Informationsfeld

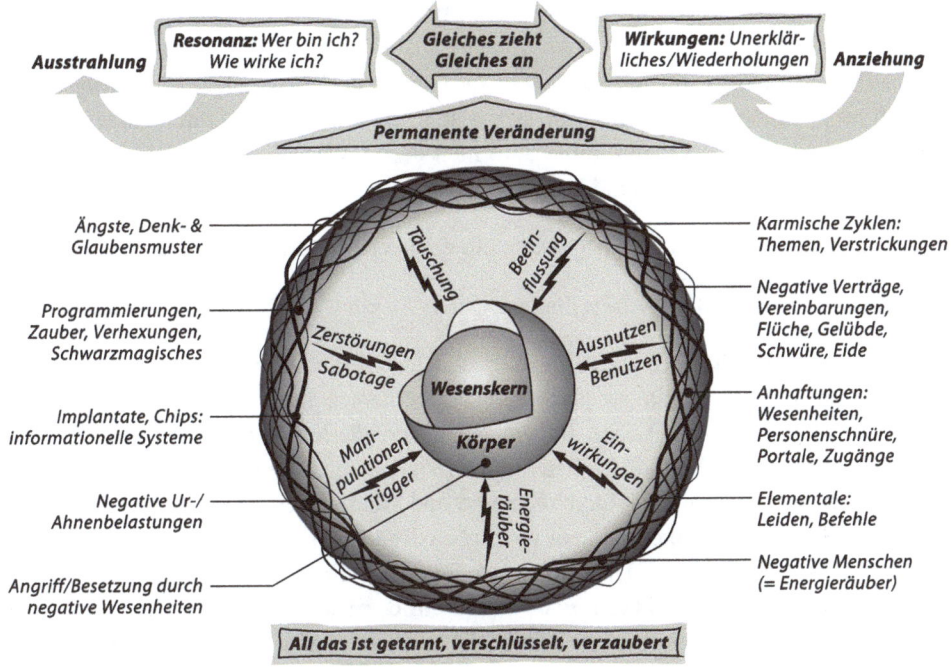

Abb. 9.7 Der Wesenskern des Menschen

gespeichert sind, als auch von den negativen fremdenergetischen Belastungen, die auf seinen Wesenskern einwirken.

Fazit: Wenn ein Mensch ganz frei von fremdenergetischen Belastungen, Altlasten und Belastungen der Vergangenheit und damit ganz mit sich selbst im Reinen ist – erst dann ist er ganz authentisch.

▶ **Zur Information für Unternehmen und Führungskräfte** Genau in gleichem Maße, wie dies auf den Wesenskern eines Menschen zutrifft, gilt dies auch für den „Core" – den Kern eines Unternehmens, wie ich in dem Buch „Chefsache Menschlichkeit" im Abschn. 8.5. Change-Prozesse – Gemeinsame Lösungsarbeit, S. 87, Abb. 8.2 Wirkungsweisen in „Unternehmen" beschrieben habe. So hat jedes Unternehmen seine eigene „Unternehmens-DNA", die gleich der persönlichen DNA Ausstrahlungen und Anziehungen vornimmt. „Wie im Kleinen (Persönlichkeit), so im Großen (Unternehmen)" gelten die gleichen Naturgesetze oder Aus- und Einwirkungen.

9.4   Der Zauber von Sichtbarkeit und Erfolg

Wachstum und Erfolge möchte jeder Mensch gerne für sich erzielen. Ein erfolgreicher Mensch ist im Außen angesehen, geschätzt, geehrt und geachtet – so die bislang gültige Meinung. Hier möchte ich nun gerne auf einen neuen Weg überleiten, den Albert Einstein mit einem Zitat sehr treffend beschrieben hatte:

> „Der Sinn des Lebens besteht nicht darin, ein erfolgreicher Mensch zu sein, sondern ein wertvoller."
> (Quelle: Pinterest, Bilder Albert Einstein, Online-Zugriff 07.11.2019).

Wer die weltpolitischen Veränderungen beobachtet, erkennt, dass sich heute bereits vieles in einem Wandel hin zu Nachhaltigkeit, einem echten Sinneswandel befindet. Erfolge und Wachstum im Leben folgen neuen veränderten Strömungen oder Reihenfolgen. Besonders die Y- und Z-Generationen stellen die Sinnhaftigkeit ihres Tuns in den Vordergrund. Nicht mehr Macht, Karriere und Geld stehen an erster Stelle, sondern Selbsterfüllung, Zufriedenheit und ein von Lebensfreude getragenes Leben.

Der Sinn – das Ziel und der Zweck, der Wert, der einer Sache innewohnt – **erhält eine höhere Bedeutung. Diese neue wert- und nutzenerfüllte** Grundeinstellung, Grundhaltung wirkt sich gesamthaft positiv auf alle Wesen und Wesensarten aus.

(Duden.de 2019d)

Sinn und Werte sowie deren verknüpftes Handeln und Tun erhalten einen neuen Sinngehalt bzw. Tenor (Abb. 9.8). Der Sinn erfährt eine Wiedergeburt in den gesamten gesellschaftlichen Veränderungen, er wird nun neu ausgerichtet nach dem Wir und nicht mehr nach dem Ego Einzelner. Diese Veränderungen sind auch ganz im Einklang mit den übergeordneten Forschungen der Innovationszyklen und Gesellschaftsentwicklung des 6. Kondratieff-Zyklus, bei dem die psychosoziale Gesundheit und die ökologischen Aspekte vermehrt im Vordergrund stehen (Abb. 9.9). Wenn heute Themen, Persönlichkeitsentwicklungen oder auch Geschäfts- und Unternehmens-entwicklungen ohne einen tieferen Sinn und Wert aufgesetzt und durchgeführt werden, dann werden diese Personen und Unternehmen in Zukunft in der Öffentlichkeit eine ganz andere Beobachtung erfahren. Erfolge in der Zukunft sollten im Einklang sein mit Sinn, Werten, Nachhaltigkeit und unternehmerischen Interessen, welche sich an gesundheitsförderlichen und lösungsorientierten Ausrichtungen in Verbindung mit Menschlichkeit orientieren.

9.4.1   Warum werde ich nicht gesehen und habe keine Erfolge?

Nicht gesehen oder übersehen zu werden im Privat-, Berufs- und Geschäftsleben – und damit keine Erfolge für sich selbst erzielen zu können – kann viele verschiedene Ursachen haben.

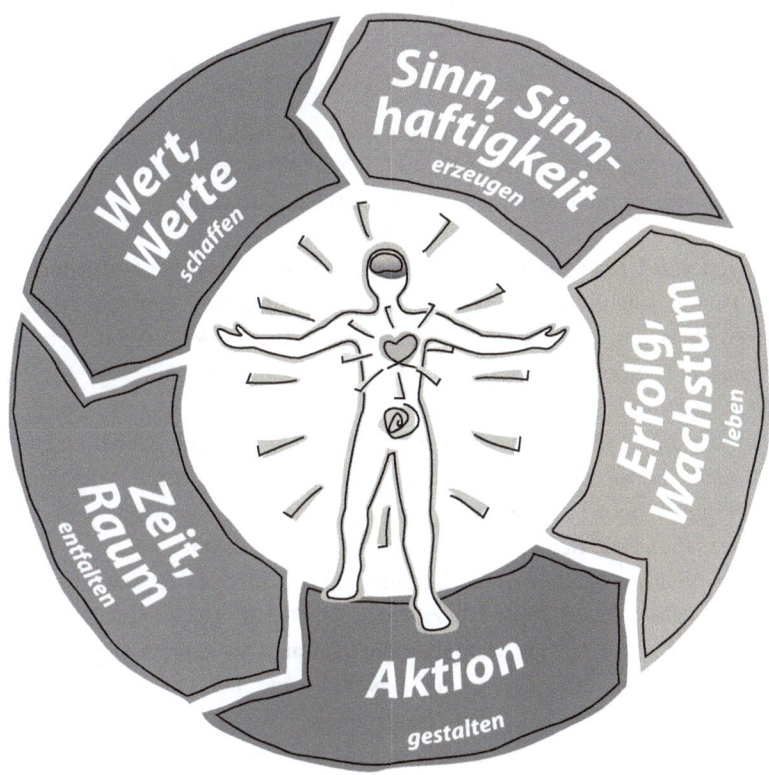

Abb. 9.8 Der Kreislauf vom Sinn zum Erfolg

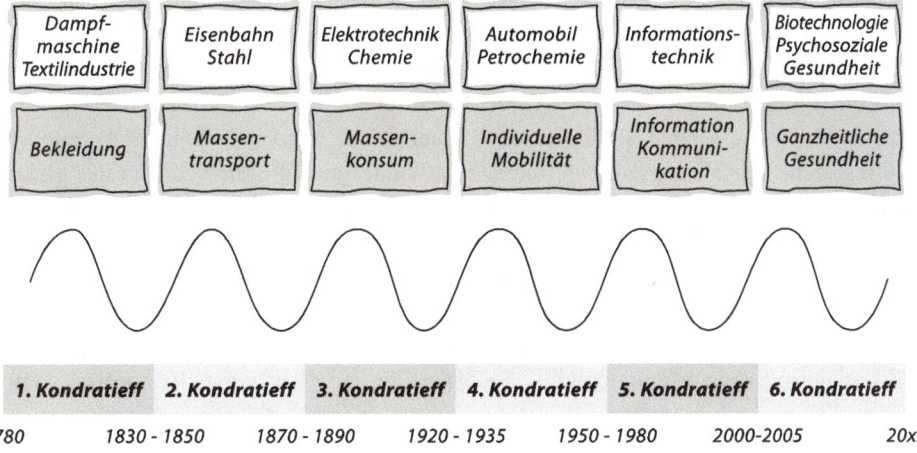

Dampf-maschine Textilindustrie	Eisenbahn Stahl	Elektrotechnik Chemie	Automobil Petrochemie	Informations-technik	Biotechnologie Psychosoziale Gesundheit
Bekleidung	Massen-transport	Massen-konsum	Individuelle Mobilität	Information Kommuni-kation	Ganzheitliche Gesundheit

1. Kondratieff	2. Kondratieff	3. Kondratieff	4. Kondratieff	5. Kondratieff	6. Kondratieff
1780	1830 - 1850	1870 - 1890	1920 - 1935	1950 - 1980	2000-2005	20xx

Abb. 9.9 Der Kondratieff-Zyklus (Innovations- und Gesellschaftsentwicklungen)

Hier habe ich Ihnen drei Beispiele aufgelistet, die ich in meiner Coachingarbeit immer wieder erlebe und höre:

„Ich bin nicht gut genug, ich glaube ich kann das nicht."
„Kleingehalten werden" oder „mich selbst kleinhalten"
„Zweifel haben" oder „mich selbst anzweifeln, ob ich das schaffe bzw. kann."

Auswirkungen von Überzeugungen, Glaubenssätzen, negativen Gefühlen

Wenn eine Person solche negativen Gefühle, Überzeugungen oder Glaubenssätze noch in sich gespeichert hat, dann strahlen diese über die Herz-Resonanz nach außen. Der Ursprung dieser Themen kam vielleicht aus einer anderen Zeit, von der Ursprungs-familie oder noch weiter zurück, und wirkt bis heute nach. Oftmals gehen diese Beispiele einher mit Gefühlen von Machtlosigkeit, Ohnmacht, Ablehnungen, Zurück-weisungen oder Unterdrückungen. Es handelt sich häufig um uralte Speicherungen von negativen Gefühlen oder Programmen, die sich noch im „Datenspeicher" des Energie-feldes des Menschen befinden (siehe Abschn. 9.3.2 und 9.4.1).

Überall, wo Menschen miteinander arbeiten, „menschelt" es. So hat jeder Angestellte, jeder Kollege, jeder Kunde, jeder Vorgesetzte und jede verantwortliche Person eine eigene Herkunftsgeschichte und damit eigene Themen in seinem Herz-Resonanz-Feld gespeichert. Wenn nun eine solche für uns relevante Person ähnliche oder gleiche Themen in ihrem Herz-Resonanz-Feld gespeichert hat wie wir selbst, „spiegeln" sich beide ihre Themen gegenseitig wider. Dies wird vom Gegenüber im Unterbewusstsein wahrgenommen und stößt innerlich auf Widerstand. Irgendetwas empfindet die Person als unangenehm und nicht richtig, ohne sagen zu können, was oder wieso. So kann es z. B. geschehen, dass ein Bewerber, der fachlich und menschlich optimal für eine bestimmte Tätigkeit geeignet wäre, bei der Besetzung der Aufgabe oder Stelle trotz aller offensichtlichen Vorzüge nicht in Betracht gezogen wird.

Wirkungen von Ablehnung, Bevorzugung, Benachteiligung

Gleiches wie zuvor gilt auch bei den Themen Ablehnung, Bevorzugung, Benachteiligung. Hat eine Person diese Erfahrungen in seinem Herz-Resonanz-Feld gespeichert, weil sie einst als Opfer oder Täter erlebt wurde, dann kann es sein, dass sie die gleichen Erfahrungen heute unbewusst wieder macht – entweder in der gleichen Rolle wie damals oder mit vertauschten Opfer-Täter-Rollen. Für die betroffenen Personen erscheinen diese Ablehnungen (z. B. für eine Stelle nicht in Betracht gezogen worden zu sein) dabei als unerklärlich, nicht nachvollziehbar oder völlig unverständlich.

Die Erfahrungen aus meiner Coachingarbeit haben gezeigt: Wenn die Ursachen für diese negativen Speicherungen versöhnt, aufgelöst und neutralisiert wurden, ergaben sich schlagartig neue Möglichkeiten, die bis dahin gar nicht vorstellbar waren. Befreit von den Altlasten und Belastungen der Vergangenheit können sich plötzlich neue Türen öffnen, die bislang immer verschlossen waren. Die Sichtbarkeit der Person verbessert sich schlagartig, sobald die überlagernden Belastungen neutralisiert wurden und ihre Herz-Resonanz mit ihrem Herzmagneten nun frei alles das anziehen kann, was die Person sich wirklich wünscht.

Wirkungen von Glück aus zwei Blickwinkeln betrachtet
Ein weiterer folgenschwerer Glaubenssatz lautet: **„Jeder ist seines Glückes Schmied."** Die Redewendung besagt, dass jeder für sein Glück selbst verantwortlich ist. Demnach dürfe sich der Mensch, um Erfolg und Zufriedenheit zu erlangen, nicht auf den Zufall oder die Hilfe anderer verlassen. Mit Ausdauer und Mühe könne jeder sein Schicksal selbst in die Hand nehmen und glücklich werden
(Geo. Geolino 2019).

Doch diese „Medaille" hat zwei Seiten:

- **Die Positive:** Wenn eine Person an sich arbeitet, um mit sich selbst ganz ins Reine zu kommen, ist es ihr leichter möglich, mit Fleiß und der positiven Absicht ihres Herzmagneten den Erfolg anzuziehen.
- **Die Negative:** Wenn eine Person die vorher genannten negativen Themen und Programme in sich gespeichert hat, kann sie sich noch so sehr anstrengen – sie wird nur und eventuell mit sehr viel Aufwand ihre gewünschten Erfolge erreichen. Sollten dazu noch zusätzliche fremdenergetische Belastungen vorliegen, wie ich unter Abschn. 9.3.3 Abb. 9.7 „Der menschliche Wesenskern" aufgezeigt habe, kann es gut sein, dass jegliche Bemühungen immer wieder zunichtegemacht, sabotiert oder blockiert werden.

Es lohnt sich demnach unbedingt, die Ursachen für Blockaden oder unerklärliche Lebenssituationen zu entdecken und zu neutralisieren, damit Sichtbarkeit und Erfolge sich einstellen können.

9.4.2 Mein Wachstum ist sichtbar

Wenn eine Person wieder ganz in Einklang mit ihrem inneren Wesenskern und ihren Fähigkeiten, Kompetenzen und Talenten ist, spiegelt sich diese innere Veränderung als Stärke und Zufriedenheit sofort im Äußeren und nach außen wider. Das freie Selbst zeigt sich in starkem Selbstvertrauen und Willenskraft zur Selbstbestimmtheit und Selbstverwirklichung.

Ganz wichtig erscheint mir in diesem Zusammenhang auch die aktivierte Selbstliebe, nicht zu verwechseln mit Egoismus. Diese gesunde und natürliche Selbstliebe ist heute in vielen Fällen und Bereichen unterdrückt und ersetzt worden in dem Streben nach Materialismus und vermeintlichen, oft vordergründigen Erfolgen aus dem Ego heraus. Die Folgen der „Missachtung der Selbstliebe" können wir an den stetig wachsenden Zahlen der psychischen Erkrankungen ersehen. Wenn ein Mensch dagegen gut auf sich selbst schaut und sich dazu achtsam und rücksichtsvoll zu seiner Umwelt und anderen Menschen verhält, strahlt er eine ungeheure Positivität aus, die im guten Sinne auch nicht ohne Folgen bleibt. Ganz nach dem Motto: „So wie ich (gut) mit mir und anderen umgehe, kommt es zu mir zurück."

Der Weg hin zum persönlichen Wachstum und einer freien Sichtbarkeit sollte somit zuallererst die Beseitigung aller Blockaden des Selbst mitbeinhalten. Danach kann der Weg des heute immer stärker werdenden Wunsches nach Selbstverwirklichung der eigenen Persönlichkeit freien Herzens gegangen werden. Um diesen Weg zu gehen, ganz zu sich selbst zu stehen und das zu tun, was in einem Menschen ruht oder angelegt ist, braucht es natürlich auch Mut.

> Der eine wartet, bis die Zeit sich wandelt, der andere packt sie mutig an und handelt.
> Dante Alighieri (1265–1321)
> (aphorismen.de 2019)

Menschen sind aufgrund von Unsicherheit, was Veränderungen mit sich bringen, oftmals sehr veränderungsscheu oder veränderungsresistent. Ich habe hierzu ein Wortbild kreiert (Abb. 9.10).

Mut bringt uns ins Tun. Dafür habe ich für Sie ein weiteres Wortbild entstehen lassen:

M = Motiviertes
U = Unternehmungsfreudiges
T = Tun

Für dieses Tun können Sie sich gerne ein neues Motto setzen, das da lauten könnte:

▶   „Ich kann nur gewinnen, weil …" (bitte vervollständigen Sie diesen Satz).

___

Beispiel
„Ich kann nur gewinnen, weil ich alle Dinge mit Sinn, Spaß, Freude und von Herzen tue." ◀

Abb. 9.10 Wer nicht geht mit der Zeit, der geht mit der Zeit

Damit Ihnen dieses Tun in Verbindung mit dem eigenen neuen Motto leicht von der Hand geht, braucht es einen innerlichen Einklang, wie vorher schon beschrieben, aus freiem …

a) **Kopf** (Klarheit und Kreativität)
b) **Herz** (Humor und Lebensfreude)
c) **Bauch** (Intuition und innerer Stimme)

Aus diesem Einklang entsteht dann ein **Dreiklang von innerer Ruhe, Frieden und Glückseligkeit,** der uns all das angehen lässt, was wir in unserem Leben gerne erreichen möchten. So wie die Natur ständig wächst, sich verändert und weiterentwickelt (Evolution), gilt dies in gleichem Maße auch für den Menschen. Wobei das Wachstum des Menschen eben auch darin besteht, sich selbst weiter voranzubringen, weiterzulernen – und dies ganz im inneren Einklang mit seinem eigenen Willen. Mit oder in Freiheit, mit Selbstbestimmtheit und in Balance von Nehmen und Geben.

9.4.3 Alles in allem: wie im Innen, so im Außen

In den alten „Hermetischen Gesetzen – dem Gesetz der Entsprechung" ist schließlich alles in allem zusammengefasst. Daraus stammt die nachfolgende Beschreibung:

Wie oben – so unten, wie unten – so oben.
Wie innen – so außen, wie außen – so innen.
Wie im Großen – so im Kleinen.

> „Für alles, was es auf der Welt gibt, gibt es auf jeder Ebene des Daseins eine Entsprechung. Du kannst daher das Große im Kleinen und das Kleine im Großen erkennen. Wie Du innerlich bist, so erlebst Du Deine Außenwelt. Umgekehrt ist die Außenwelt Dein Spiegel. Wenn Du Dich veränderst, verändert sich alles um Dich herum."
> (wirkendekraft.at 2019)

Zur **Verstärkung der Sichtbarkeit** möchte ich Ihnen gerne ein paar zusätzliche Impulse aufzeigen, durch die Sie Dinge bewusst neu sehen können und in Zukunft anders handeln dürfen:

1. Innere **Klarheit und Wahrheit** schafft äußere Wahrheit und Klarheit. Dank dem Gesetz der Resonanz können wir auch Neues, Positives und für uns Wichtiges anziehen.
2. **Macht** gilt es neu zu definieren, die der gemeinsamen Zielerreichung und Lösungsfindung dient. Der Fokus liegt dabei im Wir und im Sinne des 6. Kondratieff-Zyklus.
3. **Verantwortung** teilen und auch Verantwortung für sich selbst, für die Familie und innerhalb des Unternehmens übernehmen. Mit-wirkend Mit-Verantwortung tragen.

Die Kurzbetrachtungen der obigen Impulse möchte ich Ihnen gerne mit auf den Weg geben:

Zu 1. Dies wurde ausführlich in den vorherigen Kapiteln behandelt und ich möchte Sie gerne bestärken, auf Ihre innere Stimme, Ihre Intuition zu hören und ihr zu folgen. Natürlich nur, sofern sie sich gut und richtig anhört bzw. anfühlt.

Zu 2. Vermutlich kennen Sie Sprüche wie „Macht hat, wer macht" und „Nichts machen macht nichts". So haben wir vielerorts die Macht an Dritte, Institutionen oder andere Menschen abgegeben in der Hoffnung, sie würden sich für uns einsetzen. Hier lehrt uns jedoch die Geschichte, dass es sich oftmals um einen Trugschluss handelte und Menschen nur ausgenutzt und benutzt wurden. Es passierte Folgendes (Tab. 9.1):

Die alten Vorgehensweisen der Macht missbrauchten oft Dinge und Menschen für rein egoistische Ziele von Einzelnen oder Interessengruppen. Die neue Form der Nutzung der Macht liegt in der Rücknahme der Macht und Handlung aus einer starken inneren Kraft heraus, die zum Wohle aller und von allem wirken soll. Diese Macht lässt sich im nachfolgenden Wortbild so beschreiben:

M = Meine
A = Aktivitäten und
C = Charisma mit
H = Herzensfreude
T = teilen.

Zu 3. Neben der Macht wurde oft auch noch Verantwortung abgegeben oder abgeschoben. Es wurden die Augen verschlossen, vieles verdrängt, unterdrückt, geheim gehalten oder verschwiegen. Somit waren die Menschen zwar „da", jedoch nicht sichtbar, weil die Sichtbarkeit durch diese Verhaltensweisen verdeckt wurde. Da wir als Menschen ein Teil des großen Ganzen sind (Erde, Länder, Unternehmensmitwirkende, Familien), sollten wir uns auch unserer Mitverantwortung bewusst sein. Verantwortung tragen und teilen gibt uns nicht nur ein Gefühl der Wirksamkeit und Stärke, sondern auch eine Sichtbarkeit, indem jede Person zu sich und dem Guten steht, das sie gerne unterstützen möchte. Verantwortungsvoll zu handeln bedeutet, machtvoll und wertvoll in Verantwortung für alle und alles zu handeln.

Gesamtfazit

Die Magie der Sichtbarkeit und Anziehungskraft liegt in und an jedem Menschen selbst. Erst wenn der Mensch mit sich im Reinen ist, entsteht Klarheit und Wahrheit in seiner Ausstrahlung und Anziehung. Nimmt jede Person auch noch ihre Macht und Verantwortung im Rahmen ihrer Möglichkeiten zurück, sprich, sie übernimmt wieder

Tab. 9.1 Machtstrukturen

Machtstrukturen	Ausprägungen
Alt	Ego, Egoismus, Beherrschung
Neu	Wir, Gemeinsinn, Nachhaltigkeit

Eigenverantwortung und Mitverantwortung, kann danach in Freiheit die eigentliche Persönlichkeitsentwicklung stattfinden.

Tab. 9.2 fasst es in einfacher Weise zusammen, wonach im Grunde seines Wesens jeder Mensch strebt:

Als Ziel im Leben sollte jeder Mensch sein Leben frei entfalten, gestalten und bereichern können, damit das Tun im nachhaltigen Sinne mit Leichtigkeit, Lebensfreude und Lebenskraft stattfinden kann.

Hier empfehle ich die b^5-Formel anzuwenden:

b^5 = beleben, begeistern, bewegen, befreien, bereichern

Dies führt zu Wohlbefinden, Wohlfühlen und Wohlsein eines Menschen. Ganz im Einklang mit Kopf, Herz und Bauch kann jeder Mensch mit freier Sichtbarkeit und im b^5 wirkend im Leben vorangehen.

Die Alternative ist wenig verlockend: Der Mensch kann sich jeglicher Veränderung entziehen und ausharren. Zu dieser Strategie möchte ich noch einmal Albert Einstein zitieren:

Die reinste Form des Wahnsinns ist es, alles beim Alten zu belassen und zu hoffen, dass sich etwas ändert.

Zum Schluss wünsche ich allen Lesern meines Kapitels ganz viel Glück, Gesundheit, Freiheit, Selbstbestimmtheit und permanente Harmonie sowie eine große und weithin strahlende Sichtbarkeit in Ihrem Leben!

Mit Herzensfreude

Tab. 9.2 Grundvoraussetzungen für freie Persönlichkeitsentwicklung

Ziel des Handelns in	Was wirkt dabei, ist bereichernd	Impulsfragen
Freiheit	Wo ein freies Wesen, Gefühle und Gedanken sind, kann leichter auch mit Heiterkeit agiert werden	• Wer passt am besten zu meiner persönlichen DNA? • Wer lebt und teilt die Freiheit mit mir? • Passe ich zu der Unternehmens-DNA?
Selbstbestimmtheit	Selbst bestimmen aus der Grundhaltung des Wir (nicht mehr aus dem Ego) heraus. Die Macht und Verantwortung zu sich zurückholen, um als ein Teil des Wir verantwortungsvoll zu handeln	• Wer bestimmt über mich? • Wer übt Macht über mich aus? • Wer nimmt mich nicht ernst? • Warum bin ich machtlos? Ist das richtig?
Harmonie	Innere Balance, Ausgeglichenheit und Ruhe ermöglichen mir alles anzugehen. Die innere Harmonie stärkt die menschliche Ausstrahlung	• Warum bin ich innerlich unruhig? • Was bringt mich aus der Balance?

Literatur

Aphorismen. (2019). Online. Zitate. Dante Alighieri (1265–1321), italienischer Dichter und Philosoph. Zugegriffen: 7. Nov. 2019.

Duden. (2019a). Online. Wort Sichtbarkeit. Zugegriffen: 3. Nov. 2019.

Duden. (2019b). Online. Worte wirken und Wirksamkeit. Zugegriffen: 5. Nov. 2019.

Duden. (2019c). Online. Worte Synonyme und wirken. Zugegriffen: 5. Nov. 2019.

Duden. (2019d). Online. Wort Sinn. Zugegriffen: 7. Nov. 2019.

Geo. Geolino. Online. (2019). Redewendungen. 4635-rtkl-redewendung-jeder-ist-seines- glueckes-schmied. Zugegriffen: 7. Nov. 2019.

Pinterest. Online. Bilder Albert Einstein. Zugegriffen: 7. Nov. 2019.

Thurner, W. (2019). Informationsbroschüre: „Ein Gespräch mit Quanten". Umwelttechnik Thurner, S. 2, pdf, 81245 München, Deutschland.

Walter, C. (2016). *Herz-Resonanz-Coaching*, Autorenzugriff. Murnau a. S.: Mankau.

Wirkendekraft. (2019). Online. Kosmische Gesetze. Zugegriffen: 7. Nov. 2019.

Weiterführende Literatur

Buchenau, P., & Walter, C. (2018). *Chefsache Menschlichkeit*. Wiesbaden: Springer Gabler.

Duden. Das Herkunftswörterbuch (7), Das Synonymwörterbuch (8), Das Bedeutungs wörterbuch (10), Dudenverlag.

Nefiodow, L. A. (2017). www.Kondratieff.net.

Walter, C. (2016). *Herz-Resonanz-Coaching*. Murnau a. S: Mankau.

Walter, C. (2019). *Fremdenergien. JCL*. Murnau a. S: Mankau.

Claus Walter war bis 2010 als Experte für Business Development, Produkt- und Innovationsmanagement sowie Marketing und Vertrieb für internationale Technologiefirmen tätig. Veranlasst durch sein eigenes Burn-out, erforschte er die Ursachen von Erschöpfung/Burn-out und entwickelte innerhalb von 16 Jahren eine hocheffektive Methode: das Herz-Resonanz-Coaching. Es basiert auf den Wirkungen und Erkenntnissen der Herz-Resonanz, der morpho-genetischen Felder, der Kohärenz und der Quantenphysik, die von führenden Naturwissenschaftlern nachgewiesen sind. In den letzten neun Jahren haben über 600 Personen erfolgreich dieses Coaching durchlaufen. Er arbeitet heute in seiner eigenen Firma als Spezialist für Change/Chance-Prozesse, Geschäftsentwicklung, Persönlichkeits- und Führungskräfteentwicklung. Darüber hinaus ist er als Berater für Betriebliches Gesundheitsmanagement von Gesundheitsförderung Schweiz akkreditiert und ist als Lehrbeauftragter in der Swissmem Academy tätig. Seine Erkenntnisse und Methoden hat er zu einem gesundheitsförderlichen und lösungsorientierten Vorgehen weiterentwickelt, sodass heute Unternehmen im Wandel der Digitalisierung ihre Veränderungsprozesse schneller und gepaart mit Menschlichkeit durchführen können.

Weitere Informationen unter www.cforc.biz.

Die Faszination des Dreiklangs

Wie der Dreiklang Einklang herstellt

Thomas Wieler

Inhaltsverzeichnis

Zusammenfassung

Wer liebt sie nicht, die Sichtbarkeit. Sichtbar sein, anerkannt zu sein, geschätzt sein, alles Attribute, die uns ein richtig gutes Gefühl geben. Wollen wir sie doch alle, die Sichtbarkeit in unserer Gesellschaft. Doch was muss ich dafür tun, um sie auf natürliche Weise zu bekommen?

In diesem Kapitel „Die Faszination des Dreiklangs" zeige ich Ihnen auf, wie Sie vorgehen können, um dieses Ziel zu erreichen. Hierbei handelt es sich nicht um eine

T. Wieler (✉)
Köln, Deutschland

© Springer Fachmedien Wiesbaden GmbH, ein Teil von Springer Nature 2020
P. Buchenau (Hrsg.), *Chefsache Sichtbarkeit,* Chefsache,
https://doi.org/10.1007/978-3-658-30606-9_10

theoretische Abhandlung, sondern ich beschreibe im Grunde meinen eigenen Weg, den ich gegangen bin, um eine vollkommen andere Sichtbarkeit auf mich selbst, aber auch für andere zu erreichen.

10.1 Einleitung

Geholfen hat mir dabei die Betrachtungsweise des Dreiklangs. Egal, worüber ich auch nachdachte, ich stellte immer wieder fest, dass es mindestens drei Aspekte geben muss, damit mein Thema klar und eindeutig definiert war und es somit auch abgerundet war. Abgerundet wird es besonders, wenn alle drei Aspekte gleiche Gewichtung haben, grafisch heißt das, wenn ich bei einem gleichseitigen Dreieck alle Punkte verbinde, erhalte ich einen gleichmäßigen Kreis. Man kann auch sagen, die Sache wird rund. Bestes Beispiel, um dies klarzumachen, ist der uns alle bekannte Dreiklang Körper, Seele, Geist. Doch dazu komme ich später genauer im Abschn. 10.3.

Haben Sie persönlich einen für sich gültigen und stimmigen Dreiklang gefunden und sind alle Aspekte harmonisch miteinander abgestimmt, entsteht in Ihnen ein sogenannter Einklang.

Sie kennen das sicherlich auch aus der Musik, ein einfacher harmonischer Akkord braucht mindestens drei Töne. Doch bereits ein falscher Ton der dreien und Sie empfinden es nicht mehr als angenehm, sprich harmonisch. So ist es dann auch mit unserem Empfinden, ein falscher Aspekt und wir spüren direkt, da stimmt etwas nicht wirklich.

Sicherlich klingt das erst einmal wie ein Dilemma, denn jetzt fragt sich sicherlich jeder, welcher Dreiklang denn nun zu ihm passt, wie finde ich diesen denn überhaupt, was genau ist denn für mich und mein Leben relevant?

Wirklich wichtige Fragen, die bearbeitet werden wollen. Genau zu diesem Zeitpunkt entstand auch bei mir ein erstes Unwohlsein mit der Frage, was kommt da wohl alles auf mich zu? Eines kann ich aber schon jetzt mit voller Überzeugung sagen, ich bin richtig froh, dass ich mich diesen Fragen gestellt habe, denn auf alles habe ich auch Antworten bekommen. Dazu dann gleich mehr. Seien Sie gewiss, ich lasse Sie mit Ihren Fragen nicht allein und zeige Ihnen meinen Weg, der vielleicht auch für Sie der richtige werden kann. Geben Sie sich und Ihrer Zukunft eine Chance, Sie werden es sich selbst danken.

Wir starten mit dem wichtigsten und zentralen Dreiklang, wie Ihre persönliche Sichtbarkeit auf den Weg gebracht werden kann. Die Abb. 10.1 zeigt, dass es drei sehr wichtige Aspekte gibt, die wir dann in den folgenden Kapiteln noch tiefer beleuchten werden:

1. die **Selbst-Annahme,**
2. das **Selbst-Vertrauen** und
3. das **Selbst-Bewusstsein.**

Abb. 10.1 Die Sichtbarkeit

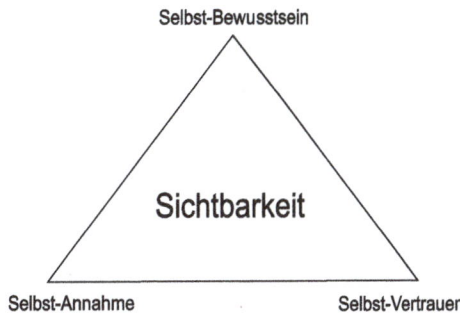

Wir können auch sagen, es sind drei elementare Eckpfeiler in Ihrer **Persönlichkeitsentwicklung,** die, wenn sie in Einklang kommen, Ihnen ein ausgeglichenes Gefühl und ein
harmonisches Leben geben werden.

10.2   Selbst-Annahme

Wir bedienen uns hier der deutschen Sprache und erkennen, dass wir selbst etwas
annehmen müssen. Jetzt werden Sie sagen: „Ich muss hier überhaupt nichts annehmen!"
Das stimmt auch. Klar, Sie können es annehmen, doch habe ich genau an dieser Stelle
gemerkt, dass ich es musste, ansonsten wäre mein Veränderungsprozess nicht in
Schwung gekommen und die von mir gewünschten Veränderungen hätten sich mit hoher
Wahrscheinlichkeit nicht klar genug oder sogar gar nicht eingestellt.

Somit ergibt sich erneut ein wichtiger Dreiklang, der in der Abb. 10.2 dargestellt ist.
Schauen wir uns die nächsten drei wichtigen Eckpfeiler zum Thema Selbst-Annahme
genauer an.

Abb. 10.2 Die Selbst-Annahme

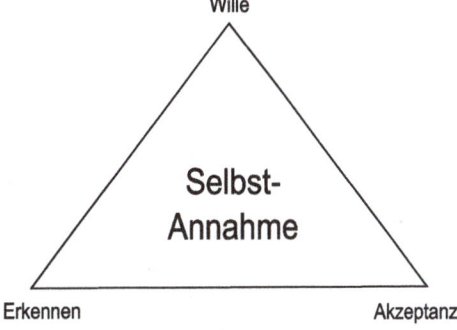

10.2.1 Erkennen

Sie kennen es sicherlich auch. Gerade um die Jahreswende sind die Vorsätze vieler Menschen extrem hoch. Was alles an Veränderungen durchgeführt werden soll, ist schon bemerkenswert. Leider ist aber die Quote des Scheiterns auch extrem hoch. Sobald wir merken, da kommt Gegenwind, meistens durch unseren inneren Schweinehund, sind wir geneigt, großzügiger gegen uns selbst zu werden. Die guten Vorsätze werden durch interne Verhaltensmuster, sogenannte „Programme", die wir in uns tragen, torpediert und so lange bearbeitet, bis sich unsere Vorsätze wieder in Luft auflösen. Sind Sie mit diesen Mustern auch schon in Kontakt gekommen? Ich denke schon.

Grundsätzlich haben Wissenschaftler herausgefunden, dass wir 30 bis 40 Tage brauchen, um uns neue Gewohnheiten anzutrainieren. Diese neuen „Programme" sind dann zwar noch nicht sehr stabil, funktionieren aber schon recht gut. Der Erfolg stellt sich jedoch nur ein, wenn diese Programme dauerhaft bearbeitet und gelebt werden, sonst gehen auch diese wieder verloren. Nur eine dauerhafte Nachhaltigkeit bringt da Abhilfe, bis es einem so in Fleisch und Blut übergegangen ist.

Das heißt, unser Veränderungsprozess startet mit dem Erkennen, dass sich etwas ändern sollte. Meistens spüren die Menschen sehr genau, etwas ist nicht stimmig, haben aber häufig keine Erklärung dafür. Teilweise sind es Gedanken, die einen beschäftigen, bei anderen zeigen sich bereits körperliche Schwierigkeiten und Krankheiten.

In allen Gesprächen, die ich mit meinen Kunden zum Thema Persönlichkeitsentwicklung geführt habe, wurde mir bestätigt, dass nicht wirklich klar war, wie man diese Veränderungen überhaupt angehen soll. Grundsätzlich waren die Erkenntnisse da, nicht aber der Weg beziehungsweise Ausweg. In den meisten Fällen wurde formuliert, dass sich im Leben der Person etwas ändern muss, weil sich die persönlichen oder beruflichen Situationen verändert haben, häufig sehr belastend geworden sind, und sich bereits die schon erwähnten körperlichen Symptome als Abwehrreaktion zeigen.

Sehr häufig stellten sich bei meinen Kunden erhöhte Müdigkeit, Antriebslosigkeit, Lustlosigkeit, Atemprobleme, Konditionsprobleme und weitere Symptome ein. Hierzu gibt es mittlerweile einige Studien, die belegen, dass es sich hierbei um Boten von sogenannten Burn-out-Symptomen handelt, mit denen man natürlich sehr unterschiedlich umgehen kann.

Bereits jetzt ist es schon entscheidend, wie Sie für sich das Erkennen definieren. „Ist okay, wird schon nicht so schlimm", „Ich kann ja jetzt nicht im Betrieb fehlen", „Was passiert, wenn man erkennt, dass es mir nicht gut geht" und viele solcher Aussagen mehr, beschreiben das Wegschieben bzw. Überhören, Überspielen von solchen Problemen oder noch schlimmer, eine stetig steigende Angst kommt auf, die sich im Laufe der Zeit dann noch potenziert.

Ich selbst war auch an diesem Punkt, zum Glück nicht in einem konkreten Burn-out, aber ich merkte zunehmend, dass ich überhaupt nichts mehr richtig erledigt bekam. Die benötigte Energie war nicht da, Lust hatte ich auch keine, aber klar, zu Hause gab es

Verpflichtungen, die es zu bedienen galt. Zum Glück war es jedoch bei mir so, dass ich immer aufmerksamer wurde für das, was mein Körper mir immer konkreter zeigte, dass ich etwas zu verändern habe.

10.2.2 Akzeptanz

Schön, wenn man erkennt, es sollte sich etwas ändern, doch wie sieht es eigentlich mit meiner persönlichen Akzeptanz aus, dass ich mich genau in diesem Zustand befinde?

Immer häufiger erkenne ich bei meinen Kunden, dass jeder stark sein möchte, sich nichts anmerken lassen möchte und häufig sich ein Gesellschaftsmuster zeigt, ich habe zu funktionieren. Rückblickend auf mein Leben und meinen beruflichen Weg fällt mir mittlerweile immer deutlicher auf, dass wir sehr klar auf ein Funktionieren konditioniert sind. Das fängt schon in der Schule an und intensiviert sich im Laufe des Lebens, bis man selbst ein größeres Zahnrad im zu funktionierenden Getriebe ist. Sollten wir dann und wann irgendwelche psychischen oder gesundheitlichen Probleme haben, fängt uns ein Gesundheitssystem auf, dass aber nur auf Symptombasis basiert und agiert und in den allerwenigsten Fällen die wahren Ursachen sucht.

Jetzt fragen Sie sich sicherlich, warum ich das erwähne. Die Wissenschaft hat auch festgestellt, dass das wahre Heilungssystem unser eigener Körper ist. Dieser, unser Körper, ist zu jedem Zeitpunkt darauf bedacht, uns zur Heilung zu verhelfen, und zwar solange, bis er nicht mehr kann. Was da alles dahinter steckt, soll hier nicht genauer beschrieben werden, nur so viel, es hat extrem viel damit zu tun, wie Sie sich selbst erkennen und akzeptieren, um darauf aufbauend einen stabilen und in Einklang definierten Lebensweg zu gehen.

Sie schauen morgens in den Spiegel und was sehen Sie? Ist das, was Sie sehen, von Ihnen persönlich akzeptiert? Können Sie es annehmen?

Eine extrem wichtige Frage, denn hier entscheidet es sich, wie ehrlich Sie wirklich zu sich selbst sind. Können Sie sich selbst eingestehen, dass Sie Probleme haben, oder nutzen Sie das eintrainierte Repertoire an Ausreden und schieben die wirklichen Tatsachen auf Seite?

Es ist schon eine Herausforderung, sich das einzugestehen, doch ich habe es gemacht und akzeptiert. Ich begann, mehr auf meinen Körper zu hören und ehrlich mit mir selbst zu sein.

10.2.3 Wille

Wo ein Wille ist, ist auch ein Weg, sagt ein bekanntes Sprichwort, und ja, das Sprichwort hat recht. Ich hatte bereits erläutert, dass neue Gewohnheiten eintrainiert werden müssen und dass es einige Zeit dauert, bis sich diese in unser Unterbewusstsein eingebaut haben. Vorteil des Unterbewusstseins ist es ja, dass es wie automatisch abläuft, ohne dass es uns viel Energie kostet. Doch bis es dazu kommen kann, braucht es auch einen starken Willen.

Nachdem wir jetzt erkannt und akzeptiert haben, dass sich etwas in unserem Leben ändern sollte, braucht es genau diesen Willen, damit es auch funktionieren kann. Doch wann genau entwickeln Menschen überhaupt einen großen Willen?

Hier hilft uns wieder ein sehr wichtiger Dreiklang, der auf diese Frage Antworten liefert. Die Abb. 10.3 zeigt diesen Dreiklang.

1. Der **Sinn** bzw. die **Sinnhaftigkeit** in meinem Leben.
2. Mein persönliches bzw. berufliches **Werte**system.
3. Der Standort, der **Raum,** wo ich mich befinde oder befinden möchte.

Macht das überhaupt für mich Sinn? Wieso soll ich das tun, will ich das überhaupt? Wie ich finde, recht häufig formulierte Fragen, die sich die meisten Menschen stellen. Doch was passiert dann, wenn wir uns die Fragen gestellt haben? Leider sehr häufig nichts oder nicht viel!

In den Gesprächen mit meinen Ansprechpartnern stellte sich mehrheitlich heraus, dass in den allermeisten Fällen konkret der Sinn bzw. die Sinnhaftigkeit für das eigene Leben fehlte. Ihnen war meistens nicht klar, wofür Sie eine Sache auf sich nehmen sollten. Wenn ich dann fragte, wie sie dann mit ihrem Leben oder beruflich klarkommen können, bekam ich die Antwort: „Wie soll ich es denn ändern, ich muss funktionieren, ich habe Verantwortung."

Klar, manchmal sind unsere Themen nicht einfach mal so spontan änderbar. Doch gilt auch ein guter Grundsatz, das eine tun, ohne das andere zu lassen. Nichts getan haben wir schon alle.

Kennen Sie das, Sie haben richtig Lust auf ein Thema, sei es privat oder beruflich, brennen sogar dafür und können es kaum abwarten, loszulegen? Sie strotzen nur so voll Energie und brauchen nicht einmal nach Ihrem Willen fragen, der lässt Sie dann überhaupt nicht mehr los. Es ist genau das, was den Unterschied macht. Sobald wir

Abb. 10.3 Der Wille

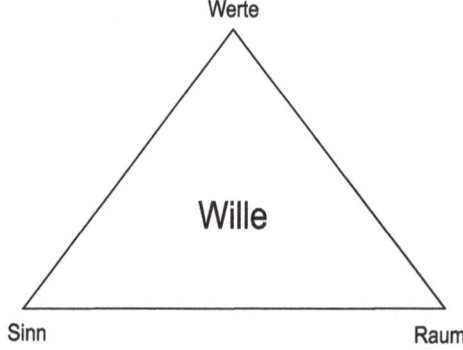

Menschen einen Sinn in einem Thema sehen, wollen wir es machen, Energie ist genau dann mehr als reichlich vorhanden.

Persönliches oder berufliches Wertesystem. Wie oft stand ich morgens vor dem Spiegel und habe mich gefragt, warum soll ich heute zur Arbeit gehen? Das passt doch überhaupt nicht mehr zu mir oder damit kann ich mich überhaupt nicht mehr anfreunden oder das fühlt sich aber überhaupt nicht stimmig an. Wie wollen Sie einen Willen für eine Sache haben, die nicht konform mit Ihrem inneren Wertesystem ist?

Häufig ist es auch so, dass Ihr heutiger Lebensmittelpunkt oder auch beruflicher Mittelpunkt für Sie an der vollkommen falschen Stelle ist, das heißt, räumlich nicht passt, oder Sie sich an diesem Standort nicht wohlfühlen.

Sie merken schon, es gibt so einiges, was sich auf unserem Lebensweg so zeigt und, ja, es geht immer noch um das Thema Sichtbarkeit. Diese Selbst-Annahme ist eine Standortbestimmung auf persönlicher Ebene und reflektiert Ihr Denken und Ihr Handeln, das wir in den nächsten Kapiteln weiter vertiefen werden. An dieser Stelle sei aber schon mal erwähnt, dass die wahre Sichtbarkeit mehr ist als nur die Äußerlichkeit, die wir über unsere Wahrnehmung und Sinnesorgane erfassen können.

Selbst-Annahme – eine erste persönliche Standortbestimmung

Zusammenfassend kann man sagen, dass es elementar ist, dass wir offen und ehrlich mit uns selbst umgehen. Über den Dreiklang Erkennen, Akzeptieren und Wille bereiten wir den Boden für alle weiteren Schritte hin zur Sichtbarkeit. Nur wenn wir Menschen einen Sinn in dem sehen, was wir wirklich tun wollen, haben wir auch den Willen und die Bereitschaft, uns überhaupt auf den Weg zu machen sowie Zeit und Geld zu investieren. Wenn dann noch alles im Bereich meines eigenen Wertesystems abläuft und ich mich auch noch räumlich wohlfühle, dann sind auf jeden Fall sehr gute Voraussetzungen für die Zukunft gesetzt.

Achten Sie darauf, dass möglichst viele Punkte stimmig sind und bleiben Sie Ihrer Linie treu, es zahlt sich aus.

10.3 Selbst-Vertrauen

Im Abschn. 10.2 haben wir das Fundament dafür gelegt, dass Sie immer mehr in Ihr eigenes Vertrauen kommen können. Einer der häufigsten Fehler ist es, dass zu früh gehandelt wird, ohne exakt zu wissen, wofür genau und warum.

In diesem Abschnitt beschäftigen wir uns mit dem Thema Selbst-Vertrauen.

Wie oft habe ich mich selbst dabei ertappt, dass ich die Punkte aus Abschn. 10.2 mir sehr klar kognitiv bestätigt habe, ohne jedoch vorher geprüft zu haben, ob das, was ich zu mir selbst sage, sich auch richtig anfühlt. Konkret stellte sich damit die Frage:

Hat mir mein Kopf die Antworten gegeben
oder
eher mein Gefühl? Warum ist das so wichtig?

Stellen Sie sich vor, Sie wollen eine besondere Leistung erbringen, z. B. einen 4000 m hohen Berg hinaufgehen, sie sind jetzt aber nur normal trainiert. Sie wissen, die Tour dauert mindestens acht Stunden und es wird verdammt anstrengend. Der Tag kommt immer näher und was passiert dann in Ihrem Kopf? Bedenken über Bedenken kommen auf, Sie spielen alle Eventualitäten im Kopf durch, begründen sich konsequent selbst, warum es besser wäre, diese Leistung nicht zu machen, vielleicht lieber starten, wenn Sie besser trainiert sind, eventuell nächstes Jahr, ja, bestimmt, nächstes Jahr passt es viel besser. Kennen Sie das?

Ich bin jetzt ehrlich zu Ihnen, dieses Beispiel ist nicht nur ein Beispiel, sondern wird auch für eine gewisse Zeit Ihre Realität. Wenn Sie diesen Weg gehen, dann kommen Ihnen genau diese Bedenken in den Kopf, am Anfang sehr viele, im Laufe der Zeit immer weniger, später dann keine mehr. Der Schlüssel, dass Sie es schaffen, ist Ihr Selbst-Vertrauen. Es bringt Sie genau in die Erfolgsspur und hilft Ihnen, auch die fordernden Zeiten und Veränderungen zu meistern. Stellen Sie sich aktiv diesen Situationen, Sie werden erstaunt sein, was alles möglich wird.

Somit kommen wir zum nächsten wichtigen Dreiklang, der zum Thema Selbst-Vertrauen gehört. Die Abb. 10.4 zeigt die nächsten Eckpfeiler in Ihrer Persönlichkeitsentwicklung.

10.3.1 Mut

Wir erinnern uns, dass wir ja noch den 4000 m hohen Berg bezwingen wollten oder Ähnliches. Ich sagte schon, Sie brauchen Vertrauen in sich selbst und natürlich auch Mut.

Abb. 10.4 Das Selbst-Vertrauen

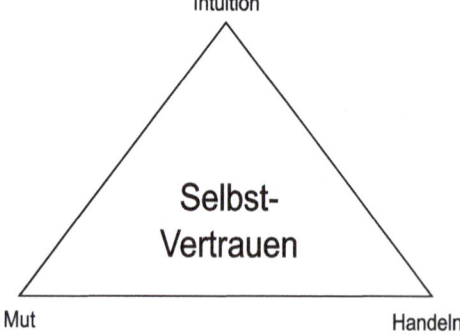

Als ich über meine eigene Situation nachzudenken hatte und ich den Prozess der Selbst-Annahme mir selbst ehrlich beantwortet hatte, wusste ich überhaupt nicht, was ich tun sollte. Auch bei mir war es so, dass ich morgens, noch im Bett liegend, bereits 10.000 Dinge im Kopf hatte, die mich ärgerten, beschäftigten, Probleme bereiteten, die erledigt werden sollten, auf die ich überhaupt keine Lust hatte und so weiter. Fazit, das Aufstehen fiel mir schwer, kraftlos, nur Probleme, keine Lösungen, positive Gedanken, wo seid ihr? Also doch lieber liegen bleiben.

Sicherlich eine Option, doch für mich nicht die richtige. Es ist wie mit dem Berg, es braucht den Mut, anzufangen, um auch wirklich etwas verändern zu können und den eigenen Erfolg zu erarbeiten. Klar, mein Kopf war schon sehr geschwätzig und erzählte mir viele Dinge, die aber mit der Realität nicht wirklich etwas zu tun hatten. Genau das gilt es zu erkennen. Doch wie bekommt man seine Gedanken in ruhigeres Fahrwasser?

Lange Zeit habe ich mich mit Meditation beschäftigt, da diese einem hilft, mehr in die Achtsamkeit mit sich selbst zu kommen. Das sagt sich so einfach, immerhin haben die meisten ja berufliche oder persönliche Abhängigkeiten. Zusätzlich bekommen wir auch noch jeden Tag Tausende von externen Impulsen über jegliche Medien frei Haus geliefert, die von unseren Sinnesorganen aufgenommen werden und einen Effekt in unserem Körper bewirken. Leider auch viele negative, die wir dann auch spüren. Nachdem ich das verstanden hatte, habe ich mich entschieden, mich von einer großen Menge an Informationen abzukoppeln, damit ich mich mehr mit mir selbst beschäftigen konnte. Überlegen Sie bitte mal selbst, wer im Moment bei Ihnen der wahre Entscheider darüber ist, was Sie tun. Sind Sie das selbst oder werden Sie entschieden? Seien Sie ehrlich zu sich selbst.

Das ist auch eine Frage von Mut, denn wir haben ja ständig Angst, etwas zu verpassen. Ich kann Sie aber wirklich beruhigen, zu keinem Zeitpunkt habe ich etwas Entscheidendes verpasst. Ganz im Gegenteil, mir ging es damit viel besser und die Kombination aus weniger Einfluss, erhöhter Achtsamkeit auf mich selbst, Naturspaziergänge und Sport haben meine Gedanken sehr schnell beruhigt.

Mut braucht es auch, sich selbst zu begegnen. Durch die dauernden Ablenkungen tun wir es ja nur selten bis überhaupt nicht. Was meine ich damit genau?

Als ich mich mit mir selbst beschäftigte, erkannte ich viele eintrainierte Muster, die so gar nicht zu meiner Persönlichkeit passten. Gedanken, Meinungen, Einstellungen zu Dingen erstaunten mich, hatte aber überhaupt keine Ahnung, wo die herkamen. Jetzt wurde es spannend, denn wenn man mehr über sich selbst lernen möchte, dann ist es wichtig zu hinterfragen, wo diese Muster denn herkommen. Ich fing an, mir selbst Fragen zu stellen, wie z. B. „Woher kommt diese Meinung, gibt es dazu einen weiteren Hintergrund, eine Ursache, die ich im Moment noch nicht erkenne, die es aber sicherlich gibt?" oder „Wo kommt denn diese Meinung her, ist das auch tatsächlich meine eigene Meinung oder habe ich diese nur übernommen?"

Ich möchte Sie an dieser Stelle ermutigen, nehmen Sie sich die Zeit, Sie werden wirklich erstaunt sein, was Sie plötzlich alles wieder erfahren, erkennen, sehen, wenn Sie es hinterfragen. Übrigens ein wunderbares Wort, **hinter Fragen,** heißt, Sie Fragen so lange,

„Was liegt dahinter, dahinter, dahinter",

bis Sie den wahren Grund, die Ursache gefunden haben. Das ist extrem wichtig, denn dann wissen Sie, ob Sie es behalten möchten, oder ob Sie es aus Ihrem Leben verabschieden können. Versprechen kann ich Ihnen auf jeden Fall super Erkenntnisse und viel Erleichterung. Seien Sie mutig und befreien Sie sich von vielem unnötigem Ballast.

10.3.2 Handlung

Schön, wenn man jetzt einen Willen hat und Mut aufbringt. Aber was ist, wenn man dann doch nicht ins Handeln kommt? Bleiben wir mal wieder bei unserem 4000-m-hohen-Berg-Beispiel.

Sie stehen am Fuß des Berges, haben trainiert, den Willen aufgebaut, haben Ihre Bedenken überwunden, Ihr Kopf ist jetzt ruhiger geworden und erzählt positive Geschichten, sprich der Mut ist groß, Sie schauen den Berg hinauf, gehen aber nicht los. Was ist jetzt schon wieder los?

Dies ist kein erfundenes Szenario, sondern wieder Realität. Ich erlebe mittlerweile viele Menschen, die gerne etwas verändern möchten, aber nicht ins Handeln kommen. Das ist gleichzeitig aber auch nichts Ungewöhnliches, denn das bedeutet, dass zuerst noch offene, ungelöste Themen existieren, die, siehe Abschn. 10.3.1, noch nicht ausreichend bearbeitet wurden. Dafür kann es natürlich unterschiedliche Gründe geben.

Schaut man sich diese Situation genauer an, existiert wieder ein Dreiklang, diesmal einer, der eher etwas behindert, als dass er förderlich ist. Es sind die Themen, fremdenergetische Belastungen, Muster und Programme sowie externe Beeinflussungen.

Zum ersten Thema gibt es schwer erklärbare Phänomene, die außerhalb unserer direkten Wahrnehmung liegen, die sogenannten fremdenergetischen Belastungen, die sich körperlich teilweise extrem stark auswirken, ohne dafür erst einmal eine direkte Erklärung zu haben. Hier verweise ich auf die jahrelangen wissenschaftlichen Forschungen von Claus Walter, der in seinen Büchern zeigt, worum es sich dabei im Besonderen handelt (Walter 2019).

Zum Zweiten gibt es Handlungsmuster, Programme, die aus unserem Unterbewusstsein heraus wirken, Automaten, die, sobald sie nur den passenden Impuls bekommen, sofort aktiv werden und wirken, ohne dass wir irgendetwas dafür können. Solange diese Programme und Handlungsmuster noch nicht bearbeitet und gelöst wurden, sind wir häufig nicht wirklich handlungsfähig.

Zum dritten sind da noch die externen Beeinflussungen. Kennen Sie das auch, Sie haben sich etwas vorgenommen, wollen starten und dann das:

„Bist Du Dir sicher, dass Du das machen möchtest?"
„Das ist doch viel zu gefährlich!"
„Stell Dir vor, Dir passiert was, was dann?"

Die sogenannten guten Ratschläge von außen, die nichts anderes tun, als Probleme anderer auf einen selbst zu projizieren. Die Wirkungsweise ist klar, man beginnt zu Zweifeln, ist verunsichert, eventuell starten diese Aussagen sogar wieder Programme des Unterbewusstseins.

Drei sehr unterschiedliche Themenblöcke, die ich alle erlebt und bearbeitet habe. Ich kann bestätigen, dass es sie gibt und es sehr wertvoll ist, diese auch zu beleuchten, was auch jeder für sich selbst tun kann. Hier nur der Hinweis, dass es hilfreich und unterstützend sein kann, sich mit einem Experten darüber auszutauschen.

10.3.3 Intuition

Häufig sagen wir, viele Wege führen zum Ziel, doch woher weiß ich eigentlich:

Welcher Weg denn genau jetzt für mich der richtige ist?

Eine super entscheidende Frage, die genau jetzt das maximale Vertrauen, Selbst-Vertrauen, fordert.

Ich hatte bereits davon gesprochen, dass wir schon seit Kindeszeiten sehr stark gesellschaftlich geprägt werden. Dies passiert auch heute noch durch die hohe Anzahl an Informationen, die sich durch mediale Möglichkeiten in den letzten 10 Jahren exponentiell erhöht haben. Gehirnscans zeigen dabei, dass wir Menschen mittlerweile eine überproportionale Belastung der linken Gehirnhälfte haben, sprich unser logisch rationales Denken wird durch diese Informationen im Schwerpunkt adressiert. Die rechte Gehirnhälfte, die kreative und emotionale Seite, wird dabei eher selten angesprochen. Das hat Auswirkungen auf unser Verhalten und zeigt sich dann auch in unseren Entscheidungsprozessen. Der Effekt ist, dass wir extrem stark versuchen, viele Dinge nur noch logisch zu erfassen, wir vertrauen nur der Wissenschaft, was nicht klar und eindeutig bewiesen ist, können wir kaum glauben und akzeptieren. Sicherlich ist noch ein Unterschied zwischen Männern und Frauen zu erkennen, doch zeigen Studien heute bereits erschreckende Zahlen, wie beispielsweise die Anzahl der Frauen mit Burn-out und Herzinfarkt in den letzten Jahren sich mehr als verdoppelt haben.

Doch wie sieht es eigentlich mit unserer Intuition aus?

Schauen wir uns das Wort Intuition doch mal genauer an. Laut Duden ergeben sich zum Stichwort Intuition die folgenden Definitionen.

▶ **In-tu-i-tion**

1. das unmittelbare, nicht diskursive, nicht auf Reflexion beruhende Erkennen, Erfassen eines Sachverhalts oder eines komplizierten Vorgangs
2. Eingebung, [plötzliches] ahnendes Erfassen

Ähnliche Begriffe sind:

1. Empfinden, Gefühl, Gespür, Inneres, innere Stimme, Instinkt, Bauch
2. Ahnung, Anwandlung, Erleuchtung, Idee, Impuls, [plötzliche] Erkenntnis, Eingebung

(Duden.de 2019)

Interessant, finden Sie nicht auch, ich lese da nichts von logisch-rational? Da stellt man sich schon sehr schnell die Frage, wo ist denn überhaupt unsere Intuition geblieben und wie oft nutzen wir diese noch aktiv?

Fassen wir alles bis hierhin mal zusammen. Wir haben Mut gefasst, wollen jetzt ins Handeln kommen und stehen dann jetzt wieder vor unserem Berg und wissen nicht so genau, welche Route wir nehmen sollen. Was meine ich damit?

Bedingt durch ihr Nervensystem haben Frauen einen direkteren Zugang zu ihrer Gefühlsebene und somit auch zu ihrer Intuition als die Männer. Gefühle sind in den letzten Generationen, besonders in denen der Nachkriegszeiten, nicht immer so ausgeprägt, das hat sich stärker nach dem Jahr 2000 geändert. Somit verlassen sich besonders die Männer mehr auf ihr logisches Denken und Handeln, somit auch eher auf die logisch-rationale Ebene, so wird es ja heute in den eher traditionelleren Unternehmen auch aktiv gelebt, weil es auch unserer Ausbildung entspricht.

Auch ich durfte das erkennen und lernen, dass jegliche Ergebnisse, die ich aus der Intuition, sprich Gefühlsebene heraus traf, viel besser und natürlicher waren als die, die ich aus dem Kopf heraus traf. Der größte Schritt war jedoch, diesem Veränderungsschritt überhaupt zu vertrauen, sprich wieder in das Selbst-Vertrauen zu kommen. Es gibt da so etwas wie eine innere Stimme, ein ganz persönlicher Ratgeber, den ich vorher gar nicht so beachtet hatte, doch dann umso überraschter und erfreuter war, wie super dieser Ratgeber funktionierte und nur für mich da war.

Bringt man somit Mut, Handeln und Intuition in Einklang, das heißt, in ein hohes Selbst-Vertrauen, dann zeigt sich bereits eine deutlich veränderte Sichtbarkeit der jeweiligen Person, da nicht, wie bei so vielen, eine eher Ego-orientierte Handlungsweise wirkt, sondern eine aus dem persönlichen Sein heraus. Damit fängt die Person an, eine andere Resonanzwirkung zu erzeugen, die im Umfeld der Person auch bereits jetzt schon wahrgenommen werden kann.

Selbst-Vertrauen, die wichtige Verbindung zu sich selbst

Zusammenfassend kann man sagen, dass grundsätzlich Mut aufgebracht werden muss, damit wir auch ins Handeln kommen können. Wichtig dabei ist, dass wir immer aufmerksamer auf das werden, was mit uns selbst zu tun hat, anstatt zu viel auf andere zu schauen. In letzter Konsequenz können wir uns immer nur selbst helfen, andere können uns dabei nur begleiten. Manchmal stellen wir fest, dass wir nicht ins Handeln kommen, dafür gibt es ebenfalls Gründe, die wir nicht liegen lassen dürfen, sondern diese aktiv anschauen und angehen sollten. Wir sparen dadurch auch viel Zeit, alles geht dann schneller. Wie wir dann letztendlich Entscheidungen treffen, ist sehr davon abhängig, wie wir tatsächlich uns selbst und unserem eingebauten Ratgeber, unserer Intuition, vertrauen können. Je mehr wir das können, desto besser und schneller werden unsere Entscheidungen.

Vertrauen Sie sich, Sie bekommen dadurch die Verbindung zu sich selbst wieder zurück.

10.4   Selbst-Bewusstsein

Bis hierhin haben wir bereits die Themen Selbst-Annahme und Selbst-Vertrauen behandelt und verschiedene Aspekte beleuchtet. Sicherlich gibt es noch viel mehr, was zu sagen wäre, was ich mir auch teilweise angeschaut und ausprobiert habe. Es ist mir jedoch wichtig, so kurz und konkret wie möglich zu sein, damit Sie als Leser ebenfalls schnell zu Lösungen für sich kommen können.

In diesem Kapitel führen wir uns noch einen Schritt weiter zu uns selbst. Das wird deshalb notwendig, weil dadurch die ganze Art, wie wir handeln, denken und fühlen, verbunden wird. Immerhin haben wir das Ziel, in Einklang, sprich Harmonie mit uns selbst und damit auch in unserer gesamten Wirkungsweise, der Sichtbarkeit, weiterzukommen.

Ich hatte mich zu einem Seminar zum Thema Vertriebsfähigkeiten eingeschrieben. Man muss wissen, dass ich schon einige Monate in den Themen, die ich hier beschreibe, unterwegs war. Das Training begann und wie es immer so ist, gab es auch Übungen mit anderen Teilnehmern. Bis dahin war ich immer auf einer sehr logisch-rationalen Seite gefordert gewesen, was häufig bei vielen Teilnehmern, im Schwerpunkt bei Frauen, überhaupt nicht gut ankam. Da fehlte wohl die emotionale Seite. Zu diesem Zeitpunkt hatte ich für mich bereits entschieden, viel mehr auf meine Intuition, mein Gefühl zu achten und zu hören und mein logisches Denken mehr zur Sortierung und Bearbeitung von Themen zu nutzen. Erstaunlich war, und das war für mich vollkommen neu, bei einer größeren Übung sollten wir uns mit anderen in einem Kreis zusammenfinden. Jetzt geschah etwas, was ich noch nicht kannte, denn plötzlich setzten sich eine Reihe von bis dahin unbekannten Menschen um mich herum, einfach so. In der darauffolgenden Übung war alles sehr entspannend, sollten wir doch jeden in der Runde etwas genauer beschreiben. Die Feedbacks, die ich bekam, waren ebenfalls vollkommen anders, als die, die ich bis dahin bekommen hatte, sie beschrieben vielmehr mich als Mensch und weniger mich als den gefühlskalten Rationalen.

Offensichtlich hatte sich die Zeit, die ich in mich selbst investiert hatte, schon bemerkbar gemacht und meine Wirkung im Außen deutlich verändert. Sie können sich sicherlich vorstellen, was es mit mir und meinem Selbstbewusstsein gemacht hat.

Zuerst sollten wir uns mal genauer anschauen, was so allgemein unter Bewusstsein/ Selbstbewusstsein verstanden wird.

▶ **Bewusstsein** (abgeleitet von dem mittelhochdeutschen Wort *bewissen* im Sinne von „Wissen über etwas habend", lateinisch *conscientia* „Mitwissen" und altgriechisch *syneídēsis* „Miterscheinung", „Mitbild", „Mitwissen", *synaísthēsis* „Mitwahrnehmung", „Mitempfindung" und *phrónēsis* von *phroneín* „bei Sinnen sein, denken") ist im weitesten Sinne das Erleben mentaler Zustände und Prozesse. Eine allgemein gültige Definition des Begriffes ist aufgrund seines unterschiedlichen Gebrauchs mit verschiedenen Bedeutungen schwer möglich. Die naturwissenschaftliche Forschung beschäftigt sich mit definierbaren Eigenschaften bewussten Erlebens.
(Wikipedia 2019)

▶ **Selbstbewusstsein** ist ein Begriff, der in mehreren Fachdisziplinen verwendet wird, etwa in der Philosophie, in der Soziologie, in der Psychologie oder der Geschichtswissenschaft. Der Begriff Selbstbewusstsein hat mehrere Bedeutungebenen. Es gibt ein Selbstbewusstsein des Individuums, aber auch ein kollektives Gruppenselbstbewusstsein.

Zum einen wird darunter das aktive, durch innere Denkvorgänge herbeigeführte Erkennen der eigenen Persönlichkeit verstanden (Selbstbewusstheit, englisch „self-awareness"). Die Frage: „Wer oder was bin ich?" kann als Ergebnis dieses Denkvorgangs beantwortet werden. Auch eine passive Zuschreibung, die Attribuierung durch anders denkende Mitglieder der Gruppe führt zum Erkennen und Definieren der eigenen Person bzw. Persönlichkeit und trägt zur Entwicklung des Selbstwertgefühls bei.

Zum anderen beschreibt Selbstbewusstsein etwas, was im Englischen *self-confidence* oder *self-assurance* heißt. *Confidence* heißt „Vertrauen, Zuversicht"; *assurance* heißt „Gewissheit, Sicherheit, Vertrauen". Ein selbstbewusster Mensch verspürt diese vier Dinge in so starkem Maße, dass er seiner Zukunft relativ optimistisch, angstfrei, sorglos und unbekümmert entgegengeht, also mit einem gut entwickelten Selbstvertrauen.

Allgemein wird Selbstbewusstsein als „das Überzeugt sein von seinen Fähigkeiten, von seinem Wert als Person, das sich besonders in selbstsicherem Auftreten ausdrückt" definiert.
(Wikipedia 2019)

Erlauben Sie mir an dieser Stelle, bevor wir uns den nächsten Schritt anschauen, einen sehr wichtigen Hinweis. Wenn ich von Selbstbewusstsein spreche, dann spreche ich nicht von Hochnäsigkeit, Selbstüberschätzung oder Ego-Verhalten. Ich spreche davon, dass Sie anfangen, mit sich selbst im Reinen zu sein, Selbstachtung haben und in Zufriedenheit mit sich selbst sind, man sagt auch aus der Selbstliebe heraus handeln. Dies ist die absolute Grundvoraussetzung, damit Sie auch Ihre Außenwirkung und Ihre Sichtbarkeit auf natürliche Art und Weise weiter ausbauen können.

Kommen wir nun zum nächsten Eckpfeiler, dem Dreiklang mit der Überschrift Selbst-Bewusstsein. Die Abb. 10.5 Selbst-Bewusstsein zeigt den Dreiklang, der aus den uns bekannten Säulen Körper, Seele und Geist besteht.

Abb. 10.5 Das Selbst-
Bewusstsein

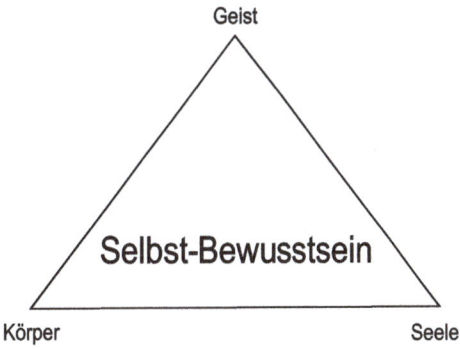

10.4.1 Körper

Unser Körper, unsere zentrale Wirkungsstätte, mit der wir dauerhaft unterwegs sind. Dieser Körper umfasst eine Fülle von Körpersystemen, die in ihrer Ganzheit dafür sorgen, dass es uns gut geht. Unser Körper sorgt täglich dafür, dass wir gesund bleiben, indem bestimmte Organe, besonders in der Nacht, wichtige Reinigungsprozesse durchlaufen, damit wir morgens wieder frisch und belebt in den Tag starten können. Soweit das Idealbild. Jetzt werden Sie sagen, und wieso habe ich dann Kopfschmerzen, Rückenschmerzen oder was sonst noch so spürbar ist?

Eine berechtigte Frage, mit der ich mich seit einiger Zeit intensiv beschäftige. Grundsätzlich sehen wir alles, was uns umgibt, als eine Form von Materie an. Da es viel Literatur dazu schon gibt, werde ich hier nicht tiefer einsteigen, was Materie eigentlich ist.

Doch nehmen wir mal folgende Betrachtungsweise mit hinzu und ergänzen, dass auf jeden Fall viele **Frequenzen** und Schwingungen uns umgeben, extrem viele **Informationen** uns erreichen und wir in vielerlei unterschiedlichen **Energieräumen** unterwegs sind. Sicherlich können Sie mir zustimmen, dass wir diese unterschiedlichen Frequenzen, Informationen und Energien auch mitbekommen, mal mehr, mal weniger. Die einen tun uns sehr gut, andere wiederum nicht. Die einen haben eine positive Wirkungsweise, die anderen eine negative. Die einen haben eine starke Auswirkung, die anderen nur eine geringe.

Eines haben jedoch alle gemeinsam, sie wirken unmittelbar auf unseren Körper mit seinen Körpersystemen. So empfinden wir einiges als sehr wohltuend, anderes als eher schädlich oder sogar krankmachend. Damit ist unser Körper die Symptom Wirkebene Nummer eins, in der wir über unsere Sinnesorgane und unser Nervensystem alles spüren, manchmal früher, manchmal auch leider zu spät.

Um einfacher verstehen zu können, wie wir Menschen funktionieren, benutze ich sehr gerne die Analogie zu einem Computer. Ohne Energie von außen kann er nicht funktionieren, intern hat er ein Netzteil, das immer dafür sorgt, dass alle Bauteile mit ausreichend Energie versorgt werden. In allen Bauteilen werden Informationen ausgetauscht und weiterverarbeitet. Das Ganze passiert in einer bestimmten Taktung, Frequenz, die mal schneller oder auch langsamer sein kann. Es gibt ein Grundbetriebssystem (BIOS), damit der Computer überhaupt starten und leben kann, es werden unterschiedliche Speicher benötigt, die Informationen kurz oder langfristig speichern können. Zusätzlich werden noch externe Geräte mitversorgt, was den Komfort bei der Arbeit mit dem Computer erhöht.

Auf diesem Computer laufen wichtige Programme, z. B. gegen Viren, damit dieser nicht krank wird und nicht mehr richtig funktionieren kann. Stimmt die Energie nicht, dann stürzt der Computer dauernd ab und funktioniert nicht richtig.

Sie merken schon, wie dieser Vergleich extrem viel mit unserem Körper zu tun hat. Stimmen Frequenz, Schwingung, Information und Energie nicht richtig in unserem Körper, dann funktioniert dieser auch nicht richtig und wird mittel- und langfristig krank. Somit ist es sehr entscheidend, wie ich mit meinem Körper umgehe und welchen Informationen (Nahrung, Strahlung, zu hohe Energien) aussetze.

Nun ist Ihnen vielleicht schon aufgefallen, dass wir noch überhaupt nicht darüber gesprochen haben, wo diese ganzen Informationen denn gespeichert sind. Dazu bediene ich mich der wissenschaftlichen Erkenntnis, dass unser Körper zu 80 % und unser Gehirn zu 90 % aus Wasser bestehen und Wasser der Nummer-eins-Informationsträger überhaupt ist. Das heißt, unsere Zellen, die hauptsächlich aus Wasser bestehen, tragen diese Informationen als sogenanntes Zell-Bewusstsein in sich. Dort sind die Ur-Informationen und alles, was wir erleben bzw. schon erlebt haben, gespeichert.

Insgesamt hat unser physischer Körper aber noch zwei weitere räumliche Ausdehnungen, die zwar nicht direkt zu sehen sind, aber auf unseren physischen Körper mit einwirken. Diese energetischen Ebenen liegen direkt um den physischen Körper herum und funktionieren ebenfalls als zusätzliche Informationsspeicher. Namentlich erwähnt sind das der ätherische Körper, auch als Aura bekannt, und der Astralkörper. In diesen Körpern sind unter anderem die Gefühle, Wünsche, Gedanken und Emotionen gespeichert.

Da in unserem Körper ebenfalls elektrische und magnetische Prozesse ablaufen, wirken diese Ebenen zusätzlich mit Feldern, die wir Menschen zwar nicht sehen, aber körperlich wahrnehmen. Das heißt, wenn Ihr Körper gesund ist und alle Körpersysteme in Harmonie sind, dann wirkt auch Ihr Körper wie ein positiv orientierter Magnet, der ebenfalls Positives anziehen kann.

Durch einen gesunden Körper wirkt eine gesunde Sichtbarkeit

Kurzum, fühlen Sie sich wohl, dann zeigt Ihnen das auch Ihr Körper. Sie haben eine positive Ausstrahlung, ein gesundes Aussehen und eine positive Wirkung auf andere. Somit zahlt der gesunde Körper direkt auf Ihre persönliche Sichtbarkeit ein.

10.4.2 Seele

Unsere Seele, sicherlich etwas abstrakt wirkend, doch interessanterweise benutzen wir sehr gerne Sprichworte wie: „Das liegt mir auf der Seele" oder „Das ist eine seelische Belastung für mich", „Das ist eine seelische Grausamkeit" oder auch „Was für ein Seelenheil".

Doch schauen wir uns zuerst einmal an, was wir dazu für Definitionen im Allgemeinen finden.

▶ **Definition**

Der Ausdruck **Seele** hat vielfältige Bedeutungen, je nach den unterschiedlichen mythischen, religiösen, philosophischen oder psychologischen Traditionen und Lehren, in denen er vorkommt. Im heutigen Sprachgebrauch ist oft die Gesamtheit aller Gefühlsregungen und geistigen Vorgänge beim Menschen gemeint. In diesem Sinne ist „Seele" weitgehend gleichbedeutend mit „Psyche", dem griechischen Wort für Seele. „Seele" kann aber auch ein Prinzip bezeichnen, von dem angenommen wird, dass es diesen Regungen und Vorgängen zugrunde liegt, sie ordnet und auch körperliche Vorgänge herbeiführt oder beeinflusst.

(Wikipedia 2019)

See·le
Substantiv, feminin [die]

1. Gesamtheit dessen, was das Fühlen, Empfinden, Denken eines Menschen ausmacht; Psyche *„die menschliche Seele"*
2. substanz-, körperloser Teil des Menschen, der nach religiösem Glauben unsterblich ist, nach dem Tode weiterlebt, *„die unsterbliche Seele"*

(Duden.de 2019)

Sicherlich für den ein oder anderen nicht so richtig griffig der Begriff Seele, doch habe ich in dem Buch „Fremdenergien" von Claus Walter den Begriff **Wesenskern** gefunden und durch weitere, auch persönliche Recherchen herausgefunden, dass dies ein sehr guter und passender Begriff ist.

(Walter 2019)

Wesenskern: Wesen und Kern

Ohne Frage sind wir spezielle Wesen mit außergewöhnlichen Fähigkeiten plus einem zentralen inneren Kern, der meistens auch durch unser Herz symbolisiert wird. Dieser Kern steht für unser Verhalten, die Art und Weise, wie wir sind, die Ausstrahlung, die wir haben, die Ur-DNS, also die Ur-Information, die wir in uns tragen, die, die uns eindeutig identifiziert und uns eindeutig beschreibt. Das Besondere daran ist, diese Ur-DNS gibt es auch nur genau einmal. Damit ist jeder Mensch klar und eindeutig definiert und trägt damit alle, dieser Person zugeordneten Informationen in sich, den wahren, personalisierten Wesenskern.

Zusätzlich habe ich auch für mich bemerkt, dass dieser Wesenskern wie ein Referenzpunkt ist. Was meine ich damit genau? Vielleicht ist es Ihnen auch schon so ergangen, dass Sie bei unterschiedlichen Situationen unterschiedliche Gefühle entwickelt haben, die einen waren vollkommen stimmig für Sie, die anderen überhaupt nicht. Klar werden Sie jetzt sagen, da passte ja auch der Sinn und die Werte nicht, sicherlich eine Teilwahrheit, aber im Grunde habe ich festgestellt, dass die von mir angestrebte Tätigkeit nicht stimmig mit meinem Wesenskern, dem Referenzpunkt waren. Die Konsequenz war immer, dass ich nicht starten wollte und noch extremer, ich eine innerlich gefühlte Gegenwehr verspürte, die, je länger ich nicht im Einklang mit meinem Wesenskern war, sich kontinuierlich vergrößerte und unangenehmer wurde.

Heute weiß ich, dass dies auch der Hauptgrund war, dass ich ebenfalls in einen Erschöpfungszustand geraten war, weil ich die Signale meines Körpers dauerhaft missachtet hatte, denn der reagierte wiederum auf die Signale des Referenzpunktes, meinen Wesenskern, der mir sagte, dass ich einiges ändern sollte. In diesem Zusammenhang verweise ich auf das Buch von Jacques Martel, „Mein Körper – Barometer der Seele", das Ihnen ganz neue Einblicke im Verständnis mit Ihrem Körper und Ihrer Seele geben kann (Martel 2019).

Somit erkennt man zusätzlich, dass im Gegensatz zum Körper, wo wir sehr stark die Symptomebene haben, die Seele bzw. der Wesenskern eine Ursachenebene ist. Auch hier gibt es drei Körperebenen, die als Kausalebenen oder erste Mentalebene bezeichnet werden. Kausal, auf dem Verhältnis zwischen Ursache und Wirkung beruhend, ursächlich, begründend, beschreibt hier wieder sehr exakt, dass auf der seelischen Ebene eine Menge an Ursachen liegen, die wir spüren können und die sich dann auf der körperlichen Ebene wieder zeigen.

Um mal wieder unser Computerbeispiel zu bedienen, gibt es Softwareprogramme, die einen positiven, aber auch einen negativen Einfluss auf den Rechner nehmen können, sogar den Rechner komplett zerstören können. Übertragen wir das wieder auf uns Menschen, setzen wir uns oder wir werden Informationen ausgesetzt, die sehr tief in unseren Wesenskern eindringen und dort sehr starke Veränderungen bewirken. Dies zeigt sich in dem Verhalten, sprich der Psyche des Menschen. Es sind Programme, die teilweise dauerhaft in uns wirken, ohne dass wir es direkt merken, uns aber permanent in Alarm halten, was eine erhöhte Ausschüttung von Glukokortikoiden (Langzeitstresshormonen) bedeutet, die den Menschen dann körperlich schädigen.

Spüren Sie mal in sich selbst hinein, wie viele Impulse Sie von Ihrer Seele wahrnehmen, was zurzeit offensichtlich nicht stimmig ist. Wie wir gesehen haben, sind es dann die Informationen, die Ihnen sagen, dass Sie Ihren persönlichen Referenzpunkt verlassen haben. Sicherlich ist das nicht immer direkt lösbar, doch sollten Sie darauf achten, dass es für Sie kein Dauerzustand wird. Das hier Beschriebene gilt sowohl im privaten als auch im beruflichen Bereich.

Die Seele, der innere Wegweiser und Referenzpunkt

Sind Sie mit Ihren Themen, Ihrem Wesenskern im Einklang, dann gehen Ihr Körper und Ihre Seele in Harmonie. Das drückt sich dann so aus, dass Sie ein sehr befreites Gefühl in der Herzgegend haben, es fühlt sich alles sehr leicht und einfach an. Unsere Herz-Resonanz wird dann richtig aktiv und strahlt elektromagnetische Wellen aus, die bei anderen Menschen in Resonanz (Gleichschwingung) gehen können. Dadurch erweitert sich Ihre Wirkungsweise erneut und Ihre Sichtbarkeit zeigt sich in einem immer größer werdenden Resonanzfeld. Man kann Sie dann nicht mehr übersehen, das kann ich Ihnen versprechen.

10.4.3 Geist

Jetzt fehlt noch der Dritte im Bunde, der Geist. Auch hier gibt es wieder eine Menge an Redewendungen, wie z. B. „Jemandem auf den Geist gehen" oder „Der Geist ist willig, das Fleisch ist schwach".

Doch schauen wir uns auch hier nochmals genau an, wie die Definitionen für das Wort Geist aussehen.

▶ **Geist**

1. A) denkendes Bewusstsein des Menschen, Verstandeskraft, Verstand
   B) Scharfsinn, Esprit
2. Gesinnung; innere Einstellung, Haltung

Synonyme:

Denkfähigkeit, Denkvermögen, Intellekt, Klugheit, Vernunft, Verstand, Verstandeskraft
Esprit, Genie, Scharfsinn; (gehoben) Genius
Bewusstsein, Denkart, Denkweise, Einstellung, Gesinnung, Grundeinstellung, Grundhaltung, Haltung; (gehoben) Sinn; (salopp) Denke

(Duden.de 2019)

Somit ergeben sich zwei Bereiche, einmal mehr der körperlich orientierte Bereich, der Geist, der durch unser Gehirn erst zum Leben erwacht und ein bewusstes Denken ermöglicht und zum anderen ein mehr geistig orientierter Bereich, unsere Haltung, Denkart, Denkweise, Einstellung, die eine mehr übergeordnete mentale Ebene beschreibt.

Was hier besonders interessant ist, ist der zweite Teil der Definition, die Gesinnung, die innere Einstellung und Haltung. Sie erinnern sich noch daran, dass unser Geist, sprich unser Gehirn, extrem gut darin ist, Gedanken abzufeuern, ohne dabei müde zu werden? Das war ja zu Beginn auch die große Herausforderung, diese vielen, teilweise unklaren Gedanken mal in eine Richtung zu bekommen, zu beruhigen oder es sogar zu schaffen, mal nichts zu denken. Jetzt sagen Sie bestimmt, wie soll denn das gehen, nichts zu denken. Ich kann Ihnen versichern, es geht, der Trick dabei ist, die Pause, die zwischen zwei Gedanken ist, immer größer werden zu lassen, sodass Sie für einige Sekunden, Minuten oder auch noch länger mal nichts denken. Das können Sie trainieren und ist absolut möglich. Um in ein sogenanntes hohes Bewusstsein zu kommen, ist dies auch eine Grundvoraussetzung. Ermöglicht wird das durch Ruhe, Konzentration, etwas Geduld und Übung.

Aber bleiben wir mal bei der Haltung, Denkart, Denkweise und Einstellung. Sie kennen es sicherlich auch, Sie haben sich über etwas geärgert und schimpfen und regen sich tierisch auf. Klar, manchmal absolut nachvollziehbar, aber was genau passiert dann eigentlich mit Ihnen? Fühlen Sie sich danach wirklich besser? Die Frage ist auch, warum genau regen Sie sich eigentlich auf?

Genau dieser Punkt war auch für mich anfänglich eine größere Herausforderung. Bevor ich hier tiefer reingehe, brauchen wir zuerst zwei Betrachtungen, die Spiegelung und die Projektion.

Eine **Spiegelung** liegt dann vor, wenn ich ein Verhalten von mir selbst erkenne und darauf reagiere. Gespiegelt bekomme ich dieses Verhalten durch eine andere Person.

Eine **Projektion** liegt dann vor, wenn ich ein Verhalten erkenne, das aber nichts mit mir zu tun hat, mir aber von einer anderen Person übergestülpt wird.

In den meisten Fällen und bei den meisten Menschen führt dies zu großer Verärgerung und Stress. Der Konflikt ist vorprogrammiert. Doch zurück zu meiner Frage, was genau passiert da eigentlich? In den meisten Fällen wird genau der Person die Schuld gegeben, die mich gespiegelt hat oder die genau genommen ihr eigenes Problem auf mich verlagern will. In beiden Fällen ist es die Frage, was genau erkenne ich und was genau hat es mit mir selbst zu tun?

Spiegelungen sind Erkenntnisse, die ich selbst erzeugt habe, das heißt, mein eigenes Handeln und vor allen Dingen mein Denken sind die Ursache für diese Reaktion der anderen Person, die nichts anderes ist als das Symptom. Wir haben jedoch in meisten Fällen nur gelernt, Symptome zu bearbeiten, nicht aber die Ursachen. Im Fall der Projektion handeln wir meistens persönlich gekränkt, weil wir attackiert wurden, ohne die wahre Ursache zu kennen, nehmen diese Projektion aber häufig an, als würde diese uns gehören, heißt, wir machen daraus unser eigenes Problem.

Sie merken schon an diesen kleinen Beispielen, dass es sehr entscheidend ist, was wir denken und wie wir denken, denn davon ist unser Gemütszustand, unsere Psyche, extrem stark abhängig.

Somit haben wir auch auf der Ebene Geist eine zusätzliche Ursachenebene. Die Ursache vieler Probleme, die sich sowohl seelisch als auch körperlich zeigen, liegt in unserem Denken. Der Vollständigkeit halber sei noch erwähnt, dass die geistige Ebene sich aus drei Mentalebenen zusammensetzt, in denen wir im Laufe unseres Lebens hineinwachsen können.

Je höher wir in diesen Mentalebenen kommen, desto höher wird unser Bewusstsein und unsere Wahrnehmungen steigen enorm an. Zusätzlich zu den körperlichen Sinneswahrnehmungen kommen dann noch zusätzlich mentale Fähigkeiten hinzu. Dies erhöht Ihr Spüren, Erkennen und Ihre Intuition deutlich und es fällt Ihnen viel leichter, die richtigen Entscheidungen für sich selbst zu treffen. Sie sind dann in einem hohen Selbst-Bewusstsein angekommen.

Der Geist – der Richtungsweiser in ein höheres Bewusstsein

Bewusstsein fällt nicht einfach vom Himmel, Bewusstsein entwickelt sich. Wie und wie schnell, entscheidet jeder für sich ganz allein. Der Schlüssel, der Richtungsweiser dabei ist Ihre Art zu denken, positiv oder negativ, denn abhängig davon stellen sich auch Ihre persönlichen Ergebnisse ein. Schauen Sie sich immer genau an, wo exakt die wahre Ursache liegt und ob ein Thema Ihnen gehört oder in Wirklichkeit einem anderen. Klar ist, dass diese Mentalebene eine Ursachenebene ist, die sich ebenfalls auf der körperlichen Ebene als Beeinträchtigung zeigen kann.

Mein Wunsch für Sie, bleiben Sie dauerhaft positiv!

10.5 Sichtbarkeit

In der Abb. 10.6 Sichtbarkeit komplett habe ich Ihnen nochmals alle Punkte grafisch zusammengefasst, die hier aufgeführt wurden.

Aus meiner ganz persönlichen Sicht und Erfahrung sowie vielen Aspekten, die ich bearbeitet, ausprobiert und diskutiert habe, haben sich diese Dreiklänge als sehr hilfreich und zielführend erwiesen. Immer dann, wenn es zu kompliziert wurde, habe ich gemerkt, dass es dann nicht zielführend war. Das Prinzip des Dreiklangs hilft Ihnen sehr schnell und einfach, die für Sie richtigen Punkte zusammenzubringen. Dabei spielt es überhaupt keine Rolle, ob wir uns wie in diesem Buch über das Thema Sichtbarkeit unterhalten oder Ihre privaten oder beruflichen Themen beleuchten. Sie brauchen immer die Annahme, dass sich etwas ändern soll, das Vertrauen, dass es sich zum Guten wenden wird, weil Sie es ja selbst auf den Weg bringen und zu guter Letzt das Selbst-Bewusstsein, das Ihr Leben in einen harmonischen Zustand bringen wird.

Hinsichtlich Ihrer persönlichen Sichtbarkeit, da werden Sie sich wundern, denn die Wahrnehmung auf Ihre Person verändert sich enorm, denn Ihr Resonanzfeld, das gleichzeitig mitwächst, zieht dann vollkommen andere Dinge in Ihr Umfeld.

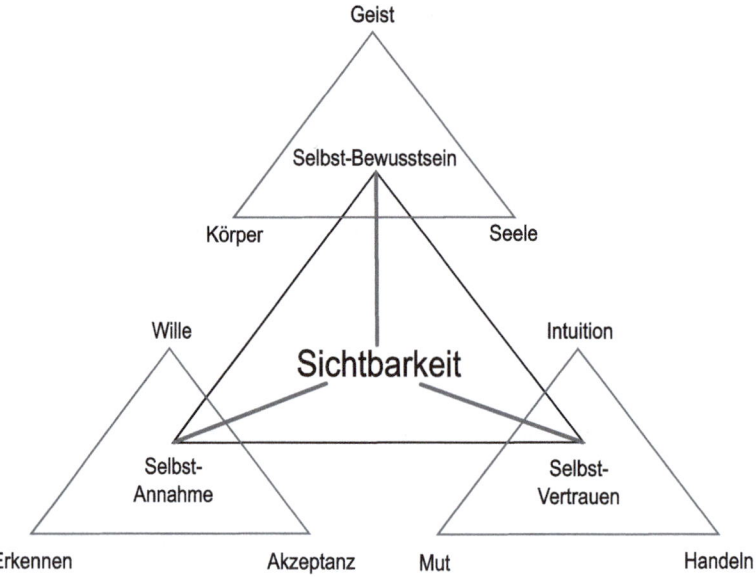

Abb. 10.6 Die komplette Sichtbarkeit

Wie wirkt es sich für Sie aus?

Merken Sie auch ab und zu, dass Sie irgendetwas gedacht haben und kurze Zeit später stellt sich dieser Zustand dann auch noch ein? Klar, sagen wir, Zufall, passte halt gerade.

Doch stellen Sie sich mal vor, Ihr gezieltes Denken realisiert sich immer schneller in Ihrem Leben und Sie fangen an, Ihr Leben und Ihr Umfeld aktiv zu gestalten.

Das wäre doch ein super Gedanke, dem man doch zumindest mal eine Chance geben sollte, ihn zu realisieren, was denken Sie?

So wünsche ich Ihnen auf Ihrem Weg auch die Faszination des Dreiklangs hin zum Einklang!

Literatur

Duden.de. (2019). Dudenverlag, Berlin.
Martel, J. (2019). *Mein Körper Barometer der Seele*. Kirchzarten: VAK.
Walter, C. (2019). *Fremdenergien*. Murnau: Mankau.
Wikipedia.de. (2019). Freie Online Enzyklopädie.

Thomas Wieler Es ist nicht so entscheidend, was man bisher alles gemacht hat, das war die notwendige Lernaufgabe, die dazu diente, auf das vorbereitet zu sein, was jetzt kommt.

Meine Lernaufgabe war lang und intensiv mit einigen Stationen in namhaften international agierenden Unternehmen mit sehr technischen Aufgaben bis hin zu geschäftsführenden Aufgaben. Geschäftsentwicklung, Unternehmensentwicklung und Persönlichkeitsentwicklung, ein Dreiklang, der die Zusammenarbeit mit Menschen in den Vordergrund stellte.

Jetzt geht es um mehr, es geht um die Gesundheit der Menschen und um ihre ganz persönliche Entwicklung in dieser Zeit. Somit arbeite ich täglich daran, das Leben leichter und schöner zu machen, einen Beitrag im großen Ganzen zu leisten. Dazu entwickle ich im Team ganz neuartige Produkte für die kommende Zeit, die den Menschen schon heute helfen, ihre Freiheit, ihre Lebensfreude und ihre Selbstbestimmtheit in einem hohen Bewusstsein wiederzuerlangen. Das ist meine Lebensaufgabe und meine ganz persönliche Bestimmung.

Man is(s)t nicht gern allein

11

Kochen schafft Gemeinschaft

Karin Wittenstein

Inhaltsverzeichnis

Zusammenfassung

„Gib mir mal das Olivenöl, bitte." Nino, der Koch unseres heutigen Netzwerkabends, stellt die Pfanne auf den Herd, gibt einen ordentlichen Schuss Olivenöl hinein und legt zwei Thymian- und drei Rosmarinzweige in die Pfanne. „Bitte reiche mir doch mal die Knoblauchscheiben herüber." Nino erklärt uns, dass das Öl nicht zu heiß werden darf, denn Knoblauch wird bitter, wenn er zu heiß erhitzt wird. Ein köstlicher Duft durchströmt die Eventküche. „Wie heißt Du noch mal?" „Ich bin Peter", „Hallo, Anna." Nino hatte uns zum Küchen-Du aufgefordert. In der Küche gibt es kein „Sie". Morgen können wir uns dann ja wieder siezen, meint er scherzhaft. Peter erhebt sein Glas: „Zum Wohl allerseits, schön, dass wir uns hier um den Herd versammelt haben, um gemeinsam zu schnippeln, zu brutzeln und zu quatschen." Die Gesellschaft prostet sich zu. Wir stehen zu acht um einen Küchenblock und folgen

K. Wittenstein (✉)
Nürnberg, Deutschland

© Springer Fachmedien Wiesbaden GmbH, ein Teil von Springer Nature 2020
P. Buchenau (Hrsg.), *Chefsache Sichtbarkeit,* Chefsache,
https://doi.org/10.1007/978-3-658-30606-9_11

der Anleitung unseres Küchenchefs. Wir würfeln Zwiebeln und Zucchini, Wir reiben Parmesan und rösten Mandelsplitter. Es ist eine gesellige Runde heute Abend. Ich bin froh, der Einladung zum „Kitchentalk – Netzwerken in der Küche für erfolgshungrige UnternehmerInnen" gefolgt zu sein. Eigentlich mag ich Netzwerkveranstaltungen nicht. Ich bin eher schüchtern, gehe nicht so gerne offensiv auf Menschen zu und finde es befremdlich, an einem Abend bei Prosecco und Häppchen in einer sterilen Eventumgebung Kontakt zu mir unbekannten Menschen aufnehmen zu müssen mit dem Ziel, berufliche Kontakte zu finden.

11.1   Warum ein Netzwerk sinnvoll ist

Betrachten wir das Bild eines Netzes näher. Durch Knoten entstehen Verbindungen und somit ein Gebilde (Abb. 11.1).

Übertragen auf unser soziales Leben heißt das: Wir sind miteinander verknüpft. Ein engmaschiges soziales Netz wird uns helfen beim Erfahrungsaustausch, bei gegenseitigen Empfehlungen oder um gemeinsam zu arbeiten. Man wird, wenn man sich einlässt und Beziehungen pflegt, Tipps und Hilfen bekommen und kann bei offenem Austausch aus Fehlern anderer lernen. Wenn man Glück hat, findet man vielleicht sogar neue Kunden. Eine einmalige Netzwerkveranstaltung ist demnach logischerweise nicht so nachhaltig wie Gruppen, die sich regelmäßig treffen.

Abb. 11.1   Bild eines Netzes

11.2 Suchen Sie die Gruppe, die zu Ihnen passt

Es gibt unzählige Angebote, um ein Netzwerk aufzubauen. Ich kenne sehr emsige Unternehmer, die in mehreren Netzwerken aktiv und engagiert sind. Dadurch profitieren sie üblicherweise sehr. Wer aktiv ist, zieht Menschen an. Er wird häufiger eingeladen, in sozialen Medien mehr „geliked" und wird deutlicher wahrgenommen.

Welches Netzwerk passt nun zu mir? Sehen wir uns das Beispiel von Eva an:

Beispiel

Bei einem Businessfrühstück geriet Eva während der kurzen Vorstellung zu ihrem Business und ihrer Person ins Stocken. Ihr fehlten plötzlich die Worte. Ihre Beine zitterten. Sie wollte sich zusammenreißen und ihre körperlichen Symptome beherrschen, aber es gelang ihr nicht. Eva merkte noch, dass ihr die Knie wegrutschten, dann wurde ihr schwarz vor den Augen.

Eva nahm die Worte ihres Business Coachs sehr ernst. Er riet ihr zur Teilnahme verschiedenster Business Events, die ihr dabei helfen sollten, ihr Business in ihrer Stadt und darüber hinaus bekannter zu machen. Gemeinsam wählten sie aus: ein Businessfrühstück, zwei Mal monatlich eine abendliche Netzwerkveranstaltung und die Mitgliedschaft im Golfclub. Im Prinzip gute Vorsätze. Es ist unumstritten, dass wir ein gut funktionierendes Netzwerk brauchen, um unser Angebot voranzubringen und um Kunden zu akquirieren. Für Eva jedoch war es nicht passend und schlicht und ergreifend zu viel.

Eva kam langsam wieder zu sich. Man reichte ihr ein Glas Wasser. Nachdem sie sich einigermaßen erholt hatte, stand sie auf, verabschiedete sich hastig und verließ die Veranstaltung.

Als sie in ihrem Büro angekommen war, sagte sie alle kommenden Netzwerkveranstaltungen ab und nahm sie sich erst einmal Zeit, um zu reflektieren. Sie fragte sich, welche Kontakte, welches Netzwerk für sie persönlich und für ihr Business sinnvoll sein könnten. Insbesondere stellte sie sich die Frage nach Aktivitäten, die ihr wirklich Spaß machen und die sie gerne umsetzen wollte.

Während sie schrieb, kamen erstaunliche Dinge ans Licht:

Eva ist kein „Early Bird" und sie frühstückt nicht. Ihre kreativste Denk- und Arbeitszeit ist morgens zwischen 7.00 Uhr und 12.00 Uhr. Diese wollte sie zukünftig für die vielfältigen Aufgaben in ihrem Job nutzen: für Zeit- und Zielplanung, um kreative Ideen zu finden, um für neue Aufgaben zu recherchieren, um ihre Kunden zu definieren, um Social Media zu bedienen und um Publikationen zu schreiben.

Eva analysierte ihren Biorhythmus genau. Sie stellte dabei fest, dass sie morgens sehr produktiv ist, dass sie ab dem frühen Nachmittag eine Pause braucht. Sie kann dann noch einmal gut arbeiten zwischen 15.00 Uhr und 18.00 Uhr. Danach kommt wieder ein biologisches Tief zwischen 17.00 Uhr und 20.00 Uhr. Anschließend wird sie wieder munter.

Also überlegte Eva, wie sie diese Zeiten für sich und den Aufbau ihres Netzwerks nutzen könnte.

Sie fand einen Businessclub, der sich regelmäßig zum Mittagessen trifft. Dabei gibt es kurze Impulsvorträge und eine stets wechselnde Sitzordnung.

Regelmäßig lädt sie dazu ein bis zwei Menschen ein, mit denen sie sich gerne vernetzen möchte. Bei diesen mittäglichen Businesstreffen kann man sich sehr persönlich über Geschäftsthematik, Kunden, Ideen und Themen austauschten. Die Zeit mittags ist begrenzt, was einem effizienten Austausch über Geschäfte dienlich ist.

Eva interessiert sich für das Thema Wein. Sie meldete sich zu einem „Weinstammtisch" an. Eva liebt Kochen und Essen. Sie besucht nun regelmäßige Kochevents und Küchenpartys, um beim gemeinsamen Kochen und Essen Kontakte zu knüpfen.

Sportliche Aktivitäten lagen ihr nicht, Golf schon gar nicht. Dieser Sport nimmt für sie viel zu viel Zeit in Anspruch.

Was Eva noch tat: Sie hört den Menschen, die sie trifft, genau zu. Sie prägt sich ihre Namen ein und spricht sie zukünftig stets mit dem Namen an. Sie notiert sich ihre Wahrnehmungen nach jeder der Veranstaltung. So sammelt sie also Namen, Ideen, Tipps und Anregungen. Beim nächsten Treffen hat sie damit immer einen Anknüpfungspunkt und Fragen parat.

Eva integriert diese Netzwerktreffen peu á peu in ihren Alltag. ◄

Sie fand auf diese Weise in der Tat neue Freundschaften und Kontakte. Sie beginnt ein stabiles Netzwerk aufzubauen, das für sie im Job, aber auch persönlich sehr dienlich ist.

11.3 „Gute Geschäfte werden auf dem Golfplatz gemacht"

Die landläufige Meinung ist, dass man beim Golfen gute Geschäfte machen kann. Die Wahrheit ist jedoch, dass es nicht per se das Golfen ist, das besonders gut für ihr Business ist. Es ist vielmehr der Faktor Zeit. Sie verbringen beim Golfen etwa vier bis fünf Stunden Zeit mit zwei bis vier Menschen auf einem Flight. Das erlaubt Ihnen, intensiv miteinander zu sprechen und so Kontakte aufzubauen. Noch dazu in einer ruhigen, in der Regel sehr schönen Natur. An der Art, wie Ihr Golfpartner spielt, erkennen Sie zudem, wie er „tickt" und können dadurch Rückschlüsse auf seine Arbeitsweise ziehen. Sehr oft sitzt man nach dem erfolgreichen Spiel im Clubhaus zusammen, um gemeinsam zu sprechen, zu essen und zu trinken.

Übertragen kann man diese Art sich zu vernetzen auf alle Gruppen, ob nun sportlicher Art oder nicht. Menschen kommen zusammen, entdecken Gemeinsamkeiten und Sympathien zu einzelnen Gruppenmitgliedern, die wiederum ein Netz von Menschen um sich haben.

So entstehen Kontakte, Freundschaften, eben: Netzwerke.

11.4   Besuchen Sie nicht wahllos jedes Netzwerktreffen

Ich halte es für falsch, wahllos Netzwerktreffen zu besuchen. Evas Beispiel zeigt uns das. Es gibt so viele Angebote, dass einem bisweilen die Auswahl schwerfällt. Es würde zu weit führen, hier alle Möglichkeiten darzustellen, die sich einem bieten. Einige seien dennoch genannt.

Man kann wählen zwischen Wirtschaftsverbänden und Arbeitsgemeinschaften. Es gibt Unternehmernetzwerke branchenbezogen oder branchenübergreifend. Auch Businessclubs, die eher den Ruf einer elitären Vereinigung haben, sind eine Alternative. Es gibt Weiterbildungsmaßnahmen, Kunst- und Kulturgruppen. Es können Serviceclubs, wie Lions oder Rotary o. Ä. besucht werden oder aber man trifft sich beim Sport. Wer kennt nicht, wie weiter oben schon erwähnt, das geflügelte Wort:

„Die besten Geschäfte werden auf dem Golfplatz gemacht"?

Die Angebote sind so zahlreich wie vielfältig. Es gilt für jeden Unternehmer herauszufinden, was ihm liegt, was er gerne tut und welche Menschen in welchem Netzwerk zu ihm passt.

Es kann sein, dass man einige Zeit braucht, um eine entsprechende Gruppe zu finden.

Sehen Sie sich um, probieren Sie mutig aus!

11.5   Wie finde ich m e i n passendes Netzwerk?

Es ist unumstritten, dass wir ein Netzwerk brauchen, um im Beruf voranzukommen. Unsere Netzwerkaktivitäten jedoch müssen zu unseren Vorlieben passen und mühelos in unseren Alltag integrierbar sein.

> „Wenn man ein Netz aus Freunden und Kollegen aufbaut, knüpft man Beziehungen und Freundschaften. Das sollte Spaß machen, nicht Zeit rauben."
> (Ferrazzi und Raz 2015, S. 135–136)

Macht es Ihnen Spaß, in einer Gruppe zu sein? Fühlt es sich leicht und fröhlich an?
Machen Sie es Eva nach:

Sehen Sie sich Ihren Alltag an. Fragen Sie sich, was Ihnen besonders liegt, was Sie besonders mögen. Und wann Ihr Leistungshoch liegt. Erstellen Sie sich eine Liste mit Ihren Lieblingsaktivitäten.
Recherchieren Sie, welche Möglichkeiten Sie haben und welcher Gruppe Sie sich anschließen können und wollen.
Hilfreich dabei ist es, gemeinsame Werte und Ziele zu finden. Dadurch entsteht Aktivität und Gemeinsamkeit. Dies wiederum fördert Beziehung, Zuneigung und Freundschaft.

Deshalb prüfen Sie für sich:

Interessieren Sie sich für Kunst und Kultur? Dann mag ein Engagement in einer Museumsinitiative oder einer Kunstschule für Sie das Richtige sein.

Ist Literatur Ihre Leidenschaft? Besuchen Sie einen Literaturkreis.

Wandern Sie gerne? Schließen Sie sich einer Wandergruppe an.

Haben Sie ein Faible für soziales Engagement? Suchen Sie ein Ehrenamt oder werden Sie Mitglied in einem Serviceclub, wie z. B. Lions oder Rotary.

Singen Sie gerne? Werden Sie aktiv in einem Chor.

Kochen Sie gerne? Besuchen Sie Kochworkshops oder schließen sich einem Koch-club an.

„Ein Service-Club ist eine formal organisierte Gruppe von Menschen, die auf der Grund-lage gemeinsamer Werte freundschaftliche Beziehungen innerhalb des Clubs pflegen und sich gleichzeitig gemeinsam für das Wohl anderer einsetzen; dieser Einsatz bezieht sich auf humanitäre, soziale, medizinische, kulturelle oder Bildungszwecke. Service-Clubs sind weder religiös noch politisch gebunden; sie sind nationalitätenübergreifend und unter-streichen Wert und Bedeutung internationaler Freundschaft."
(Wikipedia [1. Februar 2020])

Es geht um Ihre persönlichen Wünsche und Leidenschaften. Bestimmte Dinge tun Sie einfach gerne und finden Sie um ihrer selbst willen spannend, angenehm, herausfordernd oder erfüllend. Wenn Sie etwas gerne tun, werden Sie es regelmäßig tun wollen. Es gibt Ihnen Befriedigung, Sie sind im „Flow".

Sie treffen inspirierende Menschen mit ähnlichen Werten und Zielen. Sie spüren gewissermaßen die gemeinsame Wellenlänge. So kann Austausch und Beziehung beginnen. Darauf wiederum fußt ein gut funktionierendes Netzwerk.

11.6 Nachhaltig netzwerken!

Warum entstehen Beziehungen beim gemeinsamen Tun? Nun, der Mensch ist ein soziales Wesen. Er geht von Anbeginn seines Lebens Bindungen ein, sei es in der Familie, in Schule und Beruf, im Sport, in Freundesgruppen usw. Dies bezeichnet man in der Soziologie als „Kohäsion" (aus dem Lateinischen coherere: zusammenhängen).

Aus diesen Bindungen entsteht insbesondere dann ein emotionales, wohlwollendes „Wir"-Gefühl, wenn wir gemeinsam gleiche Ziele verfolgen und diese umsetzen.

Etwas gemeinsam aktiv zu tun, ist weitaus befriedigender als nur gemeinsam passiv zu konsumieren. Man fühlt sich dadurch als Teil eines sozialen Gefüges. Hat man ein Ziel erreicht, schweißt das zusammen.

Ein gutes Beispiel hierfür findet sich im sportlichen Miteinander. Ein gemeinsamer Sieg verbindet. Teamgeist ist hier das Stichwort.

Im Beruf und in sozialem Gruppengefüge zeigt sich sehr deutlich:

Wem ich wohlwollend gegenüberstehe, den unterstütze ich, fördere ihn und bringe ihn voran.

Dies ist der Sinn und Zweck eines gut funktionierenden Netzwerkes.

Die Psychologen Richard M. Ryan und Edward L. Deci haben die „Self-Determination-Theory" entwickelt. Eine der Kernaussagen der Theorie ist, dass eines der drei Grundbedürfnisse des Menschen das Bedürfnis nach sozialer Eingebundenheit ist:

> „Die Selbstbestimmungstheorie postuliert dreierlei angeborene psychologische Bedürfnisse, die für intrinsische und extrinsische Motivation gleichermaßen relevant sind (Deci und Ryan 1985):
>
> Bedürfnis nach Kompetenz oder Wirksamkeit (Effectance, White 1959)
> Autonomie oder Selbstbestimmung (DeCharms 1968)
> Soziale Eingebundenheit (Social Relatedness) und
> soziale Zugehörigkeit (Affiliation, Harlow 1958).
>
> Wir gehen also davon aus, dass der Mensch die angeborene motivationale Tendenz hat, sich mit anderen Personen in einem sozialen Milieu verbunden zu fühlen, in diesem Milieu effektiv zu wirken (zu funktionieren) und sich dabei persönlich autonom und initiativ zu erfahren."
> (Deci, Edward L.; Ryan, Richard M., in Zeitschrift für Pädagogik 39 (1993) 2, S. 223–238)

11.7 Warum eigenen sich Küchenpartys so gut für entspannte Kontaktaufnahme?

Gemeinsame Aktivität verbindet, erfordert Kommunikation und schafft ein Teamgefühl. Man kann dies bei einer Schnitzeljagd oder Rally mit diversen Aufgaben erleben, ebenso auch beim Rafting oder Klettern im Hochseilgarten. Beim gemeinsamen Kochen kommt noch eine genussvolle Komponente hinzu. Man arbeitet gemeinsam in Vorfreude auf das kommende schmackhafte Menü.

Vorkenntnisse braucht man kaum. Unter Anleitung eines klar geschriebenen Rezeptes in einfachen Arbeitsschritten und unter Anleitung eines gut geschulten Kochlehrers sind die Aufgaben am Herd überschaubar und leicht zu bewältigen. Anders als bei einer sportlichen Aktivität, die Ausbildung, Vorkenntnis, Ausdauer und Geschicklichkeit erfordert.

1. Der erste Teil eines Kochevents bedeutet Teamwork. Schnell entsteht durch das gemeinsame Arbeiten am Herd ein „Wir-Gefühl". Das Menü wird durch das Mithelfen aller in einer sehr viel kürzeren Zeit fertig, als es ein einzelner Koch könnte. Um es kurz zu sagen: „Viele Hände machen bald ein Ende." Man arbeitet zwar im Team, aber es können „Side Dishes" entstehen, will heißen Nebengespräche, die beim Zubereiten von Gerichten entstehen. Es gibt ja in der Küche auch „Wartezeiten", z. B. bis das Nudelwasser kocht oder das Fleisch im Ofen gar ist. Diese Zeit lädt ein zu Küchengesprächen, die dann oft am Tisch vertieft werden.

Bei einem Kochevent braucht es keine Vorstellungsrunden oder Verteilen von Visiten-
karten. In Schürzen und zwischen Schüsseln, Töpfen und Pfannen ist jeder „gleich". Auf
lockere Art und Weise entdeckt man bisweilen die ein oder andere Synergie zwischen
Unternehmern.

Im zweiten Teil des Kochevents kehrt Entspannung ein. Bei gutem Essen und feinen
Getränken wird „die Seele gestreichelt". In ungezwungener, lockerer Atmosphäre entsteht schnell Raum für Intimität und für angeregte Gespräche.

> „Essen und Trinken hält Leib und Seele zusammen."
> (Sokrates)

Gemeinsames Speisen ist ein sozialer Akt. In einer Tischgemeinschaft entsteht
Kommunikation in der Regel sehr einfach. Man sitzt eng beieinander.

> Wissenschaftliche Untersuchungen des Psychologen Mitja Back und andere Wissenschaftler
> der Universität Münster zeigten an einem Experiment, dass Studenten eher Freunde wurden,
> die durch Losverfahren in einem Hörsaal nebeneinandersaßen.
> (Spektrum.de)

Das Beieinandersitzen bei Speis und Trank hat in jeder Gesellschaft eine lange Tradition.
Die Feuerstelle, dann der Herd, waren historisch betrachtet, das Zentrum des Lebens. Oft
gab es nur einen Raum, in dem gekocht, gegessen und gelebt wurde.

Die Küche war der Mittelpunkt des familiären Lebens. In den 20er-Jahren des 20.
Jahrhunderts begann sich die traditionell etablierte Küche aufzulösen.

> „Die aktuell modernen Kochinseln mit allerlei smarten Funktionen und die großen Ess-
> tische, an denen man sich für gesellige Kochabende versammelt, lassen die Frankfurter
> Küche aus dem Jahr 1926 aus heutiger Sicht nicht unbedingt als einen Küchentraum
> erscheinen. Doch damals war diese Küche ein Novum und zwar derart, dass eine
> Bedienungsanleitung über dem Herd die Hausherrin in die neuen Annehmlichkeiten ihrer
> bis ins Detail durchgeplanten Küche einführen sollte. In den 1920er-Jahren waren die
> Frauen noch immer ‚dazu verdammt, ihren Haushalt, einige wenige Erleichterungen aus-
> genommen, (…) so zu führen wie zu Großmutters Zeiten'. Doch die Zeiten hatten sich
> geändert und viele Frauen, vor allem aus bürgerlichen Kreisen, waren nun berufstätig.
> Daher beschäftigte sich Margarete Schütte-Lihotzky schon früh mit der Frage, wie richtiger
> Wohnungsbau die Hausarbeit erleichtern könne. Anregungen gaben ihr die Studien der
> amerikanischen Forscherin Christine Frederick, deren Buch ‚The New Housekeeping
> Efficiency Studies' ab 1921 in deutscher Übersetzung vorlag."
> (www.bauhaus100.de)

Die Hausfrau wurde ab dieser Epoche in den kleinsten Raum der Wohnung verbannt.
Plötzlich gab es keine Gelegenheit mehr, beim Kochen zuzusehen oder gar mitzuhelfen.

> „Die durchrationalisierte Einbauküche im DIN-Format aber hat sich hartnäckig gehalten."
> (Kippenberger 2009, S. 150)

> „Mit dem Tisch verschwand die Muße, der Leerlauf, die Küchenarbeit wurde zur
> Fertigung." (ebd. S. 150)

Die Tischgemeinschaft hatte über Jahrhunderte hinweg einen besonderen Stellenwert und verkörpert die Sehnsucht nach Gemeinschaft und menschlicher Nähe. Dieser Wunsch nach Nähe, die der Mensch in sich trägt, lässt sich jedoch nicht so einfach verbannen. Nicht von ungefähr kommt daher der neue Trend der „offenen" Küche, der Kochen und Wohnen verbindet.

> „Der Traum der Tischgemeinschaft ist es, gemeinsam einen (angenehmen) Moment der Intensität zu erleben, durch die gemeinsamen Empfindungen Verbundenheit zu erzeugen. Gaumenfreuden, aber auch eine Atmosphäre der Geborgenheit und Wärme." (Kaufmann 2005, S. 207)

Gemeinsames Essen und Trinken verpflichtet!

> „Im Mittelalter diente das gemeinsame Essen und Trinken nämlich als symbolische Handlung, mit der Frieden oder Bündnisse geschlossen, Freundschaften eingegangen oder verlängert wurden. Wer zusammen aß und trank, versprach sich wechselseitig Frieden und Freundschaft." (Satt? kochen-essen-reden. Kataloge der Museumsstiftung S. 78).

Heute ist uns dieser friedensstiftende Charakter gemeinsamen Essens und Trinkens zwar nicht immer bewusst:

> „Die gesellige Unterhaltung hat immer noch eine vertrauensstiftende Funktion." (ebd. S. 79)

Dazu wird im Journal Culinaire deutlich gesagt:

> „In jeder Gesellschaft hat sich im Laufe der Zeit eine Vielzahl von konkurrierenden Normensystemen und Regeln des gesellschaftlichen Lebens entwickelt. Dabei sind Vorstellungen über ‚ordentliches' Essen, Maß und Maßlosigkeit, Notwendigkeit und Luxus sowie über Kultur und Zivilisation formuliert worden. (…) Dies gilt auch für die Idealform des gastronomischen Rituals: das große Mahl. Hier werden Hungerstillung und Befriedigung des individuellen Appetits in ihren in der Gemeinschaft festgelegten Formen mit rhetorischen Inhalten verknüpft." (Journal Culinaire 2005, S. 17)

Der Autor Peter Bessin nennt dies treffenderweise: „Die Rhetorik der Speisen" (ebd. S. 17).

Mir wird es, wenn ich die menschlichen Bedürfnisse und die historische Entwicklung ansehe, umso klarer, warum gemeinsames Kochen, Essen und Trinken ein idealer Ort ist, um entspannt zu netzwerken. Wer mit mir am Tisch sitzt, mit dem ich das Glas erhebe und ihm zuproste, entspricht meinem menschlichen Bedürfnis nach Nähe und Austausch. Der „Genussgenosse" neben mir bleibt mir besser in Erinnerung als die flüchtige Begegnung am Stehtisch, deren Visitenkarte ich entgegengenommen habe.

Wenn ich außerdem noch vor dem gemeinsamen Mahl mitgearbeitet habe, den Tisch selbst gedeckt und die Servietten gefaltet habe und ich meinem Tischnachbarn das Glas Wein eingieße, entsteht eine deutlich intimere Situation als in einer steifen Tischgemeinschaft, die oftmals steifen Riten und Regeln unterliegt.

Beim gemeinsamen Kochen werden die Teilnehmer gewissermaßen zu „Dienern",
alle Mitköche sind ebenbürtig. Es gibt keine Hierarchien, wie man die bei großen Mahl-
gemeinschaften kennt. Gemeinsames Kochen synchronisiert Lebens- und Berufswelten.
Diese Tatsache schafft sofort Vertrauen und Offenheit untereinander.

Beispiel

Deshalb im Übrigen ist gemeinsames Kochen auch eine hervorragende Möglichkeit, um zur Völkerverständigung beizutragen. So gibt es in Berlin beispielsweise
eine Gruppe, die es sich zum Ziel gesetzt hat, durch gemeinsames Kochen die Ein-
gliederung von Migranten zu fördern (www.ueberdentellerrand.org). ◄

Auch viele Restaurants übernehmen inzwischen den Gemeinschaftsgedanken. Es entstehen immer mehr sogenannte „Community Tables", an denen man zusammensitzt,
ohne sich vorher zu kennen. Diese sind, ebenso wie das gemeinsame Kochen, eine
wunderbare Möglichkeit, neue Menschen kennenzulernen.

11.8 Epilog: Kochen ist sinnlich!

Alle unsere Sinne kommen beim gemeinsamen Kochen zum Einsatz:
Riechen, Schmecken, Sehen, Hören, Tasten.

Kehren wir zurück zu unserem „Kitchentalk für erfolgshungrige UnternehmerInnen":

▶   **Wichtig**

Nino hat uns gerade noch mal alle zum Herd zurückgeholt. Er gibt uns eine
kurze Sinnesschulung, bevor wir unser köstliches Menü genießen können.
    „Hier gebe ich jedem von Euch zwei Kräuterzweige. Nehmt zunächst den
Basilikumzweig, streicht darüber und brecht ihn durch. Tut das nun ebenso mit
dem Rosmarinzweig. Was hört Ihr? Wie fühlt sich die Pflanze an. Streicht mal
über die Zweige, riecht daran. Zupft ein Blatt oder die Nadeln ab und kostet.
Wie fühlt sich die Konsistenz an? Beschreibt mir die Farbe. Woran erinnert Euch
der Duft und der Geschmack? Vergleicht mal beide Kräutersorten und beschreibt
mir, was Ihr gerade erlebt."

Beispiel

Das Experiment ist spannend und ungewöhnlich. Es entsteht sofort ein Gespräch über
die Unterschiede der Kräutersorten, über Erinnerungen an den Italienurlaub und an
Omas Badewasser. Damit ist natürlich Rosmarin gemeint. „Ja", lacht Nino. „Das
stimmt, deshalb dürft Ihr Rosmarin nie überdosieren. Ich gebe immer den ganzen
Zweig in den Topf und nehme ihn heraus, wenn mein Gericht den Geschmack von
Rosmarin angenommen hat. Wir können unsere Erlebnisse am Tisch gleich noch vertiefen. Lasst uns den Tisch decken und mit unserem ersten Gang starten." ◄

Wasserkaraffen stehen bereit. Wir füllen die Gläser mit Weißwein. Die köstliche Zitronen-Zucchinisuppe mit Parmesancroutons steht dampfend vor uns. Wir prosten uns zu. Sehr schnell tauschen wir uns aus über Gerüche und Genüsse, Kräuter und Küche und über Leben und Leidenschaft. Ich beschließe sofort, beim nächsten Treffen wieder dabei zu sein und wen ich dazu einladen werde.

Literatur

Deci, E. L., & Ryan, R. M. (1993). Die Selbstbestimmungstheorie der Motivation und ihre Bedeutung für die Pädagogik. *Zeitschrift für Pädagogik, 39*(2), 223–238. (URN: urn:nbn:de:0111-pedocs-111739).

Ferrazzi, K., & Raz, T. (2015). Geh nie alleine Essen! Und andere Geheimnisse rund um Networking und Erfolg. Kulmbach: books4sucess.

https://www.bauhaus100.de/magazin/verstehe-das-bauhaus/kuechentraeume/. Zugegriffen: 5. Apr. 2020.

https://de.freepik.com/. Zugegriffen: 28. März 2020.

https://www.spektrum.de/news/wie-beziehungen-uns-stark-machen/1571770. Zugegriffen: 30. März. 2020.

https://ueberdentellerrand.org/ueber-uns/. Zugegriffen: 4. Apr. 2020.

https://de.wikipedia.org/wiki/Service-Club. Zugegriffen: 2. Apr. 2020.

Klink, V., Häusler, B., & Vilgis, T. (Hrsg.) (2005). Journal Culinaire, Wissenschaft und Kultur des Essens – Tischsitten. Heft 01. Stuttgart: Edition Klink.

Corinna, E., Gold, H., & Wesp, R. (Hrsg.). (2009). *Satt? Kochen – Essen – Reden. Kataloge der Museumsstiftung Post und Telekommunikation* (Bd. 28). Heidelberg: Edition Braus.

Kaufmann, J.-C. (2005). *Kochende Leidenschaft-Soziologie vom Kochen und Essen.* Konstanz: UVK.

Kippenberger, S. (2009). *Am Tisch die kulinarische Bohème oder Die Entdeckung der Lebenslust.* Berlin: Bloomsbury.

Karin Wittenstein ist bekennende Genießerin und vertritt das Credo: „Alles hat seine Zeit.“ Sie liebt klares Design, Hospitality, feines Essen und gute Weine. Städtetrips sind ihr lieber als lange Spaziergänge in der Natur. Sie ist immer auf der Suche nach innovativen Food-Konzepten, probiert gerne Neues aus, liebt Authentizität und Qualität. Was ihr gefällt ist, wenn jemand das, was er tut, mit Passion erfüllt. Mal mag sie es einfach, mal schwelgt sie im Luxus: Sie liebt das gute Schnittlauchbrot und genießt ab und an die Sterne-Küche. Ihr Lieblingsort ist ihre Kochbuchbibliothek mit mehr als 3000 Büchern zum Thema Genuss. Hier lässt sie sich inspirieren und entwickelt neue Rezepte, Food-Foto-Kreationen oder Eventideen. Das Leben ist bunt und hat viele Facetten. Karin Wittenstein genießt sie alle, pickt sich das Beste heraus und urteilt nicht. Karin ist offen für Ideen und Impulse und prüft, was zu ihr passt. Dadurch entwickeln sich permanent neue Ideen für Menschen, die gerne leben und genießen und damit auch für ihren Job.

Mehr Informationen unter: www.karin-wittenstein.de

Ich bin da – werde sichtbar auf dem Boulevard des 21. Jahrhunderts

12

Sichtbar oder unsichtbar

Gabriele Würzburg

Inhaltsverzeichnis

G. Würzburg (✉)
Veitshöchheim, Deutschland

© Springer Fachmedien Wiesbaden GmbH, ein Teil von Springer Nature 2020
P. Buchenau (Hrsg.), *Chefsache Sichtbarkeit,* Chefsache,
https://doi.org/10.1007/978-3-658-30606-9_12

Zusammenfassung

Wie wollen wir uns präsentieren? Privat und geschäftlich und wie wollen wir gesehen werden? Und warum sollten wir das tun?

   Sehen und gesehen werden auf dem Weg der Eitelkeiten. Wir wollen immer dabei sein, weltweit und in Farbe, das Ziel immer vor Augen, überall präsent. Begeisterung wecken und im Scheinwerferlicht glänzen, Stars und Sternchen haben Hochkonjunktur. YouTube-Macher prahlen mit Followers, Banalitäten werden tausendfach in Videos verpackt und ziehen ganze Bevölkerungsgruppen kurzzeitig in ihren Bann. Unser Jahrhundert hat sich in ein mediales Zeitalter katapultiert. Medien faszinierten schon immer, polarisierten. Vom Zuschauer haben wir uns zum Filmemacher gemausert, die technischen Möglichkeiten zeichnen jeden Moment digitale Spuren und das Fantastische daran ist, dass sie heute jeder mitgestalten kann und in Bild und Ton ganz nah, ganz aktuell, für jeden greifbar, dabei sein kann.

In Zeiten dramatischer Veränderungen
sind es die Lernenden, denen die Zukunft gehören wird
Diejenigen, die bereits alles gelernt zu haben meinen,
sind gerüstet für das Leben in einer Welt, die bereits nicht mehr existiert!
(Eric Hoffer)

12.1   Einleitung

Wie soll das gehen …

Wie paaren sich Erfolg und Sichtbarkeit in meinem Unternehmen, in meinem Lebens- und Arbeitsumfeld? Wichtig ist, dass der Unternehmer sich als Persönlichkeit der Region, seiner Heimat darstellt, als der Mensch, der jeden Winkel seiner Heimat kennt, jedes Haus, jede Straße, der die Menschen schätzt, der nicht nur über seine Produkte und deren Vermarktung redet.

   Ich muss spüren, dass da jemand ist, der für mich da ist, der mich leiten, mich führen kann, bei dem ich mich zu Hause fühle, bei dem ich mich wohlfühle, dem ich vertraue. Womit kann ich diese Gefühle erzeugen? Über Emotionen, die anziehend wirken und Vertrauen schaffen.

   Meine Mitarbeiter, Kunden, Besucher brauchen dieses Feeling. Sie müssen spüren, dass sie nicht einfach nur die schönsten Schrauben bekommen, sondern dass sie die besten Schrauben von der besten Firma bekommen, von dem Unternehmer, der sein Gesicht zeigt, der Einblicke in seine Persönlichkeit und seinen Alltag gibt, der Lust hat auf ein Gespräch und den man bereits aus einem Video kennt, der sympathisch ist, der einzigartige Ideen verkörpert, zu dem man aufblicken kann.

   Und wie lerne ich diesen wunderbaren Unternehmer kennen? Nur, indem er sichtbar wird und der Öffentlichkeit zeigt, wer er ist. Bewegte Bilder, bewusst aufgezeichnete

Dokumentationen machen Spaß, den Machern, den Darstellern und nicht zuletzt den Zuschauern. Dieses bewegte Wagnis in der Medienlandschaft von heute ist Dreh- und Angelpunkt für die Einzigartigkeit des Erfolgs.

Gefragt ist die Sichtbarkeit, die das Leben umschreibt, die verdeutlicht, was tagtäglich geschieht, was in der Fantasie der Menschen passiert.

> „Du verwandelst bekannte Schauplätze in neue, ungeahnte Bausätze.
> Du liest bis zum Seitenende und
> bist danach selbst die Zeitenwende.“
> (Johannsen 2016)

12.2   Unternehmer machen Radio – Unternehmer machen TV

Schöne neue mediale Welt und ich sollte als Firma dabei sein.

Denken wir an unsere Kindheit, an den Brei, den wir gegessen haben. Wir haben sofort ein Gesicht vor Augen, denken an ein gutes regionales Produkt, an glückliche Kühe und sauberes Wasser, an frisches Obst und Gemüse vom Bauern nebenan. Und diesen Geschmack vergessen wir nie. Emotionen in Verbindung mit Informationen, gut verpackt in schönen Bildern, aktivieren jedes Kopfkino und bleiben im Bewusstsein abrufbar, ein Leben lang.

Um sichtbar zu werden, sollte der Unternehmer seine Persönlichkeit kontinuierlich in den Fokus der Region rücken, seinen heimatlichen Bezug nutzen, um damit mediale Wirkung zu erzielen.

Bereits heute spielt das Leben zu großen Teilen in anderen Sphären. Wir haben uns ein bisschen verlaufen, haben die Realität verlassen und neue Leidenschaften entdeckt. Schöne neue Welt, weil immer, überall und sofort verfügbar. Der Zauber heißt Internet.

Reisen buchen, einkaufen, Angebote vergleichen, Produkte erklären lassen, Partner finden … die Möglichkeiten im Netz sind scheinbar unendlich.

Sie zu ignorieren, ist ein Fehler, ein Versäumnis. Die Unterschiede zwischen der realen und der virtuellen Welt werden immer kleiner. Die Bequemlichkeit der Menschen wird zu einer gesamtgesellschaftlichen Herausforderung. Wir werden die neuen technischen Möglichkeiten wahrnehmen und nutzen. Für Unternehmer stellt sich die Frage nach dem „Wie?“, nach Verantwortung, nach zukünftigen Existenzen.

In der Gegenwart heißt es, stärker denn je in den Medien präsent zu sein und in der Öffentlichkeit Wirkung zu erzielen. Bereits heute werden bis zu 22 Mrd. Videos täglich auf YouTube angesehen, d. h. über 80 % der TV-Inhalte werden über diese Kanäle konsumiert. Unsere Sehgewohnheiten haben sich verändert, unser Umgang mit bewegten Bildern in den unterschiedlichsten Sendeformaten ist ein anderer geworden. Für Unternehmen wird es unausweichlich, selbst dabei zu sein, die eigene Rolle zu kreieren, im eigenen TV- und Radiospot aufzutreten, sich öffentlich zu präsentieren.

Unternehmer sein bedeutet, etwas zu unternehmen, den Mut haben, neue Wege zu gehen, Chancen zu nutzen. Ohne Öffentlichkeitsarbeit geht es dabei nicht. Nie war es für Unternehmen leichter, sich zu präsentieren. Es ist bezahlbar geworden, auch für den Klein- und Mittelstand. Und man hat es in der Hand, die Qualität der Beiträge selbst zu bestimmen.

Der Unternehmer der Zukunft ist Medienmacher.

„Vieles ist sichtbar,
das Unsichtbare müssen wir aber erfühlen."
(Ursula Mori 2007)

12.2.1 Der Unterschied …

Immer wieder wird die Frage gestellt, was die einzelnen Firmen unterscheidet. Es sind nicht vordergründig die Produkte, die gestylten Firmengebäude …

Es sind die Mitarbeiter, die Firmenchefs, die Männer und Frauen, die Senioren und die Kinder, Menschen mit ihrer ganzen Persönlichkeit, mit ihren Stärken und Schwächen, mit ihren Ideen und Visionen, mit ihrem Charme und ihrem Witz, mit ihrem typischen Dialekt und ihrem Temperament. Und das sind die Ressourcen, die nur darauf warten, geweckt zu werden.

Jeder erfolgreiche Unternehmer verbringt sehr viel Zeit damit, zu netzwerken, ständig neue Kontakte zu knüpfen, interessante Menschen kennenzulernen. Auf der Geschäftsebene aktiv zu sein, Persönlichkeit zu zeigen, ist nach wie vor ein entscheidendes Kriterium für das Gelingen der Geschäftsidee. Trotzdem sollte man für einen Moment das Business vergessen und Emotionen zeigen, menscheln. Das ist genau die Ebene, die immer wichtiger wird, die uns von Robotern unterscheidet. Hier sind wir einzigartig und unterschiedlich, das macht sympathisch, weckt Neugier und Begehrlichkeiten. Nicht der Perfektionismus ist bezaubernd, sondern die Normalität. Und die besteht aus Fehlern, Missgeschicken, Träumen, Illusionen, aus Stolpern, Aufstehen und Weiterlaufen.

> Da kommt einer von uns, der mich versteht, der weiß, wo der Schuh drückt und wovon ich träume.

Und dann kommt für mein Unternehmen der nächste Schritt. Ich muss mit diesen Ressourcen arbeiten, muss meine Gedanken in wunderbare Geschichten fließen lassen und sie in Filme und Videos packen. Mein Menschsein „videolisieren", meine Kunden verzaubern und ihre Neugier wecken.

> Zukunft ohne bewegte Bilder wird es für erfolgreiche Unternehmen nicht mehr geben.

Den Kopf in den Sand zu stecken,
verbessert die Aussicht nicht!
(Anaïs Nin)

12.2.2 Mein sichtbares Erlebnis

Wie wichtig Sichtbarkeit im täglichen Leben ist, wurde mir erst im Nachhinein bewusst.

Beispiel

Nach Trennung und Scheidung war ich auf der Suche nach einem neuen Lebensgefährten, aber wo findet man seinen neuen Traum? Vielleicht im Internet? Das Internet ist riesengroß, anonym, es wird viel geschrieben und versprochen, es wird betrogen und gelogen, manches stimmt, anderes ist erfunden. Wie kann man aus der Fülle der Angebote den Richtigen herausfiltern? Wenn man wählen kann, sucht man selbstverständlich das Besondere, das Andersartige. Mir fiel ein Video auf, es hatte sich jemand getraut, vor die Kamera zu treten und mit mir Kontakt aufzunehmen. Da wurde jemand sichtbar, er lachte, er erzählte, er flirtete, er war persönlich da, fassbar und authentisch, erreichte mich durch seinen Film auf der emotionalen Schiene. Liebesbriefe sind auch wunderschön, können den Blick ins Gesicht jedoch nicht toppen. ◄

Was privat so wunderbar geklappt hat, funktioniert ebenso im Geschäftsleben.

Wenn meine Firma, mein Produkt aus der Masse herausstechen soll, muss ich meine Einzigartigkeit herausstellen. Und die liegt in meiner Person, in meiner Individualität. Genau diese Persönlichkeit muss erkennbar sein. Imagefilme, Imagereportagen, individuelle Werbespots, Videoproduktionen in Form von Talkshows, Filmchen mit Kurzgeschichten sind Möglichkeiten, die das Besondere meines Business-Emotionalität verleihen, sie ins richtige Licht rücken.

Klar, ein persönliches Video ist noch keine Garantie dafür, den richtigen Partner fürs Leben oder den perfekten Kunden zu finden.

Bewegte Bilder sind eine wunderschöne Idee, gesehen, erlebt und bemerkt zu werden.

Es gibt Maler,
die die Sonne in einen gelben Fleck verwandeln.
Es gibt aber andere,
die dank ihrer Kunst und Intelligenz
einen gelben Fleck in die Sonne verwandeln können.
(Pablo Picasso 1881–1973)

12.2.3 Installieren Sie noch Bäder oder machen Sie nur noch TV?

Man kennt sich in der Region, man kennt seine Handwerker, man weiß, was sie können. Man denkt, man weiß es.

Ich bin immer wieder fasziniert von meinen Kunden, die mit Herz und Verstand den Medien begegnen und damit ungewöhnliche Ergebnisse erzielen.

Beispiel

Vor einigen Jahren kam ein Seniorenbadprofi zu mir. Lange Gespräche über sein Business und seine Person ermöglichten es, ein interessantes Drehbuch zu gestalten. Es wurde nicht auf einen Imagefilm reduziert. Die Persönlichkeit meines Kunden ist so spannend, dass ein Kurzvideo nach dem anderen produziert werden kann. Die Fülle der Produktionen bringt Bewegung auf seine Webseite. Er wird zum Mediengestalter, indem er als Unternehmer der Region in TV-Reportagen den Bürgermeister, den Braumeister, spezielle Gewerbe und Politiker, die Tanzgruppe und die Musiker der Blaskapelle interviewt, indem seine Präsenz auf regionalen Veranstaltungen in Videoreportagen aufgenommen und dokumentiert wird.

Er vergisst die Scheu, vor einer Kamera zu stehen und wird zu einer Identifikationsfigur im regionalen Alltag, wird bekannt, beliebt oder spaltet die Gemüter, er gehört einfach dazu, spricht mit den Menschen, lebt und regiert nicht fernab in einem Glaspalast weit entfernt vom wahren Leben, sondern vor Ort in seinem persönlichen und geschäftlichen Umfeld.

Er ist dabei. Es ist ihm gelungen, durch die entwickelte Bekanntheit in den Medien nicht mehr übersehen zu werden. ◄

Präsenz in der Region zeigen, Werbung mit der eigenen Persönlichkeit realisieren, ist wirklich gute Öffentlichkeitsarbeit.

Wer die Welt bewegen will,
sollte erst sich selbst bewegen.
(Sokrates)

12.2.4 Bewegung boomt

Wir lieben sie, die schnell gemachten Handyfilmchen und wir filmen alles.

Das exzellente Essen im Restaurant, die Kinder beim Auftritt im Kindergarten, der erste Freund, der tolle Urlaub, das neue Auto oder die lieben Haustiere, besonders beliebt die Katzenvideos … unsere neue Welt ist lebendig. Immer und überall ist die Kamera dabei und die Aufnahmen landen in den sozialen Netzwerken. Wir lieben es, zu sehen und gesehen zu werden, uns ist die Neugierde einfach angeboren.

Als soziale Wesen wollen wir unser Leben mit anderen teilen, teilhaben lassen an unserem Glück, an unseren Erfolgen, Niederlagen.

Jeder, der ein Smartphone besitzt, kann seine eigene Imagereportage drehen. Die Technik macht es möglich und es macht uns Spaß.

Für den privaten Bereich vollkommen ausreichend.

Unternehmen empfehle ich, bei Videoproduktionen die volle Aufmerksamkeit auf die Qualität der Aufnahmen zu legen und professionelle Standards zu erfüllen.

Kriterien über Umfang der Videos, Content, Design, Mitwirkende, verwendete Texte und Effekte beeinflussen die Wirksamkeit meines Produkts entscheidend.

Der Kunde erkennt den Wert der Produktion und sieht sehr wohl den Unterschied.

Dabei sein sind 80 % des Erfolges.
Woody Allen

12.2.5 Ausschreibung gewonnen trotz höherer Preise

Mediatheken als neue Webseitenpräsentationen bieten den Firmen die Möglichkeit, eine Vielzahl von aussagekräftigen Kurzvideos vorzustellen. Aktuell und informativ, individuell und persönlich, ein modernes Sammelsurium.

Es ist immer wieder faszinierend, wenn Kunden begeistert berichten, welche Wirkung ihre Imagereportagen erzielen.

Beispiel

Meinem Bauunternehmer verhalfen sie zu einem neuen Großkunden. In Kurzvideos über seine Person, sein Unternehmen, seine Leistungen, seine Visionen erhielt der Interessent wichtige Infos. Überzeugt hat ihn letztendlich die Persönlichkeit des Bauunternehmers.

Der Kunde lernte ihn kennen, ohne ihn zu treffen. Er konnte sich präzise einen Überblick über die Leistungen der Firma verschaffen. Kurzvideos in ihrer Vielfalt eröffnen effektive Sichtweisen und erleichtern den Auftraggebern die Entscheidungsfindung. Man sieht, wie der Unternehmer sich gibt, wie er spricht und mit seinen Mitarbeitern umgeht, man kann sich seine Arbeiten in einem Video ansehen und erklären lassen. Dank der gelungenen Videopräsentation erhielt unser Kunde den Auftrag, obwohl der Preis des Angebots höher war als der der Konkurrenz. ◄

Die Videos erreichten ihn emotional und forcierten den Erfolg beim Vertragsabschluss gegenüber den Mitbewerbern.

Überzeugen durch Worte, durch Bilder, durch bewegte Bilder, es war nie einfacher als heute, Menschen zu erreichen und die Möglichkeiten sind unendlich.

Es sind immer die einfachsten Ideen,
die außergewöhnliche Erfolge bringen.
(Leo N. Tolstoi)

12.3   Meine eigene Mediathek

Eigene Mediatheken mit einer Vielzahl von Imagereportagen garantieren interessante Einblicke.

Welche Möglichkeiten habe ich und wie kann ich sie realisieren?

Natürlich bestimmt das Budget die Möglichkeiten. Besondere Landschaften, berühmte Schauspieler, bekannte Sprecher, spezielle Storys ... Kleine und mittelständische Unternehmer geraten da schnell an ihre Grenzen.

Alles kann, nichts muss produziert werden. Wichtig beim Aufbau einer eigenen Mediathek ist es, ein gut durchdachtes Konzept zu entwickeln, sich Klarheit über die Inhalte der Videos zu verschaffen und in intensiven Gesprächen interessante Storyboards zu erstellen.

Für meine Kunden ist es ein gutes Gefühl, in der Region als Unternehmer wahrgenommen und geschätzt zu werden. Es ist auch nicht das eine, aufwendig und teuer produzierte Imagevideo, welches diese Wirkung erzielt.

Die eigene Mediathek mit einem Repertoire verschiedenster Kurzproduktionen erleichtert es den Besuchern der Webseite, sich einen schnellen Überblick über interne Befindlichkeiten zu verschaffen. Und es ist gar nicht so schwer, die individuellen Kurzgeschichten für YouTube und Co. zu erzählen, Webseiten lebendiger zu machen, spezielle Videosammelmappen anzulegen und Marketingkonzepten den letzten Kick oder auch Klick zu verleihen.

Die eigene Mediathek ist Webseite der Zukunft.

Man sollte wenigstens im eigenen Leben
die Hauptrolle spielen.
(Albert Einstein)

12.3.1 So oft erlebt

Das erste Mal im Studio, man erlebt, wie es ist, vor einer, zwei, drei, vier Kameras zu stehen, verkabelt zu werden, den Soundcheck zu erleben.

Das Licht geht an und man weiß plötzlich nicht mehr, was man eigentlich hier will, was man sagen soll, wie man sprechen, sich bewegen, wie man vor der Kamera wirken sollte.

Eine neue Situation ist entstanden, der man sich stellen muss. Aufregend und spannend zugleich.

Ich versuche durch persönliche Gespräche mit den Kameraneulingen eine gewisse Lockerheit zu entwickeln, Vertrauen aufzubauen und kann immer wieder feststellen, sobald unsere Gäste über sich und ihre Firma sprechen, verlieren sie ihre Scheu und

Skepsis, können präzise und anschaulich sein, können lächeln und witzig werden und originelle Erklärungen formulieren. Als Produktionsteam sollte man immer ein bisschen mehr Zeit einplanen, das reduziert das Lampenfieber und nimmt den Beteiligten eine Menge Druck. Gut geführte Vorgespräche ermöglichen es, Vertrautheit aufzubauen und das eigentliche Drehmoment viel entspannter ablaufen lassen zu können. Die Umgebung mit Kameras und greller Beleuchtung reduziert sich zum Accessoire, zum Beiwerk der Produktion.

Jeder Besucher meiner Veranstaltungen konnte seinen Auftritt im Nachhinein genießen. Ich bin mir der Besonderheit der Aufnahmen für jeden Teilnehmer bewusst und nehme mir die Zeit zum Kennenlernen.

Lockerheit vor dem Mikrofon und der Kamera zu zeigen, ist nicht jedem in die Wiege gelegt.

Es zu erlernen, gar nicht so schwer.

Wichtig ist nur, es zu versuchen, es zu trainieren, es einfach zu machen.

Im manifestierten Außen kann es niemals Wahrheit geben,
nur Wahrnehmung und diese ist beliebig manipulierbar!
Erst wenn wir uns vollständig erkennen und zu erkennen geben,
sind wir eins mit der Wahrheit und unberührt von allem Außen!
(Frank Obels)

12.3.2 Das bin ich nicht

Ein Weihnachtsvideo wird gedreht. Geht ja ganz fix, man muss nur drei Sätze sprechen und fertig ist der Weihnachtsgruß. Doch selbst für gestandene Unternehmer ist es eine Herausforderung, frei und unterhaltsam vor der Kamera zu agieren. Und nicht immer ist das Ergebnis wie erwartet.

Das bin ich nicht … So sehe ich nicht aus, so will ich mich auch nicht sehen, denn in meinem Kopf gibt es ein viel schöneres Bild von mir. Man wünscht sich eine gewohnt überzeugende Darbietung und erlebt Unsicherheiten, die man im Alltag längst vergessen hat. Die Kamera zeigt alles. Sie beschönigt nichts. Sie zeigt nicht nur die Schokoladenseiten, sondern auch Nervosität, Aufgeregtheit, eigenartige Körpersprache.

Über Videoproduktionen lernt man, sich selbst zu erkennen.

Die authentische Darstellung der eigenen Persönlichkeit ist erlernbar.

Es ist Training mit der Kamera bis zu dem Punkt, an dem man zufrieden den Daumen hebt.

Wir können nur zu neuen Ufern aufbrechen,
wenn wir bereit sind, die alten zu verlassen.
(Laotse)

12.3.3 Besondere Medienworkshops

Warum sollte man seinen medialen Auftritt trainieren, weiterentwickeln? Hier ein paar Hinweise:

- Die Möglichkeiten, die man durch bewusste öffentliche Auftritte in den Medien gewinnt, sind enorm.
- Workshops verbessern die persönliche Darstellung, trainieren Sicherheit vor der Kamera und liefern zusätzliches Videomaterial.
- Training vor Kamera und Mikrofon ist für die Optimierung meiner Person in der medialen Öffentlichkeit ein Mittel, meine Präsenz, meine Sichtbarkeit in den Focus zu rücken.
- In den unterschiedlichsten Situationen vor laufenden Kameras, vor Workshoppublikum, in Diskussionsrunden und Talkshows sollte ich meinen Auftritt immer wieder üben, um ihn zu vervollkommnen. Das erhöht meine Chance, mich optimal zu präsentieren.

Fit werden für die mediale Welt.

Die richtigen Argumente finden, die Wohlfühlkleidung tragen, die eigenen Stärken sehen, die Schwachstellen erkennen, die Ergebnisse der Videoaufnahmen auswerten, Kundenbewertungen erforschen.

Professionelle Medienworkshops helfen dabei, die Individualität der Persönlichkeit herauszustellen, Präsenz zu zeigen.

Man kann einem Menschen nichts lehren,
man kann ihm nur helfen,
es in sich selbst zu entdecken
(Galileo Galilei)

12.3.4 Rolle vorwärts durch Sport

Sport ist die Emotion der Region. Er lässt den Menschen vergessen, dass er Sorgen und Probleme hat, zu Hause, in der Familie, im Beruf, in der Firma.

Durch Sport kann er für einen Moment abschalten, den Kopf freibekommen, den Augenblick des Sieges genießen und neue Kraft tanken, dem Adrenalin freien Lauf lassen, Niederlagen verfluchen, Teamgeist schätzen. Nirgendwo sind Emotionen stärker und so offensichtlich.

Der Unternehmer sollte dort auftauchen, wo seine Kunden sind, seine Mitarbeiter leben, seine Firma existiert. Er bewegt sich dort, wo seine Region lebt. Sobald er sich mit der Region abgibt, seine Emotionen teilt, erhält er dort, wo er lebt und arbeitet, einen anderen Stellenwert, ein besseres Ansehen, ein ganz neues Image.

Und nirgendwo anders ist dieses Ansehen schneller und leichter zu erzielen als durch Teilnahme am sportlichen Leben. Egal, ob als Aktiver oder Zuschauer. Hier kann man ganz klar zeigen, wie stark man sich mit der Region, in der man lebt, identifiziert.

Sportsponsoring ist für Unternehmen ein äußerst effektives Werkzeug, Sichtbarkeit zu erzielen. Durch die Möglichkeiten der Digitalisierung ist es einfacher denn je, über Internet und soziale Netzwerke entdeckt zu werden. Die Nutzung der langjährig aufgebauten Strukturen im Sportbereich vereinfachen es, den Grad der Bekanntheit zu erhöhen, schneller und einfacher, als man denkt. Der Sport hat ein festes Zeitmanagement, bedient ein breites Publikum. Wer da den Fuß in der Tür hat, braucht sie nur noch aufzustoßen und man ist mittendrin im Geschehen.

Dabei sein ist das eine, wahrgenommen werden das andere. Sponsoren sollten die Chance der Videoreportagen nutzen, sich der Öffentlichkeit zu präsentieren, bei Events und Höhepunkten dabei sein und Firmenauftritte in Bild und Ton zu dokumentieren, Bewegung ins Sponsoring zu bringen.

Wieder spielen kleine **Dokumentationen in Form bewegter Bilder eine zunehmende und damit unverzichtbare Rolle bei der Unternehmenspräsentation.**

Was nützt der größte Einsatz, wenn keiner davon weiß?
Verschiedene Netzwerke zu verbinden ist von Vorteil.

Die Sensibilität der Dinge
ist eben durch nichts zu ersetzen.
Trotz einer gewissen Dynamik,
die ich von Haus aus mitbringe,
brauche ich, um die schöpferischen Prozesse durchzustehen,
Zeit, eine gewisse Zeit …
(Hermann Schwahn)

12.4   Zeitfrage

Viele Unternehmer und Personen des öffentlichen Lebens haben die Bedeutung von Videoproduktionen erkannt.

Bestes Beispiel ist unsere Bundeskanzlerin. Trotz vollgepacktem Terminkalender nimmt sie sich jede Woche die Zeit, eine kurze persönliche Videobotschaft ins Netz zu stellen. Warum macht sie das? Weil sie die Menschen ganz persönlich erreichen will. Es geht dabei gar nicht so sehr um die Inhalte, die sie vermittelt. Der Bürger soll erkennen, dass die Kanzlerin sich Zeit nimmt, um mit den Menschen zu reden und um damit zu verdeutlichen: Ich bin für dich da. Diese emotionale Wirkung erzeugt man nur durch Anwesenheit, durch Sichtbarkeit, durch bewegte Bilder.

Sie wollen Videoreportagen über Ihr Unternehmen produzieren lassen, haben aber dafür keine Zeit! Was nützen die schönsten Produkte, die besten Dienstleistungen, wenn sie keiner kennt, weil er davon noch nie etwas gehört oder gesehen hat, wenn die Bürger nichts über die ortsansässigen Unternehmen wissen, weil der Unternehmer fleißig sein Business betreibt, aber die Öffentlichkeitsarbeit vergisst. Wo soll er seine zukünftigen Mitarbeiter finden, wo sein regionales Engagement verdeutlichen, wenn er für die Menschen unsichtbar bleibt.

Beispiel

Eine von mir bei herrlichem Wetter auf einem gut frequentierten Boulevard in meinem Heimatort beauftragte Sonntagsumfrage zum Thema: Nennen Sie uns bitte fünf Firmen aus dem hier ansässigen Industriegebiet ergab, dass von 117 befragten Bürgern keiner fünf Unternehmer kannte, 21 Befragte konnten drei Betriebe nennen, 28 erinnerten sich an zwei und der Rest lächelte. ◀

Natürlich ist gute Promotion mit Zeitaufwand verbunden, man produziert gute Filme nicht nebenbei in wenigen Minuten. Sorgfältige Vorbereitung, Konzepterarbeitung, mitunter mehrere Drehtermine im Studio und vor Ort erfordern das persönliche Engagement des Unternehmers.

Einen authentischen Film zu produzieren, erfordert Gesprächsbereitschaft zwischen Darstellern und Machern. Je besser ich mein Gegenüber kenne, desto präziser kann ich seine Geschichte verfilmen. Er zeigt Profil, Charakter und lässt Gefühle zu. Nehmen Sie sich die Zeit zum Kennenlernen und das Ergebnis der Produktion wird Sie überzeugen.

Sind die bewegten Bilder erst einmal fertig, kann man seine Emotionen, seine Gefühle vermitteln, Menschen ansprechen, ohne persönlich anwesend zu sein, soziale Netzwerke für seinen Medienauftritt nutzen, die eigene Webseite auffrischen, im Google-Ranking ganz vorne stehen.

Bedenken sollte man in diesem Zusammenhang die Tatsache, dass ich mit jedem Video über einen längeren Zeitraum mehrere tausend Zugriffe erzielen kann. Professionelle Filmproduktionen sparen mir als Unternehmer viel Zeit, ich muss nicht jeden Kunden besuchen, kann Kundentermine auf ein Mindestmaß reduzieren, bin trotzdem sichtbar und das zu jeder Zeit.

Für den Kunden bedeutet ein gutes Videomarketing, dass er seine Information jederzeit, so oft wie möglich und ohne konkreten Termin einholen kann. Videopräsentation ermöglichen die Weiterleitung spezieller Filme an Geschäftspartner, man kann über Videokonferenzen kommunizieren, lebendiger und anschaulicher als im Dialog.

Zeitmanagement ist optimiert.

Eine Skulptur muss für sich sprechen;
wenn nicht, ist sie nicht der Rede wert.
Eva Roucka

12.4.1 Produktpräsentation

Was zeichnet erfolgreiche Unternehmen im Vergleich zur Konkurrenz aus. Die Produkte unterscheiden sich manchmal kaum voneinander. Aber die Art und Weise, wie ich meine Produkte vermarkte, wie ich sie erkläre, welche Informationen ich weitergebe, ist ein entscheidendes Kriterium für den Verkauf.

Die Hochglanzbroschüre ist immer noch schön anzusehen, ist aber in der Regel ganz weit weg von der Kaufentscheidung des Kunden. Er will heutzutage wissen, wo die Produkte produziert werden, wo die Rohstoffe angebaut werden, will Herstellung und Produkte erklärt bekommen und über Nachhaltigkeit und die Ökobilanz informiert werden. Die kleinen Details des Produkts sind interessant, immer getreu dem Motto:

> Lieber Kunde, ich nehme mir Zeit für dich und erkläre dir meine Produkte, beschreibe dir die Besonderheiten und die kleinen Raffinessen, informiere dich umfassend.

Wenn ich als Verkäufer ins Bild treten kann, dem Kunden in die Augen schauen und anschaulich demonstrieren kann, was mein Produkt auszeichnet, kann ich eine ganz andere Beziehung aufbauen. Videos vermitteln neben Informationen Emotionen, die dazu beitragen können, Kaufentscheidungen zu forcieren.

Für Unternehmen eine Riesenmöglichkeit, Kunden zu begeistern, denn jede Information in Bild und Ton bleibt viel länger im Kopf und wird Kaufentscheidungen absolut beeinflussen.

In der heutigen Zeit ist der Einzelne gut ausgerüstet. PC, Tablets, Smartphones stehen als Informationsquelle überall zur Verfügung. Was hindert uns daran, uns der Technik zu bemächtigen, die moderne Medienwelt für unser Management zu nutzen.

Wichtig bei der Videoproduktion ist die Qualität der Aufnahmen, der Gespräche, der Produktvorstellungen. Fliegen Sie mit Drohnen, nutzen Sie Greenscreen-Wände und gestalten Sie ganz neue Firmenpräsentationen.

> Professionelle Produktionen entscheiden maßgeblich über den Erfolg und sollten im Geschäftsleben eingesetzt werden.

> Erfolg wird nur haben,
> wer sich unterscheidet.
> Robert ‚Ted‘ Turner

12.4.2 Mitarbeiter

Neben einer anschaulichen Produktvorstellung wird es für Unternehmen immer wichtiger, für die Firma passendes Personal zu rekrutieren. Wer einmal auf der Suche nach guten Mitarbeitern war, weiß um die Schwierigkeiten dieser Aufgabe. In Zeiten einer positiven Situation auf dem Arbeitsmarkt können Arbeitnehmer sehr gut auswählen, in wessen Hände sie sich begeben, für welchen Job sie sich entscheiden.

Bloße Zeitungsanzeigen sind für viele nicht mehr zeitgemäß. Informationen über Firma, Chef und Kollegen sammeln, die Stimmung im Unternehmen spüren, erkennen, warum es sich lohnt, sich genau in dieser Firma zu bewerben, sind entscheidende Punkte für die Bewerbung.

Und genau hier kommen Kurzpräsentationen ins Spiel. Kleine, aber feine Filme, die Mitarbeiter zu Wort kommen lassen, die Besonderheiten des Unternehmens hervorheben, z. B. flexible Arbeitszeiten, betriebsinterne Kinderbetreuung, Homeoffice, besondere Bezahlung usw.

Die direkte Ansprache ist wichtig.

Videoformate bieten viele Möglichkeiten bei der Personalfindung, einfach ausprobieren und neue Wege gehen.

Wir freuen uns auf dich und tun alles dafür, damit du dich hier wohlfühlst und gern bei uns arbeitest.

Wenn Du meinst, zu klein zu sein,
um etwas zu bewegen,
dann hattest Du noch nie eine Mücke im Bett.
(Indisches Sprichwort)

12.4.3 Reichweite

Das ist die Frage aller Fragen, die uns immer wieder gestellt wird. Welche Reichweite haben die Produktionen, die ins Netz gestellt werden?

Darauf kann man nur mit einer Gegenfrage antworten: Welche Reichweite können Sie denn verkraften? Welche Reichweite vertragen Sie? Was kann Ihr Unternehmen bedienen?

Erst einmal ist nur das Video da. Es ist informativ, interessant, originell. Jetzt stellst Du es ins Netz und rechnest mit Tausenden von Klicks. Schöner Traum … An den Klicks muss man arbeiten, Medienpräsenz erreicht man nicht durch einen Imagefilm. Ausdauer ist gefragt, viele neue Ideen und letztendlich ein Konzept, damit alles rund wird und sich gut anfühlt.

Es ist immer wieder wichtig, sich die Frage zu stellen, wen ich mit meiner Videokampagne in den sozialen Netzwerken und auf meiner Webseite erreichen will.

Als regionales Unternehmen brauche ich keine hunderttausend Zugriffe. Man will einen soliden Kundenstamm aufbauen oder den vorhandenen mit Informationen versorgen. Wie immer ist eine genaue Analyse der gegebenen Situation vonnöten. Wie groß kann mein Kundenstamm werden, welche Kapazitäten habe ich, um einen eventuell wachsenden Bedarf auch bedienen zu können.

Wirtschaftlichkeit bei der Medienplanung im eigenen regionalen Unternehmen ist die entscheidende Antwort auf die Reichweitenproblematik. Um das zu verdeutlichen, verwende ich gern ein ganz simples Beispiel:

Beispiel

Wir sehen eine Wolke und aus der Wolke kommt ein Stern. Jeder kennt diesen Stern. Es ist ein Mercedes.

Wir sehen eine Wolke und aus der Wolke kommt das Logo Ihrer Firma. ◄

Um dieses Ergebnis, diese Bekanntheit zu erreichen, hat Mercedes viele Jahre eine sehr erfolgreiche Marketingstrategie gefahren. Als großes Unternehmen mit einem hohen Bekanntheitsgrad kann die Firma natürlich viele Menschen erreichen, sie kann es aber auch händeln, wenn der Kundenstamm wächst und wird deshalb viel Geld in die Produktion hochwertigster Imagefilme und deren Vermarktung stecken, um seine Reichweite zu erhöhen.

Einem regionalen Unternehmen fehlen diese Bekanntheit und das Budget, es ist auch gar nicht nötig, denn die regionale Firma ist nicht für den weltweiten Markt gedacht. Sie versorgt das Umland, hier muss sie punkten und für Publicity sorgen.

Ein qualitativ gut produzierter Imagefilm ist die Basis, kann sehr hilfreich eine Kampagne begleiten. Damit aus dem Produkt, aus der Dienstleistung eine Marke wird, ist individuelles Netzwerken gefragt. Nutzen Sie dabei alle Werkzeuge, die Ihnen die mediale Zunft bietet, werden Sie aktiv auf dieser Schiene und vergessen Sie nie, sich im Zweifelsfall Spezialisten zurate zu holen, denn wie gesagt, nicht jedes Unternehmen braucht riesige Werbeaktionen bei noch riesigeren Internetanbietern, um erfolgreich auf den neuen Plattformen zu agieren.

Reichweite ist eine Frage der Sichtweise, der realistischen Grundeinschätzung deines Geschäftsmodells und deiner eigenen Aktivitäten.

Chancen multiplizieren sich, wenn Du sie ergreifst.
(Konfuzius)

Aussagen zu Videos

Die Marketingleiterin Alina Geilke bei der Videoagentur überRot GmbH aus Dortmund meinte zu Videos und Videopräsentationen Folgendes:

„Obwohl die Liste der Vorteile von Video-Marketing lang ist, unterschätzen viele Unternehmen das Medium Bewegtbild. Dabei können gut gemachte Videos bei den Nutzern Emotionen wecken und bei ihnen Kaufbedürfnisse auslösen."

So können Unternehmen mithilfe von audiovisuellen Bewegtbildinhalten schnell und einfach Informationen fundiert verbreiten, um ihre Produkte oder Dienstleistungen verständlicher darzustellen als durch klassische Beschreibungstexte. Richtig angewandt, generiert das Unternehmen schnell mehr Aufmerksamkeit und stärkt das Vertrauen.

12.5 Mehr Sichtbarkeit für mein Unternehmen durch bewegte Bilder

12.5.1 Mein Fazit

Bewegtbild-Content gewinnt in der Onlinewelt zunehmend an Bedeutung.

Weltweit 64 % aller Internetuser nutzen Videoportale zur Befriedigung des großen Informations- und Unterhaltungsbedürfnis.

Videoproduktionen schaffen völlig neue Möglichkeiten für Unternehmen, auf individuelle Art und Weise mit potenziellen Kunden zu kommunizieren.

Video-Marketing steht mit 74 % auf Platz fünf bei den B2C-Content-Marketingstrategien.

Videospots sollten neben der Einbindung auf der eigenen Homepage immer gepusht werden – insbesondere über YouTube und Facebook.

YouTube gilt mittlerweile als die zweitgrößte Suchmaschine der Welt und verzeichnet am Tag mehr als drei Milliarden Klicks. Die Reichweite eines Videos kann sich im Zuge einer strategisch gut durchdachten Video-Marketingkampagne extrem ausdehnen.

Facebook hat den Videotrend ebenfalls erkannt und bietet seit einiger Zeit die Autoplayfunktion im Userstream, mit dem Videoclip automatisch abgespielt werden. Dadurch erhöht sich die Wahrscheinlichkeit, dass Nutzer sich die Filme anschauen und sharen. Facebook wird somit zu einem weiteren wichtigen Verteilungsinstrument im Video-Marketing.

Google bewertet Webseiten mit integrierten Clips besser und verschafft diesen mehr Sichtbarkeit.

Unternehmen, die auf ihrem Webauftritt mit Clips arbeiten, haben eine 53-mal höhere Chance, bei Google auf Seite eins zu ranken.

Bewegte Bilder in Form von audiovisuellen Tutorials, Produktdemos, Company-Promoclips, Über-uns-Videos oder UGC-Spots können Botschaften klar und kreativ übermitteln.

Mit einem kurzen Clip in einer Produktbeschreibung steigt die Konversion Rate durchschnittlich um rund 80 %.

Durch Einblenden von Videos erhöht sich die Besucherverweildauer auf meiner Webseite.

Das Anschauen eines Videoclips beeinflusst unser Unterbewusstsein und bewegt Nutzer, sich länger mit der Marke des Unternehmens zu beschäftigen. Wir nehmen bewegte Bilder viel stärker und positiver wahr. User werden neugierig auf die Bildgeschichte und das Unternehmen kann sich von einer ganz anderen Seite zeigen.

Bemerkenswert ist auch, dass laut einer Google-Studie 75 % aller befragten YouTube-User davon berichten, dass sie mit anderen kommunizieren, sobald ihnen ein Video eines Unternehmens gefallen hat.

Alles, was ich heute tue, ist wichtig,
gebe ich doch einen ganzen Tag
meines Lebens dafür hin!
(unbekannte Herkunft)

12.5.2 Respekt

Respekt zollen, ist für mich das wichtigste Kriterium im Umgang mit den Medien.

Respekt gegenüber jedem Individuum, das in meiner Produktionsfirma vor der Kamera steht. Dieser Respekt, gepaart mit Geduld, bringt schließlich den medialen Erfolg, selbst wenn es unzählige Versuche braucht, bis das richtige Bild im Kasten ist, wenn es einiger Anläufe bedarf, ehe ein neues Projekt sehenswert ist und Erfolg verspricht.

Respekt vor der Arbeit der anderen. Das schließt konstruktive Kritik nicht aus. Manchmal muss man neue Wege gehen, Projekte verwerfen, andere Denkansätze wählen, mit Stimmen, Storyboards, Moderatoren, Kulissen experimentieren, bis es schließlich für alle passt.

Respekt vor der Veröffentlichung jedes einzelnen Videos. Das erfordert verantwortungsvolle Recherche und Beachtung der gesetzlichen Vorschriften, immer mit dem Gedanken im Kopf, dass das Internet nichts vergisst.

Videoproduktionen sind zum einen Teil Handwerk, zum anderen Teil künstlerische Tätigkeit. Ohne Kreativität geht es nicht, aber ohne Gewusst-wie auch nicht.

Das Prinzip meiner täglichen Arbeit ist es, dem Kunden niemals zu schaden, ihn immer in einem guten Licht erscheinen zu lassen, seine Vorzüge hervorzuheben und in Absprache eine kleine Portion Humor hinzuzufügen. Dann kann es losgehen mit dem virtuellen Spaziergang auf dem Boulevard des 21. Jahrhunderts.

Nutzt die vielen technischen Möglichkeiten, die wir heute täglich neu erleben, nutzt das Internet, um die Sichtbarkeit zu erhöhen, aber vergesst auch nicht die Region, in der wir leben, arbeiten, lieben, in der wir glücklich sind. Seid präsent mit dem Erfolg, werdet sichtbar in der Region mit guten Produktionen, gemacht von und mit Menschen, die ihre Arbeit und ihr Land über alles lieben und sich ihrer Verantwortung stets bewusst sind.

Die neue mediale Welt ist wundervoll, lebt mit ihr, nutzt sie privat und vervollkommnet euren Businessauftritt, wagt neue Projekte, lasst euch verzaubern, aber nicht beherrschen.

Die Zukunft hat viele Namen.
Für die Schwachen ist sie „Das Unerreichbare".
Für die Furchtsamen ist sie „Das Unbekannte".
Für die Tapferen ist sie „Die Chance".
(Victor Hugo)

Literatur

Johannsen, A. (2016). Kreativität in Wirtschaft und Organisationen. www.anke-johannsen.de/
kreativität-als-haltung. Zugegriffen: 12. Dez. 2019.

Weiterführende Literatur

Geilke, A. (2015). Was bringt Ihrem Unternehmen Video Marketing? https://www.
marketingimpott.de/blog/was-bringt-ihrem-unternehmen-video-marketing/. Zugegriffen: 15.
Febr. 2020.
Sponsored Post. (2015). Warum Video Marketing die Zukunft ist. https://www.gruenderszene.de/
allgemein/warum-video-marketing-die-zukunft-ist. Zugegriffen: 28. Jan. 2020.
Zitate. (2019). „Erfolg, Zitate". https://www.gutzitiert.de/zitate_sprueche-erfolg.html. Zugegriffen:
13. Dez. 2019.

Gabriele Würzburg lebt ihren Traum. Sie hat Finanzwirtschaft studiert, im Finanzamt gearbeitet, ist Mutter von vier Kindern und hat letztendlich ihr Herz für das Radio entdeckt. Ein Radioprojekt im Internet war der Start und heute produziert sie gemeinsam mit Michael Lightbeer in ihrem eigenen Greenscreen-Studio Fernseh- und Videoprojekte. Unter ihrer Leitung entstand ein Familienunternehmen, welches den Firmen der Region zu mehr Sichtbarkeit verhilft. Sie bringt Bewegung in jedes Business, kennt die Tricks und Kniffe für den Auftritt vor der Kamera und begleitet jeden Gast mit ganz viel Respekt und immer einer Tasse Kaffee.

Mehr Informationen unter www.wuerzburgradio.de

Über den Initiator der Chefsache Reihe

Peter Buchenau gilt als der Indianer in der deutschen Redner-, Berater- und Coaching-Szene. Selbst ehemaliger Top-Manager in französischen, Schweizer und US-amerikanischen Konzernen, kennt er die Erfolgsfaktoren bei Führungsthemen bestens. Er versteht es wie kaum ein anderer auf sein Gegenüber einzugehen, zu analysieren, zu verstehen und zu fühlen. Er liest Fährten, entdeckt Wege und Zugänge und bringt Zuhörer und Klienten auf den richtigen Weg.

Peter Buchenau ist Ihr Gefährte, er begleitet Sie bei der Umsetzung Ihres Weges, damit Sie Spuren hinterlassen – Spuren, an die man sich noch lange erinnern wird. Der mehrfach ausgezeichnete Chefsache-Ratgeber und Geradeausdenker (denn der effizienteste Weg zwischen zwei Punkten ist immer noch eine Gerade) ist ein Mann von der Praxis für die Praxis, gibt Tipps vom Profi für Profis. Heute ist er auf der einen Seite Vollblutunternehmer und Geschäftsführer, auf der anderen Seite Sparringspartner, Mentor, Autor, Kabarettist und Dozent an Hochschulen. In seinen über 70 Büchern, seinen Coachings und Vorträgen verblüfft er die Teilnehmer mit seinen einfachen und schnell nachvollziehbaren Praxisbeispielen. Er versteht es vorbildhaft und effizient, ernste und kritische Sachverhalte so unterhaltsam und kabarettistisch zu präsentieren, dass die emotionalen Highlights und Pointen zum Erlebnis werden.

© Springer Fachmedien Wiesbaden GmbH, ein Teil von Springer Nature 2020
P. Buchenau (Hrsg.), *Chefsache Sichtbarkeit,* Chefsache,
https://doi.org/10.1007/978-3-658-30606-9

Die von ihm initiierte Chefsache-Serie beschreibt wichtige Führungsthemen der sogenannten Ebene 2. Dies sind hauptsächlich die weichen zusätzlichen Erfolgsfaktoren abseits von Umsatz, Finanzen und rechtlichen Gegebenheiten. Als Zielgruppe sind hier Kleinunternehmer, Vorgesetzte und Inhaber in mittelständischen Unternehmungen sowie Führungskräfte in Konzernen angesprochen.

Mehr zu Peter Buchenau unter www.peterbuchenau.de.

Zeitfracht Medien GmbH
Ferdinand-Jühlke-Straße 7
99095 Erfurt, Deutschland
produktsicherheit@kolibri360.de